GISELA SCHINZEL-PENTH

Sagen und Legenden von München

# Sagen und Legenden von München

gesammelt und neu erzählt von Gisela Schinzel-Penth
30 Federzeichnungen von Heinz Schinzel

3. erweiterte Auflage

AMBRO LACUS · BUCH- UND BILDVERLAG · FRIEDING

Die Deutsche Bibliothek — CIP-Einheitsaufnahme

**Sagen und Legenden von München** / ges. u. neu erzählt von Gisela Schinzel-Penth. 30 Federzeichn. von Heinz Schinzel. — Frieding: Ambro Lacus, Buch- u. Bildverl., 1979. 2. Aufl.1992, 3. erw. Aufl. 2000

ISBN 3-921445-29-9
NE: Schinzel-Penth, Gisela (Bearb.)


Gesamtherstellung: EOS Druckerei, 86941 St. Ottilien

3. erweiterte Auflage 2000

# Inhaltsverzeichnis

# Vorwort

## Jede Sage hat einen wahren Kern

In heutiger Zeit sind viele Leute versucht, Sagen als Hirngespinste abzutun. Aber das wäre falsch. Der Sagenforscher Schmidkontz stellte dazu einmal fest: »Der Kern einer jeden Sage ist ein Geschehnis. So wunderbar und unglaublich viele Sagen im ersten Augenblick erscheinen, ebenso sicher ist es, daß jede Sage einen geschichtlichen Unter- und Hintergrund hat.«

Nun darf man aber nicht dem Irrtum verfallen, daß jede Sage gleich Geschichte ist. Wichtig ist deshalb für den Forscher, ihren geschichtlichen Kern festzustellen. Wenn ihm dies gelungen ist, kann er die Sage als eine »Art Geschichtsquelle zweiten Ranges«, wie sich Schmidkontz ausdrückte, betrachten. Was ist nun eine Sage? Sie ist ein Bericht von Ereignissen, die weit zurückliegen und die geschichtlich nicht beglaubigt sind. Im Gegensatz zum Märchen berichtet die Sage wirkliches Geschehen.

Bei oberflächlicher Betrachtung erscheint die Sage herzlos und hart. Sie kennt in ihrer natürlichen Einfachheit keine breiten Gefühlsergüsse. Ihr genügen Tatsachen und Andeutungen. Sie setzt voraus, daß der Zuhörer mit seinem Verstand und mit seiner Phantasie Lücken in der Erzählung ergänzt. Diese Züge hat die Sage mit dem Volkslied und auch mit der älteren Art der Malerei gemeinsam.

Daß sich die Sagen um einen wahren Kern ranken, beweisen die folgenden fünf Beispiele:

Der erstaunlichste Fall steht in Verbindung mit der Jungfernhöhle bei Tiefenellern im Landkreis Bamberg. Die Schachthöhle wurde von Einheimischen nach den

Jungfrauen benannt, die angeblich in der Nähe der Grotte nachts umgingen. Daß die Höhle den Namen zu Recht trug, konnten Archäologen beweisen. Bei Grabungen in der Grotte machten sie eine erschreckende Entdeckung. Sie fanden dort die Skelettreste von 38 Personen, die in die Schachthöhle gestürzt worden waren. Unter ihnen befand sich nur ein männlicher Toter. Die übrigen Gebeine stammten von Mädchen unter 14 Jahren. Ihnen hatte man die Hirnkapsel und die Markknochen gewaltsam geöffnet.

Was hatte dies zu bedeuten? Die Ausgräber fanden heraus, daß die Mädchen das Opfer kannibalischer Mahlzeiten geworden waren. Neben ihren Skeletten lagen noch Knochenstäbchen, die als Eßstäbchen gedient hatten. Wie sich weiter herausstellte, waren die Mädchen von bandkeramischen Bauern geopfert worden, die in der Jungsteinzeit gelebt hatten. Ihr Opfer galt einer Fruchtbarkeitsgottheit, deren Sitz im Schoß der Erde vermutet wurde. Dieser Fall beweist, daß die Erinnerung an die neolithischen Geschehnisse in der Sage um die Jungfernhöhle mündlich bis in die Gegenwart überliefert wurde. Sogar der Name der Höhle erhielt sich über Jahrtausende hinweg.

Verblüffend ist auch, was sich in Manching bei Ingolstadt ereignete. Als ein Kirchenmann aus Eichstätt dem Dorf vor rund 200 Jahren einen Besuch abstattete, zeigten ihm die Bauern goldene Münzen, die eine merkwürdige Form hatten. Wie die Einheimischen berichteten, hatten sie die Münzen nach starken Regenfällen auf ihren Äckern gefunden. Sie glaubten, daß sie den Regenbögen als Untergrund dienten, wenn diese den Erdboden berührten. Deshalb und wegen ihrer sonderbaren Form nannten die Bauern die Münzen »Regenbogenschüsselchen«.

Der Eichstätter Gast hörte sich diese Geschichte an, bezweifelte sie jedoch. Woher die Münzen in Wahrheit stammten, konnte er aber auch nicht sagen. Noch merkwürdiger erschien ihm die Sage, daß in der Nähe von Manching einmal eine riesige Stadt bestanden habe, die später untergegangen sei. Tatsächlich fand der Forscher bei Manching noch gewaltige Erdwälle.

Auch die Sage von der versunkenen Stadt hatte ihre Berechtigung. Heute wissen wir, daß mit der Stadt das keltische Oppidum von Manching gemeint war, das seit Jahren von Archäologen der Römisch-Germanischen Kommission in Frankfurt am Main ausgegraben wird. Die Keltenstadt, deren Namen wir — im Gegensatz zu Alkimoennis an der Altmühl bei Kehlheim — nicht mehr kennen, wurde von den Römern zerstört. Man fand zahlreiche Tote, die offensichtlich im Kampf gefallen waren. Die keltischen Bewohner von Manching hatten auch die Münzen geprägt, die später von den Bauern auf den Feldern bemerkt wurden.

In Schuby bei Schleswig erzählten sich die Leute, daß in einem Grabhügel in der Umgebung ein geköpfter Krieger liege. Als man den Hügel öffnete, fand man ein Steinpflaster, auf dem die Skelettreste eines Mannes aufgehäuft waren. Den Schädel hatte man neben den Füßen niedergelegt. Auch diese Sage stimmte.

In Seddin in der Mark Brandenburg berichtete man, daß unter einem riesigen Grabhügel, der elf Meter hoch aufragte, ein König in einem dreifachen Sarg begraben sei. Diese Überlieferung entsprach ebenfalls den Tatsachen. Man stieß im Innern des Hügels auf eine große Steinkammer, in der sich ein Tongefäß mit einem Tondeckel befand. In diesem Gefäß lag eine bronzene Urne mit dem Leichenbrand eines Mannes. Nach dem Befund der Knochen war der Tote dreißig Jahre alt. Zwischen seinen Gebeinen fanden die Forscher die Fußknöchelchen eines Hermelins. Dies ließ darauf schließen, daß der Mann tatsächlich ein König war, der bereits in der Vorzeit als Zeichen seiner Würde einen Hermelinpelz trug.

Das letzte Beispiel verdanken wir dem Pfarrer Lang aus Mittelsinn in Unterfranken, der den folgenden Fall im Jahr 1913 nach einem eigenen Erlebnis niederschrieb:

»Im Sinngrub im Unterfränkischen liegt das Dorf Mittelsinn. In diesem Dorf erzählte mir jüngst eine ältere Frau, wie in einem bestimmten Haus des Dorfes vor Zeiten eine Frauensperson namens M.N. gewohnt habe, die hätte ihr Kind umgebracht und in der Küche vergraben. Nun hatte ich um jene Zeit gerade im Kreisarchiv zu Würzburg zu tun. Dabei fiel mir auch ein Akt in die Hände: ‚Acta, betreffend die Kindsmörderin Margareta N. von Mittelsinna und deren Bestrafung de anno 1673'.

Ich ließ mir den Akt ins Haus geben, um ihn gründlich durchlesen zu können, und fand alles bestätigt. Der Name der Frauensperson war der nämliche, wie ihn die Dorfüberlieferung angab, nach der Anklage hatte die Unholdin ihr Kind umgebracht (sie selbst behauptete freilich, es sei schon tot auf die Welt gekommen), und wirklich hatte sie ihr Kind in der Küchenkammer vergraben. Von 1673 bis 1913 — 240 Jahre lang! — hatte sich die Überlieferung davon im Dorf rein erhalten.«

*Hans-Günter Richardi*

# Wie der Name München entstand

Die Kunde von den Greueltaten, die während der Zeit der Hunnenkriege von dem wilden Reitervolk aus dem Osten in Bayern verübt wurden, drang auch in das abgeschiedene Kloster der Benediktiner bei Schäftlarn im Isartal. Besorgt versammelten sich die Mönche und berieten, wie sie der drohenden Gefahr begegnen könnten.

»Es ist das Beste«, meinte einer von ihnen, »wenn wir unser Kloster für eine Weile verlassen und uns in der Wildnis ringsum verbergen.« Er fand bei einigen seiner Brüder Zustimmung, andere aber widersprachen ihm:

»Unser Haus liegt so versteckt in der Senke. Es ist unwahrscheinlich, daß die Feinde es hier in diesen dichten Wäldern entdecken!«

Die frommen Männer konnten sich auch nach langem Für und Wider nicht einigen. Da entschied der Abt, daß jeder tun sollte, was er für richtig halte. Wer gehen wolle, der solle gehen, wer bleiben wolle, bleiben.

Kurz darauf verließen einige Mönche das Kloster, zogen ein Stück weiter isarabwärts und versteckten sich dort in einer wilden, unbesiedelten Gegend. Sie bauten sich eine kleine Hütte, in der sie leben und Gott dienen konnten, ohne in ständiger Furcht vor den Feinden zu sein.

Nach langen und schweren Kämpfen gelang es dem Kaiser endlich, die Hunnen aus dem Land zu vertreiben. Der langersehnte Friede zog wieder in Bayern ein. Da wagten es die geflohenen Benediktiner, in ihr Stammkloster nach Schäftlarn zurückzukehren. Zu ihrem Entsetzen fanden sie dort aber nur noch einen Trümmerhaufen vor. Voll Trauer um ihre ermordeten Brüder machten sie sich daran, das Kloster neu zu errichten und wieder zu bewohnen. Ihre

Zufluchtsstätte an der Isar bewirtschafteten sie jedoch auch weiterhin. »Bei den Mönchen« wurde der Ort deshalb von der Bevölkerung genannt. Daraus entstand später der Name »München«. Die Hütte der Benediktiner soll sich etwa bei der Hochbrücke im Tal befunden haben.

Eine andere Sage führt den Namen »München« auf ein schauriges Ereignis zurück, das sich bei der Gründung der Stadt durch Heinrich den Löwen zugetragen haben soll. Bei den Grabungen für die Fundamente der neuen Bauwerke wurde, so heißt es, der noch blutende Kopf eines Mönches gefunden.

Wie dem auch sei, noch heute ist im Münchner Stadtwappen ein Mönch abgebildet, das »Münchner Kindl«. Es ist als Wahrzeichen der Stadt weit über die Grenzen Bayerns hinaus bekannt.

## Herzog Heinrich und der Löwe

Im Tal, an jenem Haus in der Sparkassenstraße, das dem alten Münchner Rathaus gegenübersteht, befindet sich ein verwittertes Steinrelief, das einen Löwen zeigt. Es soll wohl an Heinrich den Löwen, jenen berühmt berüchtigten Herzog von Bayern und Braunschweig erinnern, der 1158 die für den Salzhandel wichtige Brücke bei Oberföhring niederbrennen ließ. Er schlug dafür seine eigene Brücke, etwas isaraufwärts »bei den Mönchen gelegen« und gründete dadurch so nebenbei die Stadt München.

Auf seltsame Weise soll der Herzog zu jenem Löwen gekommen sein, der ihn — laut Sage — auf Schritt und Tritt begleitete:

Weit entfernt von den deutschen Landen ritt der abenteuerlustige Fürst einmal — wie es seine Gewohnheit war — ohne jede Begleitung durch einen Urwald. Da drang plötzlich wildes Kampfgetümmel, vermischt mit markerschütterndem Gebrüll, an sein Ohr. Sofort riß der Herzog, der ein sehr kühner Streiter war, sein Schwert aus der Scheide, gab seinem Roß die Sporen und stürmte in die Richtung, die ihm der Lärm wies, ohne im geringsten auf die Gefahr zu achten.

Er erreichte eine kleine Lichtung im Wald, und was er dort erblickte, hätte einem weniger mutigen Manne als ihm wohl vor Entsetzen das Blut in den Adern gerinnen lassen. Ein Löwe, der bereits aus zahllosen Wunden blutete, kämpfte mit einem urweltlichen Ungeheuer, einem riesenhaften Drachen. Er hatte sich in dem Hals seines Gegners festgebissen und schlug mit den Pranken auf ihn ein. Der Drache versuchte ihn abzuschütteln, wälzte sich hin und her und peitschte mit seinem schweren Schuppenleib den Boden, daß die Erde ringsum hochspritzte. Wohl rang der Löwe mit todesmutiger Tapferkeit, aber dennoch war er bei dem ungleichen Kampfe von vorneherein zum Verlierer bestimmt, denn er war nicht, wie sein Widersacher, durch einen undurchdringlichen Panzer geschützt. Sein Fell war bereits rot von seinem eigenen Blut, und er wurde zusehends matter.

Da zögerte der Herzog, der das gigantische Ringen eine Weile staunend verfolgt hatte, nicht länger. Mit hocherhobenem Schwert und gellendem Kriegsruf eilte er dem König der Tiere zu Hilfe. Mit vereinten Kräften gelang es ihnen, in einem Kampf auf Leben und Tod, den Drachen zu überwinden. Als das Untier mit einigen letzten wilden Zuckungen endlich verendet war, ließ der Herzog das Schwert sinken und wischte sich müde den Schweiß von der Stirne. Da kroch der Löwe, dessen Leben er durch sein Eingreifen gerettet hatte, zu ihm hin und legte sich zu seinen Füßen nieder. Von Stund an verließ ihn das dankbare Tier nicht mehr. Es zog mit ihm durch den Wald, jagte für ihn und bewachte seinen Schlaf.

So verstrichen die Tage und wurden zu Wochen und Monaten. Da überfiel den Herzog große Sehnsucht nach der Heimat. Er glaubte, die Einsamkeit in der weltabgeschiedenen Wildnis, in der er sich verirrt hatte, nicht mehr länger ertragen zu können. Der Wald, in dem er sich befand, grenzte an ein weites Meer. In seinem verzweifelten Bestreben, endlich wieder in menschliche Nähe zu gelangen, baute sich Heinrich ein Floß, auf dem er sich trotz aller Gefahr den salzigen Fluten anvertrauen wollte. Er hoffte, daß sie ihn an ein bewohntes Land spülen würden. Den Löwen aber, den getreuen Gefährten seiner Einsamkeit, wollte er nicht mitnehmen. Darum bestieg er das Floß erst, als das Tier wieder einmal auf die Jagd gegangen war.

Der Löwe kam jedoch eher als erwartet zurück. Als er seinen Herrn weit draußen auf dem Meer treiben sah, ließ er seine Beute fallen, stürzte sich ins Wasser und schwamm dem Floß nach. Froh, seinen Retter wiedergefunden zu haben, erklomm er das Gefährt und legte sich mit zufriedenem Gebrüll zu den Füßen Heinrichs nieder. Da hatte dieser nicht mehr das Herz, das anhängliche Tier fortzuweisen. Und er sollte seinen Entschluß, den Löwen bei sich zu behalten, nie bereuen!

Viele Tage trieben die beiden Gefährten nun schon auf dem Wasser dahin. Sie litten gemeinsam unter Hunger, Durst und Wetterunbilden. Vergebens flehte der Herzog den Himmel um Rettung an. Es war, als verhallten seine Gebete ungehört in der Leere. Es gelang ihm nicht, bewohntes Land zu erreichen. Tagein, tagaus sah er immer nur die gleiche endlose Weite des Meeres um sich. Da verlor er die Geduld. Er verwünschte sein Schicksal und fing an, gotteslästerlich zu fluchen.

Wie von den Flüchen gerufen, erschien ihm plötzlich der Teufel, lachte höhnisch und rief:

»Edler, tapferer Herzog, welch ruhmreiches Ende du doch nimmst! Statt im ritterlichen Kampf dein Leben zu lassen, gehst du hier elendiglich vor Hunger, Durst und Kälte zugrunde. Ha, ha! Deine Leute aber, daheim in Braunschweig, feiern lustige Feste, ohne auch nur einen Gedanken an dich zu verschwenden. Was bist du doch für ein armer Tropf, ha, ha, ha!«

Der Herzog knirschte in ohnmächtigem Zorn mit den Zähnen und stieß hervor:

»So hilf mir, von dem verwünschtem Floß wegzukommen!« Der Teufel grinste wieder hämisch, rieb sich die Hände und erwiderte zuckersüß:

»Ich helfe dir natürlich gerne, edler Herzog. Doch umsonst kann ich es nicht tun, das mußt du verstehen. Ich muß eine kleine Bedingung an meine Hilfe knüpfen.«

»Tue dies«, rief Heinrich unwillig, »aber verlange nicht meine Seele. Die bekommst du nie und nimmermehr!«

Der Höllenfürst lachte trocken in sich hinein.

»Gehen wir einen ehrlichen Handel um deine Seele ein«, schlug er listig vor. »Ich bringe dich auf den Giersberg vor Braunschweig und setze dich dort ab. Dann verlasse ich dich und hole deinen Löwen. Finde ich dich bei meiner Rückkehr schlafend, so ist mir deine Seele verfallen; wachst du aber, so hast du das Spiel gewonnen, und ich lasse dich unbehelligt.«

Der Herzog glaubte, die Bedingung des Teufels leicht erfüllen zu können und willigte ein. Da packte ihn der Fürst der Finsternis, fuhr sausend mit ihm durch die Lüfte und brachte ihn, ehe er sich's noch versah, geradewegs auf den Gipfel des Giersbergs. Dann verließ er ihn mit den Worten:

»Nun halte deine Augen gut offen, Herzog Heinrich, wenn dir deine Seele lieb ist, ha, ha, ha!«

»Das laß nur meine Sorge sein«, antwortete dieser, »das wird mir wohl gelingen!«

Aber er hatte nicht mit der Tücke des Teufels gerechnet. Kaum war er allein, da befiel ihn mit einem Male eine unnatürliche Müdigkeit, gegen die er vergebens ankämpfte. Wie ein schwerer schwarzer Vogel senkte sich bleiern der Schlaf auf seine Augenlider und drückte sie unwiderstehlich zu.

In der Zwischenzeit war der Teufel zum Floß zurückgeflogen und hatte den Löwen geholt. Er freute sich diebisch, denn er war sich seines Sieges gewiß, weil er dem Herzog den unnatürlichen Schlaf geschickt hatte. Als er zum Giersberg zurückkehrte, sah er den Herzog regungslos auf dem Boden liegen.

»Nun ist deine Seele mein!« rief er mit bösem Triumpf. Aber auch der Löwe hatte seinen Herrn wie tot auf der Erde liegen sehen. Vor Kummer darüber fing er so fürchterlich zu brüllen an, daß die Luft erzitterte, und der Herzog aus dem unnatürlichen Schlaf geweckt wurde, noch bevor der Höllenfürst ihn erreicht hatte. Nun war seine Seele gerettet.

Der Teufel aber geriet über den Löwen, der seinen bösen Plan vereitelt hatte, in so schrecklichen Zorn, daß er ihn einfach fallenließ und wutschnaubend in die Hölle zurückfuhr. Der Löwe kam dennoch heil am Boden an und lief freudig zu seinem Herrn.

So kehrte Herzog Heinrich nach langer Abwesenheit glücklich nach Braunschweig zurück, gefolgt von dem treuen Tier, das ihn von da an nicht mehr verließ und ihm auf Schritt und Tritt folgte. Als Heinrich nach langen Regierungsjahren starb, legte sich der Löwe auf sein Grab und wich nicht mehr davon, bis ihn der Tod gleichfalls hinwegraffte.

## Der dreigesichtige Götze

In der Zöllnerstube am Neuhauser Tor befand sich früher eine ganz eigenartige Sehenswürdigkeit, die oftmals Reisenden, die nach München kamen, gezeigt wurde. Es handelte sich dabei um einen Kopf, der an drei Seiten je ein Gesicht hatte, eines schwarz, eines weiß und eines rot. Darauf waren die Jahreszahlen 1105, 1107 und 1767 zu erkennen.

Wie berichtet wird, soll dort, wo heute des Neuhauser Tor ist, lange vor der Gründung der Stadt ein Tempel aus der Heidenzeit gestanden sein, in dem dieser dreigesichtige Götze angebetet wurde.

Als das Torwärterhaus abgerissen wurde, ging der seltsame Kopf verloren und wurde bis auf den heutigen Tag nicht mehr gefunden. Wahrscheinlich wurde er bei den Abbruchsarbeiten zerstört.

Vielleicht bezieht sich ein altes Lied, das lange in München gesungen wurde, auf den dreigesichtigen Götzen aus der Vorzeit, der möglicherweise drei Frauenantlitze zeigte:

»Die eine spinnt Seide,
Die andere wickelt Weide,

Die dritte sitzt am Brunnen,
Hat ein Kindlein gfunnen.«

Auch in den Münchner Weihnachtslebkuchen, die früher oft mit dem Bild der »drei heiligen Madln« geziert waren, ist vielleicht noch eine dunkle Erinnerung an diese alten heidnischen Götter erhalten, bei denen möglicherweise die Nornen gemeint sind.

## Der Synagogenbrand

Zwischen der Weinstraße und der Dienerstraße befand sich in den ersten Jahrhunderten nach der Stadtgründung das Judenviertel. Schon um 1182 sollen sich die ersten Juden dort angesiedelt haben. Sie genossen anfangs den Schutz und die Gunst der bayerischen Herzöge. Doch bereits im Jahre 1285 kam es zu einer ersten Verfolgung. Der Sage nach soll damals eine alte Jüdin zwei Münchner Bürgerkinder gekauft haben und eines davon — einen Knaben — zusammen mit anderen Glaubensgenossen bei einem grausamen Ritualmord ums Leben gebracht haben. Der Vater des Kindes sei zufällig hinter das schreckliche Verbrechen gekommen und hätte so wenigstens das andere Kind retten können.

Obwohl die Tat in keiner Weise erwiesen war und alles nur auf den Aussagen des Vaters beruhte, brach ein Sturm der Entrüstung aus. Ohne Beweise wurde die alte Frau hingerichtet, und es begann eine grausame Verfolgung der Juden. Der wütende Pöbel verfolgte sie bis zu ihrer Synagoge, in die sie sich in ihrer Angst flüchteten, weil sie sich auf dem geheiligten Boden Rettung erhofften.

Wohl versuchten die Amts- und Gerichtsdiener der Stadt die Juden zu schützen, aber sie waren machtlos gegen den aufgehetzten Mob. So mußten sie zusehen, wie die Türen der Synagoge verrammelt wurden, so daß niemand entkommen konnte, und wie anschließend das Gotteshaus in Brand gesteckt wurde. Alle 180 Menschen fanden einen schrecklichen Tod.

Dieser grauenhafte Massenmord lastete lange Zeit schwer auf dem Gewissen der Münchner. Immer wieder versuchten sie das Verbrechen dadurch zu rechtfertigen, daß sie es als Sühne für die Christus von den Juden zugefügten Leiden hinzustellen versuchten.

Doch ihr schlechtes Gewissen hinderte sie nicht an weiteren Verfolgungen dieser Volksgruppe. So wurde den Juden später die Schuld an schlimmen Seuchen wie der Pest oder der Cholera, sowie an Hungersnöten und sonstigen schweren Zeiten zugeschrieben. Im Jahre 1440 wurden sie von Herzog Albrecht III. ganz aus München ausgewiesen und ihre Synagoge wurde dem Leibarzt des Herzogs — Johannes Hartlieb — geschenkt, der sich ein Wohnhaus dort baute.

## Das älteste Rathaus Münchens

Über den Platz, an dem sich das erste Rathaus Münchens befunden haben soll, werden verschiedene Ansichten überliefert. Einer alten Quelle zufolge soll sich der Versammlungsort der Stadträte in einem Haus an der Fürstenfeldergasse befunden haben, das später dem Kloster Indersdorf gehörte. Man schloß dies aus der Anlage und der Anordnung der Räume in dem genannten Haus.

In einer anderen Sage wird dagegen behauptet, das älteste Rathaus sei an der Weinstraße, gegenüber dem Wurmeck, gewesen. Heute gilt jedoch die Ostseite des Marienplatzes als der wahrscheinlichste Standpunkt des Gebäudes, in dem sich einst der Rat der Münchner Bürgerschaft — Consules Civitatis Monacensis — versammelte, der im Jahre 1286 erstmals erwähnt wurde.

## Das Wurmeck

Vor Zeiten flog ein schreckliches Ungeheuer, wie die Münchner bis dahin noch niemals eines gesehen hatten, über die Stadt. Es war ein riesenhafter Lindwurm, der hatte Flügel gleich den Fledermäusen, nur tausendmal größer. Eine tiefe Furcht ergriff die Leute und alle liefen nach Hause und versteckten sich. Der Drache aber senkte sich bis über die Dächer der Stadt herab und blies in alle Häuser und Gassen seinen giftigen, todbringenden Atem.

Da begann ein großes Sterben, das vor keiner Türe haltmachte und Arm und Reich, Alt und Jung, gleichermaßen unbarmherzig dahinraffte. Der Pesthauch des Lindwurmes entvölkerte langsam aber sicher die lebensfrohe Stadt an der Isar.

Endlich, gleichsam als wolle es sich an dem Leid und dem Unglück, das es verursacht hatte, besser weiden können, ließ sich das Ungeheuer auf dem Schrannenplatz nieder. Da gelang es den todesmutigen Männern der dortigen

Hauptwache, es mit einem einzigen, gut gezielten Kanonenschuß zur Strecke zu bringen. Nun war die Stadt gerettet.

Zur Erinnerung an dieses Ereignis wurde am Eckhaus der Weinstraße beim Marienplatz ein Bild angebracht, auf dem der Lindwurm dargestellt war. Lange Zeit hieß diese Ecke darum bei den Münchnern nur »das Wurmeck«.

## Onuphrius am Marienplatz

An der Südseite des Marienplatzes zum Tal hin, befand sich einst auf dem Haus Nummer 17 ein großes Gemälde. Es zeigte einen Mann von riesenhaftem Wuchs, der bis auf die belaubten Zweige, die seine Lenden umhüllten, nackt war. Sein Haupt war mit einer Krone geziert; in der einen Hand hielt er ein Doppelkreuz, in der anderen einen Knotenstock.

»Der große Christophel vom Eiermarkt« nannten ihn die Münchner, weil sie meinten, es sei der hl. Christophorus dargestellt. Es handelte sich bei der abgebildeten Person aber nicht um den Heiligen, der einst das Christkind trug, sondern um den hl. Onuphrius.

Heinrich der Löwe hörte auf seinen Reisen im Morgenland viel von diesem Heiligen und erwählte ihn zu seinem Schutzpatron. Er brachte auch ein Stück von dessen Hirnschale als Reliquie mit in die Heimat. Diese sandte er alsbald nach Braunschweig, in München aber ließ er an der alten Burg ein Bildnis von Onuphrius anbringen. Es wurde zerstört, als das Gebäude im 14. Jahrhundert niederbrannte.

Etwa hundert Jahre später gehörte das Bürgerhaus, das sich nun an der Stelle erhob, wo einst die Burg gestanden hatte, einem Mann namens Heinrich Pirmat. Dieser ließ aus Dankbarkeit, weil er von einer Pilgerreise ins Heilige Land glücklich heimgekehrt war, den hl. Onuphrius wieder an die Mauern des Hauses malen.

Die Münchner Sage über Onuphrius erzählte uns J.M. Mayer im vorigen Jahrhundert:

»Onuphrius war ein persischer Königssohn, der von seinem grausamen Vater verstoßen wurde. Er begab sich darauf in eine Wüstenei und brachte dort sechzig Jahre als Einsiedler in Gebet und frommer Betrachtung zu, ohne einen anderen Menschen zu sehen. Hier lebte er von den Wurzeln des Waldes. Weder die glühenden Strahlen der Sonne noch die rauhen Nachtfröste schadeten ihm. Kopfhaare und Bart wuchsen ihm in solcher Länge und Fülle, daß sie ihm bis auf die Füße niederwallten und seinen Leib wie ein Kleid bedeckten.

Vom Geiste Gottes getrieben, verließ Onuphrius endlich die Wüste und wanderte in der Welt umher, den Menschen durch seine Wundertaten Gutes erweisend. Einst kam er auf seiner Wanderschaft auch nach München; in derselben Gestalt und Größe, wie das Bild ihn zeigt, zog er durch das Talbrucktor in die Stadt ein. Ein zweites Mal erschien er im Jahre 1659 bei einem großen Brande in der Burggasse, wo er Wasser in die Flammen goß und so den Brand löschte.«

Die Münchner liebten ihren riesigen, bärtigen Heiligen an dem Haus am Eiermarkt und sie glaubten, daß kein Mensch, der an dem Gemälde vorübergegangen war und das Bild angeschaut hatte, am gleichen Tag einen jähen Tod erleiden würde.

# Der Mord an der Herzogin

Eine grausige Bluttat entsetzte im Jahre 1256 ganz Bayern. Herzog Ludwig II., der später den Beinamen »der Strenge« erhielt, hatte in der Nacht zum 19. Januar seiner jungen Gemahlin Maria von Brabant das Haupt abschlagen lassen und befohlen, ihr Hoffräulein von den Zinnen der Burg in den Tod zu stürzen.

Die schreckliche Untat geschah auf Mangoldstein bei Donauwörth. Beide Frauen wurden am anderen Morgen im Kloster Heiligkreuz beerdigt.

Ludwig hatte seine Gattin des Ehebruchs mit dem Raugrafen Heinrich verdächtigt, zu Unrecht, wie sich leider zu spät herausstellte. Es war ihm ein Brief Marias an den Grafen in die Hände gefallen, den er falsch verstanden hatte. In rasender Eifersucht war der damals achtundzwanzigjährige Herzog nach Mangoldstein geeilt und hatte an seiner Gemahlin und ihrer Hofdame, die er der Mitwisserschaft verdächtigte, sein grausames Urteil vollstrecken lassen, ohne den Angeklagten, die verzweifelt ihre Unschuld beteuerten, Gelegenheit zu geben, dies zu beweisen und sich zu rechtfertigen.

Den Mord an der schönen jungen Herzogin verzieh ihm das Volk lange nicht. Aber er selbst litt am meisten unter der Untat, die er in jugendlicher Übereilung auf sein Gewissen geladen hatte. Sie verdüsterte sein ganzes weiteres Leben, vor allem, weil sich bald darauf die Unschuld Marias von Brabant klar herausstellte. Es heißt, der Herzog hätte nie mehr gelacht, und sein Haar sei von einer Nacht auf die andere schlohweiß geworden.

Die Verwandten der Ermordeten forderten strenge Sühne für die Bluttat. Ludwig wurde von der Kirche auferlegt, entweder eine Pilgerfahrt ins Heilige Land zu unternehmen oder ein Kloster zu stiften. Er konnte sein Land nicht so lange ohne Herrscher lassen, wie es die weite Reise nach Jerusalem erfordert hätte, darum wählte er die zweite Möglichkeit und erbaute das Kloster Fürstenfeld bei Bruck.

Das Verbrechen, das er zu Beginn seiner Herrschaft verübt hatte, wirkte läuternd auf seine ungestüme Wesensart. Er überlegte von nun an alle Entscheidungen erst gründlich, bevor er sich zum Handeln entschloß. So wurde er einer der besonnensten Fürsten seines Jahrhunderts, und sein Volk erlebte unter ihm eine Zeit des Wohlstandes und des Friedens. Siebzehn Jahre später galt der seit seiner einmaligen Verfehlung untadelige Herzog sogar als Anwärter auf die Kaiserkrone.

Tiefe Reue trieb den schwermütigen Ludwig oft in die kleine Wieskapelle hinter der Peterskirche, wo er meist lange, ganz in sich versunken, betete. Der Legende nach soll er, als er einst wieder darin kniete, seiner ermordeten Gemahlin gedachte und verzweifelt bat:

»Oh Herr, vergib mir meine Schuld«

plötzlich den Gesang von Engeln vernommen haben. Eine Stimme hinter ihm tröstete ihn mit den Worten:

»Ludwig, unser Herr vergibt dir, und wie Gott, so auch ich.«

Als sich der Herzog erstaunt umwandte, so wird weiter berichtet, sah er Maria von Brabant — mit einem roten Streifen um den zarten Hals — lächelnd hinter sich stehen.

Die Stelle, wo ihm seine Gemahlin erschienen ist, hat er zum Gedenken mit einem in den Stein gemeißelten schwarzen Kreuz bezeichnen lassen. Doch schon im vorigen Jahrhundert konnte man nichts mehr davon entdecken.

# Der Affe im Alten Hof

Herzog Ludwig, der Vater des späteren Kaisers Ludwig des Bayern, besaß einen gezähmten Affen, der in der damals neu erbauten Burg frei umherlaufen durfte. Er war wegen seiner drolligen Späße bei allen Schloßbewohnern beliebt.

Eines Tages streifte der Affe wie gewöhnlich durch die Räume. Da kam er auch in das Gemach, in dem der kleine Sohn des Herzogs schlief. Die Wärterin hatte gerade für kurze Zeit das Zimmer verlassen. Der Affe, der oft gesehen hatte, wie sie das Kind aus der Wiege nahm, es herzte und küßte, wollte dies nachahmen, wie es eben Art der Affen ist.

Er hob den kleinen Prinzen aus seinem Bettchen, schaukelte ihn auf seinen Armen hin und her, warf ihn ein wenig in die Luft und fing ihn wieder auf. In diesem Augenblick kehrte die Wärterin zurück. Ihr blieb vor Entsetzen fast das Herz stehen, als sie den Affen auf diese Weise mit dem Kind spielen sah. Sie schrie laut auf und stürzte wie eine Furie auf das Kind zu um ihm das Kind zu entreißen. Das erschrak, drückte den Kleinen an sich und floh mit ihm zur Türe hinaus. Die Wärterin rannte kreischend hinter ihm her, ebenso einige Dienstboten, die durch den Lärm auf den Vorfall aufmerksam geworden waren.

Alle versuchten verzweifelt, den Affen zu fangen und ihm das Kind abzunehmen. Der verstand nicht, warum die gleichen Menschen, die sonst so freundlich zu ihm waren, nun mit grimmigen Gesichtern hinter ihm herhetzten. In seiner Angst raste er durch die ganze Burg, bis hinauf in die höchsten Speicherräume, wo er sich zitternd versteckte. Als ihm seine Verfolger aber auch hierhin nachkamen, flüchtete er in seiner Not durch eine kleine Luke auf das Dach hinaus und turnte bis zur Spitze des Erkerturmes empor. Den Prinzen hielt er noch immer in einem seiner Arme.

Schreckensbleich verfolgten der Herzog und die Herzogin, die inzwischen von dem Vorgefallenen in Kenntnis gesetzt worden waren, vom Innenhof aus jede Bewegung des Tieres. Rasch wurden überall Decken und Kissen auf dem Boden verteilt, daß der Aufprall des Kindes darauf, sollte der Affe es fallenlassen, ein weing gemildert würde.

Verwundert blickte das Tier auf die Menschenansammlung im Hof, die sich ganz ruhig verhielt, um es nur ja nicht noch einmal zu erschrecken. Es wiegte den kleinen Ludwig noch ein wenig in seinen Armen, und als es sah, daß niemand ihm etwas tat, beruhigte es sich endlich wieder, schwang sich durch das Dachfenster zurück in den Speicher und brachte das Kind in sein Bettchen zurück.

Ein erleichtertes Aufatmen ging durch die Menge, als die Kunde kam, daß der Prinz unversehrt in seiner Wiege läge. Die Herzogin konnte sich kaum fassen und lachte und weinte vor Freude zugleich.

Der Affe aber büßte in Zukunft viele seiner bisher gewohnten Freiheiten ein, wenn er auch, durch sein drolliges Wesen, um eine gehörige Tracht Prügel herumkam. Der Herzog ließ zum Andenken an dieses Geschehen, bei dem der nachmalige Kaiser Ludwig der Bayer schon im zartesten Kindesalter hätte ums Leben kommen können, einen Affen in Stein nachbilden und die Figur auf der Zinne des Turmes anbringen.

# Der Ritter ohne Kopf

Ein Ritter, namens Diez von Swinburg, hatte Kaiser Ludwig dem Bayern treu in allen Gefechten als tapferer Waffengefährte gedient. Der Herrscher konnte ihm aber, weil es ihm selbst an den nötigen Mitteln gebrach, den ihm zustehenden Sold nicht geben und blieb ihm eine Menge Geldes schuldig. Diez von Swinburg, der sich auf die Auszahlung verlassen und daraufhin bereits Schulden gemacht hatte, geriet in arge Bedrängnis. Seine Gläubiger nahmen ihm rücksichtslos fast alles weg, was er besaß.

Das empörte den Ritter zutiefst und er geriet in großen Zorn.

»Elendes Kaufmannspack!« rief er, »Erhalte ich meinen gerechten Lohn nicht, hättet ihr auch ein wenig auf den euren warten können. Mehr als zwanzigmal habe ich für mein Vaterland, und auch für euch feige Dickwänste, mein Leben im Kampf aufs Spiel gesetzt. Und zum Dank dafür wird mir der Tisch, an dem ich esse, noch während der Mahlzeit weggetragen! Das werdet ihr mir büßen! Ich werde mir alles, was ihr mir genommen habt, zehnfach zurückholen. Das schwöre ich, so wahr ich Diez von Swinburg heiße!«

Und er machte seinen Schwur wahr und wurde einer der gefürchtetsten Raubritter seiner Zeit. Seine Burg lag für diese Zwecke äußerst günstig, denn er konnte mühelos vier Handelsstraßen überblicken. Kam nun auf einer von ihnen ein Kaufherr gezogen, so sprengte Diez mit seinen Knechten herbei, überfiel ihn und erleichterte ihn um seine gesamte Habe, ehe er ihn wieder gehen ließ. Bald war er der Schrecken der ganzen Gegend.

Die Kaufmannschaft der umliegenden Städte beklagte

sich beim Kaiser bitter über seine Schandtaten und forderte strenge Bestrafung. Da ließ Ludwig der Bayer den Ritter ächten und übersandte ihm den Fehdehandschuh. Zuviele Jäger sind des Hasen Tod, das galt auch für Diez von Swinburg. Von allen Seiten war er von Feinden umringt.

Kurz darauf gelang es den Münchnern, ihn und vier seiner treuesten Gefährten zu ergreifen und in der Stadt vor Gericht zu bringen. Das Urteil über die fünf Raubgesellen war rasch gefällt: Tod durch Köpfen.

Diez erklärte sich öffentlich aller ihm zur Last gelegten Taten für schuldig und nahm die Strafe an. Er bat aber für seine vier Knechte um Gnade, weil sie nur aus Anhänglichkeit zu Raubern geworden seien, im Grunde aber ehrliche Männer wären.

Die Richter weigerten sich jedoch Milde walten zu lassen. Da wandte sich der alte Kämpe nochmals an sie und sagte:

»Edle Herren, jeder, der zum Tode verurteilt ist, hat vor der Hinrichtung einen letzten Wunsch frei. Meine Bitte ist die: Stellt mich und meine Leute bei der Vollstreckung des Urteils in einer Reihe auf, mich als ersten und beginnt auch bei mir mit dem Köpfen. Jeden meiner Kameraden aber, an dem ich als Geköpfter noch vorbeilaufen kann, sollt ihr freilassen und ihm das Leben schenken.«

»Ein Mann ohne Kopf kann nicht mehr laufen«, gaben ihm die Richter zu bedenken, doch Diez von Swinburg beharrte auf seiner Bitte. Der seltsame Wunsch des Todgeweihten wurde dem Kaiser mitgeteilt. Dieser gewährte ihn, weil er an die früheren Heldentaten des Ritters dachte, die jener in seinem Dienst vollbracht hatte, und weil er im Grunde seines Herzens den Tod des wackeren Haudegens bedauerte.

Als der Tag der Hinrichtung gekommen war, geschah daher alles so, wie Diez es gefordert hatte. Er ließ seine Freunde so neben sich aufstellen, daß der jüngste unter ihnen neben ihm zu stehen kam. Dann kniete der tapfere Mann schicksalsergeben nieder. Der Henker holte aus und trennte mit einem Schlag den Kopf vom Rumpf. Noch während das Haupt zu Boden rollte, sprang der Gerichtete auf, wankte an allen vier Gefährten vorüber und fiel ein Stück weiter endgültig tot um.

Da brach ein Beifallssturm über diese beispiellose Tat des Raubritters unter den Zuschauern aus. Ehrenvoll wurde er an der Stelle bestattet, an der sein kopfloser Körper niedergefallen war. Seine vier Leute aber wurden, wie dem Toten versprochen worden war, begnadigt und unbehelligt in die Freiheit entlassen.

## Die Gugelmänner

Ein eigenartiger Brauch aus früheren Tagen der Stadtgeschichte ist in München sehr lange Zeit erhalten geblieben.

War ein sehr vornehmer Bewohner der Stadt gestorben, so geleiteten ihn die sogenannten »Gugelmänner« zu Grabe. Diese Männer waren zum Zeichen der Trauer von Kopf bis Fuß in lange schwarze, kuttenartige Gewänder gehüllt und sie trugen zudem schwarze Kapuzen, die nur schmale Schlitze für die Augen hatten.

Das Recht, die Gugelmänner zu stellen, besaß allein die Münchner Laderinnung.

In späteren Jahrhunderten geleiteten die Gugelmänner

nur noch die bayerischen Könige zu Grabe. Dann schritten vierundzwanzig vermummte schwarze Gestalten feierlich hinter dem Sarg des verstorbenen Herrschers. Den Abschluß des seltsamen, fast gespenstischen Trauerzuges bildete ein Gugelmann, der ein Bild des hl. Georgs trug, der als Schutzpatron der Wittelsbacher gilt.

## Ludwig der Bayer und das Ettaler Haus

An der Ecke Fürstenfelder Straße — Neuhauser Straße stand einst ein Haus, das Kaiser Ludwig der Bayer bewohnt haben soll, nachdem die alte Feste einem verheerenden Brand zum Opfer gefallen war. Als seine Burg wieder instandgesetzt worden war, machte er das Haus dem Kloster Ettal zum Geschenk. Bei den Münchner Bürgern hieß es von da an nur noch »das Ettaler Haus«. Ein Abt des Klosters ließ ein Bild daran anbringen, auf dem dargestellt war, wie ein Mönch dem Kaiser ein Marienbild aus weißem Stein übergibt. Damit hatte es folgende Bewandtnis:

Ludwig der Bayer wollte Italien und das Deutsche Reich unter seiner Herrschaft vereinigen und zog im Jahre 1326 nach Rom, um sich dort krönen zu lassen. Doch immer wieder wurde die Zeremonie verschoben, denn ein anderer, der Habsburger Friedrich der Schöne, machte ebenfalls Ansprüche auf die Krone geltend. Der lange Aufenthalt in Italien hatte gewaltig am Beutel Ludwigs gezehrt und schließlich mußte er unverrichteter Dinge wieder den Heimzug über die Alpen antreten.

Voller Verzweiflung warf er sich in einer kleinen Kirche

im Gebirge, die der Muttergottes geweiht war, auf die Knie und flehte zum Himmel um Hilfe. Da teilte sich plötzlich die Mauer des Gotteshauses, und es erschien ein uralter Mann, der nach Art der Benediktinermönche gekleidet war.

»Wer bist du, und was willst du von mir?« fragte der Kaiser, als er seinen Schrecken und seine Verwunderung über den seltsamen Eindringling überwunden hatte.

»Ich will dir helfen«, antwortete der Mönch, »wenn du meinen Rat befolgst, so wird bald alles Unheil von dir genommen sein.«

»Gerne will ich tun, was du sagst, wenn es nicht gegen den Willen Gottes ist,« erklärte der fromme Kaiser.

Da zog der Mönch ein wunderschönes Madonnenbild von weißem Stein aus seiner Kutte und überreichte es ihm mit den Worten:

»In deinem Land liegt ein Ort namens Ampferang (Ammergau). Dort sollst du zur Ehre Gottes ein Kloster bauen, in dem dieses Bild unserer lieben Gottesmutter aufgestellt werden soll.«

»Wie kann ich das«, gab Ludwig betrübt zu bedenken, »all mein Geld ist aufgebraucht, und ich habe zudem noch große Schulden.«

»Sei unbesorgt«, antwortete der Mönch, »morgen wird ein sehr reicher Herr aus diesem Land mit dir zu sprechen wünschen. Er wird von dir die Freiheit seiner Person und seines Gebietes erbitten. Von ihm wirst du soviel Geld erhalten, wie du benötigst.«

Nachdem er so gesprochen hatte, verschwand der Mönch auf die gleiche unerklärliche Art und Weise, wie er gekommen war, und ließ den Kaiser allein in der Kirche zurück.

Es traf wirklich alles so ein, wie er es vorausgesagt hatte.

Der Kaiser erhielt von dem angekündigten welschen Adeligen die Mittel, die er so dringend brauchte, und konnte seine Heimreise fortsetzen. Als er in seinem Herzogtum Bayern angelangt war, machte er sich sogleich daran, sein Gelübde zu erfüllen. Überall erkundigte er sich nach dem Ort Ampferang. Doch keiner konnte ihm Auskunft geben.

Da meldete sich eines Tages ein Jäger aus Oberammergau und erklärte, er kenne Ampferang und sei bereit, den Kaiser hinzubringen. Voll Freude machte sich Ludwig mit seinem Gefolge auf den Weg. Der Jäger führte die Gesellschaft in eine unwirtliche, wilde Gegend, die in der Nähe von Partenkirchen gelegen war.

»Hier ist Ampferang«, erklärte er, als sie sich in einer Senke mitten in der Wildnis befanden, die von den Einheimischen auch Ettal, was soviel wie Ödtal oder ödes Tal bedeutete, genannt wurde. Verwundert blickte der Kaiser um sich und wollte nicht glauben, daß der Mönch diese Stelle gemeint haben könnte, als er den Platz für das Kloster bestimmt hatte. Darum trieb er sein Pferd an und ritt weiter. Er hoffte, in der näheren Umgebung auf eine lieblichere Gegend zu stoßen, die sich für sein Vorhaben besser eignen würde.

Er war noch nicht weit gekommen, als das Marienbild, das er bei sich hatte, plötzlich so schwer wurde, daß er meinte, es nicht mehr tragen zu können. Unter dem großen Gewicht, das es mit einem Mal hatte, brach sogar sein Pferd in die Knie. Nachdem er es mit Mühe zum Aufstehen und Weiterlaufen gebracht hatte, stürzte es noch zweimal und weigerte sich dann endlich beharrlich, weiterzugehen.

»Wohlan denn«, rief da der Kaiser, »der HERR hat uns diese Wildnis als den Platz bezeichnet, an dem ER das

Kloster wünscht. Demütig wollen wir uns SEINEM heiligen Willen beugen!«

Alle Anwesenden fielen nieder und lobten Gott. Sodann beorderte Ludwig seine Baumeister nach Ettal, ließ die Wildnis roden und den Boden für den geplanten Bau ausheben. Am 28. April 1330 legte er eigenhändig den Grundstein. Als Kirche und Kloster endlich errichtet waren, gab er den Mönchen, die es bewohnten, das schöne weiße Madonnenbild, das er von seinem geheimnisvollen Berater erhalten hatte.

Kaiser Ludwig der Bayer erlebte die völlige Fertigstellung seiner Stiftung nicht mehr. Ettal aber wurde in späteren Zeiten — und ist es bis auf den heutigen Tag — einer der bekanntesten und beliebtesten Wallfahrtsorte unserer bayerischen Heimat.

## König Armleder von Armleders Gnaden

Zur Zeit Kaiser Ludwigs des Bayern trieb in München und Oberbayern ein ehemaliger Soldat sein Unwesen. Er hatte einen Haufen liederlicher Gesellen um sich geschart, die weder Tod noch Teufel fürchteten. Mit dieser Meute durchzog er mordend, raubend und brennend das Land. Er ernannte sich selbst zum König und ließ sich als »König Armleder« feiern. Aus Furcht vor ihm und seinen wilden Gesellen mußten die Bauern diese Anmaßung dulden.

Besonders die jüdische Bevölkerung hatte unter ihm zu leiden. Er verfolgte sie mit wahrem Ingrimm und erschlug und beraubte ohne Erbarmen jeden Juden — gleich ob

Mann, Frau oder Kind — der ihm in die Hände fiel. Hohnlächelnd bemäntelte er seine gottlosen Taten mit der Behauptung, dem Christentum durch die Vernichtung eines jeden Juden doch einen Dienst zu erweisen.

Als er die jüdische Bevölkerung um München schon nahezu ausgerottet hatte, nahm er sich in der gleichen grausamen Art die Christen vor und machte es ihnen ebenso wie vordem den Juden. Eine Begründung für seine Schandtaten suchte er erst gar nicht mehr.

Da endlich griff der Kaiser ein. Er schickte seine Soldaten gegen König Armleder, ließ ihn ergreifen, vor ein Gericht stellen und enthaupten. Viele seiner Spießgesellen konnten ebenso gefangen und unschädlich gemacht werden. Nur einigen Räubern gelang die Flucht. Sie ließen aber, ihres Anführers beraubt, die Bevölkerung fortan in Ruhe.

## Der Brezenreiter von Hl. Geist

Fast fünf Jahrhunderte hindurch wurde in München ein liebenswerter Brauch gepflegt, den ein Bürger der Stadt, Herr Burckhard der Wadler mit Unterstützung seiner Gattin Heilwig Wadlerin, ins Leben gerufen hatte.

Die beiden Eheleute machten am 12. 7. 1318 dem Hl.-Geist-Spital eine Stiftung von 63 Pfund Pfennigen. Der größte Teil des Geldes sollte den Kranken des Spitals zugute kommen. Drei Pfund Pfennige aber waren für den Kauf von Brezen bestimmt. Diese sollte ein Reiter am 1. Mai eines jeden Jahres kostenlos unter die Armen der Stadt verteilen.

Dem Willen der Stifter gemäß, machte sich von da an jedes Jahr, wenn der 1. Mai eingeläutet worden war, um Mitternacht ein Knecht auf einem Schimmel auf den Weg. Er ritt vom Hl. Geist-Spital aus durch die Hauptstraßen der Stadt. Dem Pferd waren drei Hufeisen gelockert, so daß sie laut klapperten und alle Leute auf den Reiter aufmerksam machten. Der Knecht trug einen Sack voller Brezen oder mehrere Schnüre, an denen das leckere Gebäck aufgereiht war. Mit lauter Stimme verkündete er:

»Ihr alt und junge Leut,
Gehts zum heil'gen Geist,
Wo man die Wadler Brezen geit!«

Dabei verteilte er seine Gaben an die Bevölkerung, die ihn jubelnd umdrängte.

Bis zum Jahre 1801 ritt am 1. Mai immer der Brezenreiter, freudig begrüßt von den Münchnern, durch die Stadt. In diesem Jahr aber geschah es, daß dem Knecht, der die Brezen verteilte, das Gebäck nicht reichte, weil so große Nachfrage danach herrschte. Die Leute, die leer ausgingen, ließen ihren Zorn darüber an dem unschuldigen Brezenreiter aus. Sie rissen ihn vom Pferd und verprügelten ihn jämmerlich. 1801 starb auch die Letzte aus dem Geschlecht der Wadler. Von da an hatte der schöne Brauch ein Ende.

## Der Mönch im Panier der Schuhmacher

Seit alter Zeit dürfen die Schuhmacher von München den Mönch, das Wahrzeichen der Stadt, in ihrem Panier führen. Sie leiten dieses Vorrecht von einer Zusage Kaiser Ludwigs des Bayern ab.

Bei einer Schlacht ihm Jahre 1295 war für den beliebten Herrscher schon fast alles verloren. Ein Banner nach dem anderen sank zu Boden und geriet in die Hände der Gegner. Zuletzt hielten nur noch die Schuhmacher von München ihre Fahne hoch. Sie kämpften trotz der verzweifelten Lage mit ungebrochenem Mut weiter, so daß sich das Kriegsglück, das sich schon den Feinden zugeneigt hatte, wieder wendete und dem Kaiser den Sieg schenkte.

Zum Dank dafür verlieh der Herrscher den Schuhmachermeistern das Recht, den Mönch in ihrem Panier zu führen. Die Schuhmachersknechte, die mit ihrer großen Tapferkeit auch ein gutes Stück zum Gewinn der Schlacht beigetragen hatten, durften von da an alle Jahre in der Hofkirche einen feierlichen Gottesdienst abhalten und dort ein ewiges Licht brennen lassen.

Anmerkung: Bei der Schlacht, auf die sich die Schuhmacher beziehen, handelt es sich aber wahrscheinlich um den Kampf zwischen Herzog Rudolf und den Augsburgern im Jahr 1295.

## Die Sauerbäcken von München

Kaiser Ludwig der Bayer kämpfte im Jahre 1322 auf der Vehenwiese zwischen Ampfing und Mühldorf erbittert gegen seinen Widersacher Friedrich den Schönen von Österreich. Er geriet während der Schlacht in arge Bedrängnis. Sein Pferd wurde unter ihm zusammengeschossen, und riß ihn mit zu Boden. Noch ehe er sich erheben konnte, war er schon von zahlreichen Feinden umringt, die ihn gefangen nehmen wollten. Einige Münchner Bäcker — im Gegensatz zu den Zuckerbäckern »Sauerbäcken« genannt — sahen dies und erkannten die gefährliche Lage ihres Feldherrn. Ohne die große Anzahl der Feinde zu bedenken, stürzten sie sich mit wahrem Heldenmut auf die Österreicher und schlugen ihren Kaiser aus deren Mitte heraus. Damit wendete sich das Kriegsglück, und Kaiser Ludwig ging aus der Schlacht bei Ampfing als Sieger hervor.

Er vergaß aber nicht, wem er diesen Erfolg zu verdanken hatte. Reichlich lohnte er den tapferen Sauerbäcken ihre mutige Tat. Er erlaubte ihnen, auf der Standarte ihrer Bruderschaft, die zu Ehren der Gottesmutter gegründet worden war, den Reichsadler zu führen. Diese Ehre erhielt sonst kein Handwerk. Außerdem gab er ihnen einen eigenen Freibrief und schenkte ihnen in München ein Bruderschaftshaus.

Dieses Gebäude, das neben der Hochbrücke im Tal gelegen war, benützten die Sauerbäcken als ihr Versammlungshaus und außerdem als Herberge. Jeweils der älteste »Bäckerschießer« der Zunft (so genannt, weil das Brot von den Bäckergesellen auf langen Schiebern in den Ofen »geschossen« wurde), fand darin freie Wohnung und Kost, wenn er zu alt und zu gebrechlich geworden war und seinen Beruf nicht mehr ausüben konnte.

Das Haus der Säuerbäcken zierte ehemals ein großes Gemälde. Darauf war der Ehrentag der Zunft im Bild für die Nachwelt festgehalten. Es zeigte, wie der Kaiser huldreich den Bäckern ihren Freibrief verlieh. Darunter stand geschrieben:

»Gott geb' dem Kaiser das ewige Leben
wünschen all' Brüder und Schwestern eben.«

# Die Söhne des Hisan

Wie allgemein bekannt, hatten die Bäcker einen großen Anteil am Gewinn der Schlacht auf der Vehenwiese zu Mühldorf. Da darf auch ein Münchner Bäcker nicht vergessen werden, der zwar nicht selbst am Kampfe teilnahm, weil er dazu schon zu alt war, dem aber ebenfalls Ehre zusteht.

Um das Jahr 1300 starb dem Bäcker Hisan seine geliebte junge Frau, ohne ihm Kinder geschenkt zu haben. Er verfiel darüber in große Trauer und verlor jegliche Freude am Leben. Als er eines Tages wieder trübsinnig über seiner Arbeit saß, hörte er plötzlich ein klägliches Wimmern vor seiner Türe. Er öffnete und fand auf der Schwelle zu seinem höchsten Erstauen einen Säugling, der nur in ein paar Tücher gewickelt war. Mitleidig nahm er sich des kleinen Buben an und dachte:

»Deine Mutter hat wohl selbst nichts zu beißen und kann dich daher nicht großziehen. Wer würde sonst ein so liebes Kind wie dich weggeben! Ich habe keine Kinder und will dich als meinen Sohn behalten.«

So blieb das Kind bei dem Bäcker. Er hielt es wie sein eigenes und hatte die größte Freude an ihm. Nachdem ein Jahr verstrichen war, ereignete es sich abermals, daß der Bäcker einen neugeborenen Buben vor seiner Türe fand. Wieder nahm er ihn in seiner Herzensgüte auf und erzog ihn gleich einem Bruder des ersten Knaben.

Übers Jahr lag wieder ein Büblein auf seiner Schwelle, und liebevoll sagte der Bäcker, als er das schreiende Bündel auf seine Arme nahm:

»Wo zweie satt werden, da wird auch für dich noch genug übrigbleiben!«

Als zwei weitere Jahre ins Land gegangen waren, hatte der Bäcker Hisan fünf Söhne in seinem Haus, obwohl ihm seine Frau keine Kinder geboren hatte. Dabei blieb es, den in Zukunft lagen keine Kinder mehr vor seiner Türe. Er zog seine angenommenen Söhne gut und rechtschaffen auf und lehrte sie sein Handwerk, so daß sie fünf tüchtige Bäcker wurden.

Die Jahre verstrichen, und es kam die Zeit, in der Kaiser Ludwig in arge Bedrängnis geriet. Überall im Land wurden die wehrfähigen Männer zu den Waffen gerufen. Nur wenige wurden durch das Los vom Kriegsdienst ausgenommen. Nun traf es sich aber, daß alle fünf Söhne Hisans ein Freilos gezogen hatten und zu Hause bleiben durften. Die tapferen Burschen nahmen jedoch die Entscheidung durch das Los nicht an.

»Wir wollen für Kaiser und Vaterland kämpfen«, sagte der Älteste zu seinem Ziehvater, »du hast uns durch deine Güte vor einem schlimmen Schicksal als Findelkinder bewahrt. Wir wollen es dir danken, indem wir als deine Söhne Ehre auf dein graues Haupt häufen.«

Er packte mit seinen vier Brüdern seine Sachen und zog mit ihnen in die Schlacht. Und sie kämpften so tapfer und erfolgreich mit ihren Berufsgenossen, daß der Kaiser die Schlacht gewann und zum Dank die Zunft der Bäcker, auch den alten Meister Hisan, hoch ehrte.

Alle fünf Söhne kehrten zur Freude ihres Vaters lebendig aus der Schlacht zurück. Nach dem Krieg gründete ein jeder seinen eigenen Hausstand, denn jeder hatte in München eine liebe Braut, die schon sehnsüchtig auf ihn wartete. Sie wurden erfolgreiche, angesehene Bäckermeister und waren der Stolz ihres hochbetagten Vaters, den sie bis an sein Lebensende hoch in Ehren hielten und ihm seine Guttaten dankten.

# Der Tod Kaiser Ludwigs

Kaiser Ludwig der Bayer war 60 Jahre alt, als ihn während einer Mittagsmahlzeit plötzlich heftige Leibschmerzen befielen. Schwächen des Körpers hatte er in seinem ganzen Leben nie nachgegeben, darum ließ er sich auch jetzt trotzdem sein Pferd satteln, um — wie geplant — mit seinem Gefolge auf die Bärenjagd nach Fürstenfeld zu reiten.

Zu dieser Zeit arbeiteten auf einer Wiese bei Puch einige Bauern. Mit einem Mal sahen sie ein edles Pferd wie führungslos auf sich zujagen. Der Reiter war aschfahl im Gesicht und wankte bedenklich im Sattel. Sie eilten herzu, hielten das Pferd an und fingen den Herrn darauf mit ihren Armen auf, als er — von Todesschwäche befallen — von seinem Roß glitt.

Erschrocken erkannten die Bauern in ihm ihren geliebten Kaiser. Behutsam legten sie ihn auf den Boden. Da öffnete er noch einmal die Augen und flüsterte:

»Süße Königin, unser Frau, bis (sei) bei meiner Scheidung!«

Nach diesen Worten verstarb er.

Als seine Gefolgsleute endlich herangesprengt waren, fanden sie ihn bereits tot. Weinend übergaben ihnen die Bauern den Leichnam des Kaisers.

Die Wiese, auf der Ludwig der Bayer den Tod gefunden hatte, heißt bis auf den heutigen Tag »Kaiserwiese«. Zur Erinnerung wurde eine Kapelle darauf gebaut. Später, als sie verfallen war, ersetzte man sie durch einen Gedenkstein aus Ettaler Marmor.

Der Tod des Kaisers löste tiefe Trauer in der Bevölkerung aus. In München erzählte man sich bald danach eine seltsame Begebenheit, die sich einen Tag später zugetragen haben soll. Ein Franziskanermönch der Stadt feierte gerade die hl. Messe und war schon bis zur hl. Wandlung gekommen, als er mit einem Mal stutzte und eine Weile schweigend innehielt. Dann rief er, zur Verwunderung aller in der Kirche Anwesenden, in deutscher Sprache dreimal:

»O wie weh ist dir, und wird dir doch schier wohl besser!«

Anschließend feierte er die Messe weiter, als wäre nichts geschehen. Kurz vor der hl. Kommunion war der Pater wieder eine Weile still und wiederholte dann abermals in deutscher Sprache dreimal den Satz:

»O wie weh ist dir, und wird dir doch schier wohl besser!«

Nach dem Gottesdienst fragte der Meßdiener den Priester, was denn die seltsamen Worte zu bedeuten gehabt hätten. Da antwortete dieser:

»Während der Messe erschien mir unser Kaiser Ludwig. Er litt schreckliche Qualen. Doch wurde er noch während der hl. Feier davon erlöst.«

Die Kunde von diesem Vorkommnis verbreitete sich rasch in der ganzen Stadt, und das Volk war daraufhin davon überzeugt, daß der geliebte Herrscher die ewige Seligkeit erlangt hatte.

## Die Hundskugel

»Hundskugel« hieß einstmals die heutige Hackenstraße zwischen Sendlinger- und Josefspitalsgasse. Die Sage erklärt diesen eigenartigen Namen so:

Vor alten Zeiten wälzte einmal ein Rudel Hunde eine große, schwere Kugel durch das Neuhauser Tor in die Stadt. Vor dem Haus Nr. 2 des genannten Gäßchens ließen sie die Kugel liegen und verschwanden. Zur Erinnerung an diesen seltsamen Vorfall wurde später ein Holzbild des Bildhauers Roman Boos dort angebracht, der nach seiner Heirat selbst in dem Haus wohnte. Soweit die Sage, in Wirklichkeit geht der Name aber auf ein sog. »Hundsfottbad« zurück, das sich früher an dieser Stelle befand. Es war ein Bad für arme Leute, die in der damaligen Zeit »Hundsfötte« genannt wurden. Das war kein Schimpfwort, sondern einfach die Bezeichnung für arme Leute. In dem Bad wurden auch die zum Tode Verurteilten gewaschen und geschoren.

Ein altes Gemälde befand sich an dem Haus (heute Hackenstraße 10). Darauf war eine Kegelbahn im Grünen abgebildet, auf der sich viele Hunde tummelten. Die einen spielten mit den Kegeln, andere saßen auf der Seite und sahen ihnen zu, wieder andere hielten Teller und Würstchen in den Pfoten und taten sich daran gütlich. Darunter stand geschrieben:

Bis diese neun Kegel umscheiben die Hund'
Können wir heilen noch manche Stund'.
Hundsfottbad armer Leut.

Später, als anstelle des Bades das »Gasthaus zur Hundskugel« dort stand, war der eigentliche Grund für den Namen in Vergessenheit geraten, und es entstand obengenannte Sage.

Lange Zeit war man sich auch nicht im klaren darüber, ob es nicht eigentlich »Hundsküche« — des Gasthauses wegen — statt »Hundskugel« heißen müsse. Dieser Irrtum ist aber inzwischen ausgeräumt.

# Der unglückliche Goldschmied beim schönen Turm

Aus den frühen Tagen der Stadtgeschichte wird uns ein düsteres Ereignis überliefert. Es soll sich im Schatten des schönen Turmes, der ehemals das Ende der Kaufingergasse zierte, zugetragen haben. Franz Trautmann erzählt es uns so:

»Unviel nach Kaiser Ludwigs des Bayers Zeiten lebte ein Goldschmied zu München. Selbiger hatte seine Werkstatt zur Rechten vor dem schönen Turm, war in seiner Sache ein tüchtiger Meister und in all seinem bürgerlichen Wandel ein stets ehrengeachteter Mann.

Da kam einst ein vornehmer, fremder Herr zu ihm, brachte ihm etliches kostbares Geschmeide und verlangte, er solle ihm ein gleiches verfertigen. Dazu verstand sich der Goldschmied mit Freuden und ging alsbald ans Werk. Es war aber Sommerszeit.

Wie nun der oder jener, so öffnete auch der Goldschmied tagsüber sein oberes Fensterlein, hatte das Geschmeide vor sich liegen und schaffte am neuen tapfer fort und fort.

Als er da eines Tages von der Mahlzeit in die Werkstatt zurückkam, sah er mit Schrecken, daß ihm sämtlich das fremde, anvertraute Gut fehle, und da half kein Suchen und Fragen. Es war einmal weg und spurlos verschwunden.

Nächst eilte er in größter Verzweiflung zum vornehmen Herren und gab ihm von seinem Unglück Bericht. Den bedünkte aber die Sache ganz sonderlich — und in kurzem kam sie schon vor die Richter.

Weil sich nun erwies, daß die Türe an der Werkstatt

nicht erbrochen, auch niemand, ob ein noch so kühner, imstande gewesen sei, von offener Gasse aus und hoch herab zum Kleinod zu gelangen, wurden die Richter der Meinung, es sei sämtliches nur eine List des Goldschmiedes. Sie nahmen sofort an, er habe das Gut beiseite geräumt und zu München verborgen oder es im Einverständnis mit einem anderen von hier weggebracht — wie denn auch einer an Ort und Stelle gewesen war, der sich beim Goldschmied zu tun gemacht hatte. In kurzem, der Goldschmied mochte leugnen, beteuern und beschwören, was er wollte, zuletzt kam's doch so, daß er für schuldig erklärt wurde, und dazu ward ihm das Todesurteil gesprochen.

Da ward er an seiner Werkstatt vorüber und durch den schönen Turm, unterm Geläut einer kleinen Glocke, die er selbst in früherer Zeit verfertigt hatte, zum Hochgericht geführt.

Zum selben Glöcklein soll er seinen Blick gerichtet und gesagt haben:

‚Meine Stimme verhallt und kein Mensch glaubt mir. So wahr aber jedweder meines Glöckleins Klang vernimmt, so sicher kommt meine Unschuld noch an den Tag. Dann ist's aber für euch zu spät!'

Als er auf dem Hochgericht ankam, beteuerte er seine Schuldlosigkeit noch mehrmals aufs heiligste. Aber es war alles vergeblich.

Wie er nun schon etliche Wochen nimmer lebte, fügte sich's, daß es dort und da am schönen Turm fehlte. Da fanden sich die Werkleute ein und legten Hand an.

Einer derselben, welcher beim Tod des Goldschmiedes zugegen gewesen und über dessen letzte Beteuerung gespottet hatte, weil er von rauhem Gemüt war, machte sich am rechten Erkertürmlein ganz in der Höh' zu schaffen, erinnerte sich an des Goldschmieds Worte, sah dabei auf das Glöcklein hin, welches in der Mitte des Turmes zu öberst hin und sagte:

‚Nun wär's bald Zeit, daß du deine Pflicht tätest, sonst strafst du deinen Meister Lügen!'

Dazu lachte er und hob mit seiner Arbeit am Erkerfensterlein an. Kaum er da ein paar Würfe mit der Kelle getan hatte, flog eine Dohle aus dem Dacherker.

Dachte er sich: Die hast du aufgescheucht, und da drin hat sie ihr Nest und ihre Behausung! Wie er aber dabei hineinschaute, glaubte er etwas schimmern und glänzen zu sehen — und als er näher und schärfer schaute, lag da drin ein herrliches Geschmeide — das glich dem ganz, von welchem er des Goldschmiedes wegen so viel gehört hatte.

Als er dessen und seines Spottes von vorher eingedächtig war, kam solcher Schrecken über ihn, daß er schier umsank und daran war, vom Gerüst zu stürzen — gerade, daß er sich noch festhielt. Drauf stieg er zitternd über die Leiter herab, in den zweiten Gaden — von da ganz darnieder zum Oberrichter und meldete dem, was er gesehen.

Da wollte ihm der Oberrichter keinen Glauben schenken, stieg aber doch mit mehreren anderen von innen den schönen Turm hinauf, nächst bis zu allerhochst — da fand er alles, wie berichtet, nahm das Geschmeide auf und trug's darnieder und ins Richterhaus. Da fand sich der vornehme Herr alsbald ein und bestätigte in völliger Gewißheit, das Kleinod sei jenes, welches er früherhin dem Goldschmied gegeben habe. In kurzem, es stellte sich sonnenklar heraus, daß die bewußte Dohle beim Goldschmied durchs Fensterlein geflogen und ihm, des Glanzes wegen, das Kleinod entführt — und der Goldschmied aber unschuldigerweise das Leben gelassen habe. Anbei erinnerte man sich der Worte, die er zuletzt gesprochen, und erkannte, wie wunderbare Schickung es sei, daß gerade in des Glöckchens Nähe und durch einen solchen die Unschuld zutage gekommen sei, welcher den Meister noch im Grabe verspottete.

Über all dies war jeder zu München, und so weit die Kunde erging, aufs tiefste ergriffen. Was Gutes geschehen konnte, des Goldschmieds Andenken zu ehren, das geschah. Auch ward sein Irdisches aus unehrlichem Grab erhoben und feierlich bestattet, wie's heißt, am Kreuzkirchlein. Mehr ließ sich aber nicht richten und schlichten bei allem guten Willen — denn wie der Goldschmied gesagt hatte, so war's.

Seine Unschuld war an den Tag gekommen — aber nun war's für die Richter zu spät.«

## Das Gasthaus: Zum Koch in der Hölle

In alten Zeiten stand in der Sendlinger Gasse ein Wirtshaus, das den Namen »Zum Koch in der Hölle« trug. Das Rückgebäude desselben hing mit einem Haus am Färbergraben zusammen, das den Hausnamen »Himmelsschäffler« führte, weil dort zur Zeit der Pest einst der Zug der Schäffler seinen Anfang genommen haben soll. Es wurde aber von den Münchnern nur kurz »Im Himmel« genannt.

Vor mehr als 300 Jahren stürzte das baufällig gewordene Haus am Färbergraben ein und fiel dabei teilweise auf das Haus des Koches. »Oh je, nun ist der Himmel in die Hölle gefallen!« rief ein Münchner daraufhin in komischem Schrecken, und bald lachte ganz München darüber.

# Das Pestgespenst

In dem Jahr, das durch den Tod Kaiser Ludwigs des Bayern schon genug Unheil gebracht hatte, und in dem ganz Bayern von Erdbeben und Überschwemmungen heimgesucht worden war, kam dazu eines der schlimmsten Übel über das Land, die Pest. In einer alten Chronik steht darüber:

»Um Sankt Rupertii a.d. 1348 nahm zu München ein großes Sterben, so man den ‚schwarzen Tod' genennet, seinen Anfang. Die Leut, so davon ohn' Unterschied des Alters und Geschlechts seind jählings befallen worden, haben ein schwarz Flecklin auf der Haut gekriegt, das ist schnellstens größer geworden und wann es die Stelle erreicht, allwo darunter das Herz sitzend ist, so seind der Befallene umgefallen und war tot. Hilf hat es davor nit geben. Sein Ausgang hat das Sterben genommen von ein Haus, so da lag in Mitten der Churfringergass ... Da hat der Pöbel die Tür mit Balken und Steinen verrammelt, die Kramladen mit Nägel zugeschlagen, daß niemand mehr, so darin waren, herausmöcht, den Tod umzutragen. Der Rath aber hat ein groß T mit schwarzer Farb ob die Ture malen lassen und den Inleuten Brod und Wasser an Stangen hinaufreichen lassen, hat aber all nichts genutzt ...«

Die Sage berichtet über den Beginn der Seuche so: Eine junge Magd verirrte sich eines Nachts beim Nachhauseweg. Sie gelangte aus Versehen zum Petersfriedhof. Es wäre ein weiter Umweg gewesen, wäre sie nochmals zurückgegangen, darum lief sie, obwohl sie sich eines unheimlichen Gefühles nicht erwehren konnte, durch die dunklen Gräberreihen, und suchte möglichst schnell den Ausgang zu gewinnen.

Als sie bei der Seelenleuchte (eine Säule aus Holz oder Stein, auf der in früheren Zeiten Tag und Nacht ein Licht für die »Armen Seelen« brannte) vorüberkam, fiel ihr eine seltsame Gestalt auf, die dort auf den Stufen saß. Sie war von langen und weiten schwarzen Gewändern so völlig vermummt, daß das Gesicht nicht zu sehen war.

Die Knie wurden dem Mädchen weich vor Schrecken, aber es faßte sich und eilte davon, so schnell es konnte. Beim Schrannenplatz (dem heutigen Marienplatz) angelangt, wagte es endlich, sich umzublicken. Da blieb ihm vor Entsetzen fast das Herz stehen, denn es sah, daß das schwarze Gespenst ihm in kurzem Abstand folgte. Mit eigenartig tänzelnden Schritten schwankte es daher. Auf dem seelenlosen, blutleeren Totengesicht, das aus der schwarzen Umhüllung herausstarrte, lag ein unheimliches Grinsen. Mit knöchernen Fingern klopfte es immer wieder eine seltsame Tonfolge, die dem Mädchen durch Mark und Bein ging und es frösteln machte.

Die Magd wandte sich, von Grauen geschüttelt, um und hastete weiter. Es gelang ihr, das Haus, in dem sie wohnte, zu erreichen. Aber kaum hatte sie die Türe aufgerissen um in das rettende Innere zu gelangen, da war das unheimliche Wesen auch schon angelangt und ihr hineingefolgt. Vor Entsetzen verlor die Magd die Besinnung und stürzte zu Boden. Sie hörte nur noch, wie das schwarze Gespenst mit dumpfer Grabesstimme murmelte:

»Ich bin der schwarze Tod. Von hier aus werde ich meinen Einzug in dieser Stadt halten und das große Sterben anheben lassen.«

Als sie wieder zu sich kam, war es heller Tag. Die unheimliche Gestalt war verschwunden, und nichts deutete darauf hin, daß sie einmal dagewesen war. Das Mädchen lief zu seiner Herrin und erzählte ihr, was geschehen war.

Diese aber schenkte ihm keinen Glauben. Doch noch am gleichen Tag erkrankte ein Bewohner des Hauses als erster Bürger Münchens an der Pest und starb kurz darauf. Damit hatte der schwarze Tod seinen Einzug in der Stadt gehalten und brachte in den nächsten Wochen und Monaten schweres Leid über die Menschen.

## Der Schäfflertanz in München

Noch heute wird alle sieben Jahre in München der Schäfflertanz aufgeführt. Die Anfänge dieses Brauches sollen bis in die Zeit zurückreichen, in der die Stadt von einer verheerenden Pestseuche heimgesucht wurde.

Friedrich Panzer beschreibt den Brauch in seinem Buch von 1842 »Bayerische Sagen und Bräuche«:

»Alle sieben Jahre, die nächste Woche nach Fasnacht und in der Fasnacht selbst, wird in München der Schäfflertanz aufgeführt. Ein paar Wochen zuvor beschäftigen sich die Schäfflergesellen, alles zu diesem Festtanze vorzubereiten und auf ihrer Herberge Tanzunterricht zu nehmen. Dann werden gewählt: der Umfrager, welcher Erkundigungen einzieht, wo getanzt werden darf, der Vortänzer, welcher einen mit Bändern geschmückten Stab hält, der Reifschwinger, der Nachtänzer, der Spaßmacher und 16-20 Gesellen, bestimmt, die mit Buchs und Bändern gezierten Reife zu drehen unter einem hüpfenden Tanze, bei dem Schalle der Musik den großen Achter zu tanzen, allerlei Gänge und Lauben daraus zu bilden und sich am Ende der labyrinthischen Wendungen doch wieder in eins zu vereinigen.

Die Kleidung der Tanzenden besteht aus einer grünen Kappe mit weißen und blauen Federn, schwarzem Halstuche, roter Ärmelweste, weißer Weste. Beinkleidern von schwarzem Manchester, gelbem Vorfelle, weißen Strümpfen und Schuhen mit silbernen Schnallen.

Besondere Übung und Gewandtheit erfordert das Geschäft des Reifschwingers, welcher drei volle Weingläser auf die innere Kante des Reifens frei hinsetzt, wovon keines, obgleich er den Reif mit der größten Geschwindigkeit über den Kopf und durch die Beine schwingt, verschüttet werden darf.

Das zahlreich folgende, lachende und schäkernde Volk macht den Marsch des Schäfflertanzes nach, welcher, von einer wohlgeordneten Musik begleitet, aufgeführt wird. Wenn zuweilen ein böser Bube schwarz gemacht wird, so hat er es sich selbst zuzuschreiben, warum hat er dem Hanswurst keine Ruh' gelassen.«

Damals, als der schwarze Tod so reiche Ernte in München hielt, wagte sich auch nach Abklingen der Seuche niemand auf die Straßen. Alle verschanzten sich ängstlich in ihren Häusern.

»Da faßten die Schäffler zuerst Mut, zogen vor die Häuser, führten Freudentänze auf und ermunterten hierdurch die Leute, ihre ungesunden, dumpfen Wohnungen zu verlassen und an ihrer Lust teilzunehmen. Die Schäffler versammelten sich zuvor bei dem Himmelschäffler, der damals das Haus Nr. 20 in dem Färbergraben bewohnte.« So erzählt Friedrich Panzer weiter. J.M. Mayer berichtet uns über den Schäfflertanz:

»Wer von auswärts sich zuerst wieder in die halb entvölkerte Stadt hereinwagte, das war eine Bauernfrau mit Eiern in ihrer Butte. Deshalb war früher beim Schäfflertanz auch die »Gretel mit der Butten« dabei. Diese war ein Lu-

stigmacher, der vier Karten-Aß auf dem aufgekrämpelten Hute hatte, eine ausgestopfte Frau in einer Butte auf dem Rücken trug und eine lange Wurst in der Hand hielt, die er den zu neugierigen Buben um das Maul schlug. Dazu wurde bei Trommeln und Pfeiffen das Lied gesungen:

»Gretel in der Butten,
Wie viel gibst du Oa?«
»I gib nicht mehr, ich gib nicht mehr
Als um a'n Batzen achte,
Und um a'n Kreuzer zwoa.«
»Gibst du mir nöt mehra,
Als um a'n Kreuzer zwoa,
So b'halt du no dein' Butten,
Und alle deine Oa.«

Auch heute noch wird der Schäfflertanz alle sieben Jahre aufgeführt, zur Freude der Münchner Bevölkerung. Wie in früheren Jahrhunderten, so zieht er auch in unserer Zeit viele Schaulustige an, und ist ein fester Bestandteil des kulturellen Lebens der Isarstadt.

## Der Metzgersprung in den Fischbrunnen

Auch dieser alte Brauch wird uns von Friedrich Panzer überliefert. Er schrieb:

»Während die von der Pest Übriggebliebenen mit bleichen Gesichtern und abgemagerten Gliedern noch hinter ihren Guckerl saßen, erschallte Musik und Schalmei durch alle Straßen. Man eilt an die Fenster und sieht die Metzger in geputzten Scharen herumziehen und die jungen Lerner derselben in den Fischbrunnen springen und alles mit Wasser begießen; während die Schäffler mit grünbelaubten Reifen in den mannigfaltigsten Wendungen einen Rundtanz aufführten und die Gredl in der Butten zuweilen einen vorlauten Buben aus dem Haufen im Gesichte schwarz machte. Jung und Alt half nun einander aus den halbausgestorbenen Häusern heraus, eilte dem Zug nach und lachte mit.

Wie ging es nun aber dabei zu? Wenn die Erlaubnis von der Königl. Polizeidirektion und dem Magistrate zu diesem Fest erholt worden ist, versammelte man sich in Gegenwart der Beisitzmeister 14 Tage vor dem Fasching an einem Sonntage auf der Herberge zu dem sog. Büscheltanze. Dort wird alles verabredet, was die Anordnung dieses Festes erheischt und wer beim Umzuge die Kanne und den Becher zu tragen hat. Dieses geschieht abwechslungsweise von einem Meisterssohn, (bei welchen das Brunnenspringen beim Freisagen unterbleibt), und wieder von einem Knechte. Diese werden für diese Zeit die Hochzeiter genannt, und ihnen wird Kanne und Becher mit nach Hause gegeben, um letztere mit Blumen, Bändern und silbernen und goldenen Quasten zu zieren.

Am Faschings-Montage morgens um 9 Uhr versammeln sich alle Fleischhackergesellen reinlich angezogen, mit blauen Mänteln angetan, jeder mit einem Blumenstrauße in der Hand. Einige Metzgerbüberl in schwarzen Beinkleidern, roten Westen und Röckerl, mit grünen Hüten auf dem Kopfe, den Stahl an der Seite, (echt metzgerisch angezogen), werden auf saubere Pferde gehoben. Die Lerner, welche freigesagt werden, sitzen im roten Jänker, den sauberen Schäber umgeschürzt, ebenfalls auf munteren Metzgerpferden ...

Nunmehr wird der Hochzeiter aus dem Haus seines

Diensthеrrn mit Musik feierlich abgeholt. Von da geht der Zug zum Altgesellen, von da auf die Herberge und dann an die St.Peterskirche zur heiligen Messe. Die Musik und die Berittenen eröffnen den Zug, auf diese folgen die Gesellen, und der Altgeselle nebst den Beimeistern schließen den Zug. Die Kannen- und Willkommsträger, so wie der Altgeselle, der freispricht, sind auf alt herkömmliche Weise mit roten, silberbordierten Röcken, derlei dreieckigen Hüten, dann mit einem Bandelier bekleidet, woran der Degen hängt ...

Nach dem Gebetläuten 12 Uhr mittags erscheinen die Lehrlinge, von ihrem Altgesellen angeführt, am Fischbrunnen. Erstere sind von Fuß auf weiß gekleidet und mit Kalbsschweifen verziert, welche, wenn sie sich schütteln, um den ganzen Leib und um den Kopf herumpudeln. Dreimal gehen sie auf dem Rand des Brunnens herum. Nun werden von dem Altgesellen, unter dem Jubel des ganzen Volkes, die Gesundheiten ausgebracht, wobei jedes geleerte Glas in den Brunnen zurückgeworfen wird ...

Hierauf folgt die Freisprechung selbst unter dem nachfolgenden Spruche zwischen dem Altgesellen und den Lehrlingen.

Altgesell: Wo kommst du her, als welchem Land?

Lerner: Allhier bin ich ganz wohl bekannt, allhier hab ich das Metzgerhandwerk aufrichtig und redlich gelernt, eben darum will ich auch ein rechtschaffener Metzgerknecht werden.

Altgesell: Ja, ja! Allhier hast du das Metzgerhandwerk aufrichtig und redlich erlernt, sollst auch ein rechtschaffener Metzgerknecht werden. Du sollst aber getauft werden bei dieser Frist, weil du gern Fleisch, Bratwürstel und Brädel ißt. Sag mir deinen Namen und Stammen, so will ich dich taufen in Gottes Namen.

Lerner: Mit Namen und Stammen heiß ich N.N. in allen Ehren, das Taufen kann mir niemand wehren.
Altgesell: Nein, nein! Das Taufen kann dir niemand wehren, aber dein Namen und Stammen muß verändert werden. Du sollst hinfüro heißen Johann Georg Gut, der viel verdient und wenig vertut.

Während dem Spruche schlägt der Altgesell den Freizusprechenden mit der flachen Hand immer zwischen die Schultern, damit derselbe wisse, wie es in der Welt nicht immer in floribus zugeht, sondern daß man so manche Beschwerlichkeiten und Unannehmlichkeiten des Lebens mitunter zu ertragen habe. Nunmehro springen die Freigesagten in den Brunnen hinunter, werfen Nüsse unter das Volk und bespritzen mit ihren Schäffeln die lustigen Buben, welche die Nüsse aufklauben wollen, zum allgemeinen Gelächter mit tüchtigen Wassergüssen. Wenn dieser Scherz vorüber ist, steigen die Freigesagten wohl durchnäßt wieder auf den Rand des Brunnen; denn nunmehro haben sie alle Unarten der Lehrlinge wohl von sich abgewaschen und zugleich durch diese Zeremonie versprochen, in ihrem Handwerke (insoferne es nämlich möglich ist) alle Reinlichkeit zu beobachten. Jedem wird ein Serviet um den Hals gebunden und von einem auf dem Arm hinaufgehebten Metzgerbüberl ein rotes Band mit den alten, harten, blinkenden Talern, die er in der Taufe und Firmung zum Angebinde erhalten hat, angehängt. Von diesem Momente an ist der Lehrling frei, darf sich in die Gesellschaft der übrigen Gesellen mischen, mit ihnen trinken und auf ihren Gelagen mit einem ehrbaren Mädchen tanzen.«

Soweit Friedrich Panzer. Daß der Brauch des Metzgersprunges wirklich sehr weit zurückgeht, scheint ein Pokal zu beweisen, auf dem die Jahreszahl 1670 steht und auf dem ein Metzger mit dem Beile dargestellt ist. Er wurde in früheren Zeiten beim Metzgersprung herumgetragen.

## Die Bäckerschnelle

Im Mittelalter waren auch in München für Bürger, die es mit dem ehrlichen Handel nicht so genau nahmen, abschreckende Strafen üblich. Ein Bäcker, der schlechtes Brot buk oder die Kunden mit dem Gewicht seiner Backwaren betrog, hatte damals, wenn die Sache ans Licht kam, wahrhaftig nichts zu lachen. Er wurde von den Schergen der Stadt aus seinem Haus geholt und zur Roßschwemme an der Südwestecke des Viktualienmarktes gebracht. Und das ging nicht still und heimlich vonstatten! Der Zug wurde von Trommlern begleitet, die laut auf den Missetäter aufmerksam machten und zu dessen noch größerer Schande und Schmach eine Menge Schaulustiger anlockten.

Unter dem Gejohle und dem Hohngelächter aller Anwesenden wurde der betrügerische Bäcker bei der Roßschwemme in einen eigens für die Strafmaßnahme zwischen zwei Balken angebrachten Korb gesetzt, dreimal ganz unters Wasser getaucht und dann wieder herausgezogen.

Die Roßschwemme wurde wegen der dort geübten Art der Bestrafung auch die »Bäckerschnelle« genannt. Noch bis in das Jahr 1810 hielt sich dieser Brauch in München.

## Der ungewöhnliche Liebesbote

Noch bis ins vorige Jahrhundert hielten sich die Stadtväter Münchens jeweils ein Schwein, das zu bestimmten Anlässen geschlachtet und verzehrt wurde. Im Volksmund hieß es bezeichnender Weise nur »die Rennsau«, weil es in der ganzen Altstadt umherzulaufen pflegte. Man konnte dem munteren Tier in der Lodergasse oder der Schweiggasse, am Eiermarkt oder am Mautstadel begegnen.

Da lebte einst eine hübsche Gerberstochter in München. Sie war ein lustiges Mädchen und machte sich einmal den Spaß, die Rennsau zu fangen, ihr ein rotes und ein blaues Band um den dicken Hals zu binden und den Ringelschwanz mit einer bunten Schleife zu verzieren. Das Schwein ließ es sich gerne gefallen und schien sogar stolz auf den ungewohnten Schmuck zu sein. Von da an kam es nämlich oft zum Haus des Gerbers, vielleicht, weil es hoffte, wieder so schöne Bänder zu bekommen. Die Vorliebe der Rennsau für das Haus des Gerbers nützte ein junger Kannenmacher, der in der Nähe wohnte und schon lange ein Auge auf die schöne Gerberstochter geworfen hatte. Er band dem Schwein eines Abends einen Liebesbrief um, in dem er dem Mädchen seine Gefühle gestand. Zuverlässig brachte die Rennsau das Schriftstück der richtigen Empfängerin.

Ein Jahr später fand die Hochzeit des jungen Paares statt. Beim Festschmauß — sinnigerweise Schweinebraten — ließen alle Gäste feierlich die Rennsau des Stadtrates hochleben, die das Brautpaar zusammengebracht hatte.

## Der Basilisk im Brunnen

Einstmals hauste am Grund eines Brunnens in München ein Basilisk. Unentwegt glotzte das fürchterliche Wesen aus der Tiefe herauf. Kein lebendes Geschöpf, nicht

Mensch noch Tier, war imstande, seinen grauenvollen starren Blick zu ertragen. Wer immer dem Basilisken ins Auge geschaut hatte, fiel auf der Stelle vor Entsetzen tot um.

Da griff in der Stadt große Angst um sich. Niemand konnte sich das geheimnisvolle Sterben der Menschen erklären, die, sei es aus Unvorsichtigkeit, sei es aus Neugier in den Brunnen geblickt hatten. Diejenigen, die den Basilisken gesehen hatten und die den anderen Kunde hätten geben können, waren ja nicht mehr am Leben. Bald wagte sich niemand mehr in die Nähe des Brunnens, und jeder machte einen weiten Bogen um die gefährliche Stelle.

Da hatte eines Tages ein Bürger der Stadt einen klugen Einfall. Er schlug vor, einen großen Spiegel über dem Brunnen aufzustellen. Mit Hilfe desselben könne man in die Tiefen hinabblicken, ohne sich dem unheimlichen Ort zu sehr nähern zu müssen.

Sein Rat wurde alsbald befolgt. Einige todesmutige Männer, deren Augen zur Sicherheit verbunden waren, brachten mit langen Stangen und unter größten Vorsichtsmaßnahmen den Spiegel über dem Brunnen an.

Und siehe da, in dem Augenblick, in dem der Basilisk sich im Spiegel selbst mit seinem todbringenden Blick anstarrte, mußte auch er vor Entsetzen über sich selbst sterben.

Nun war die Stadt von dem schrecklichen Übel befreit, und überall herrschte große Freude. Zur Erinnerung aber nannte man die Ecke, an der jener Brunnen stand, lange Zeit »das Spiegelbrunneneck«. Außerdem brachten die Münchner an dem Haus daneben ein Gemälde an, auf dem der Basilisk als riesiges hahnartiges Ungeheuer in seiner ganzen Scheußlichkeit dargestellt war.

# Die Gründung des Münchner Domes

Einst stand an Stelle des heutigen Domes ein Kirchlein zu Ehren Unserer Lieben Frau. Es war nach der Wieskapelle bei St.Peter das älteste Gotteshaus Münchens. Im Laufe der Zeit aber wurde es für die ständig wachsende Gemeinde zu klein. Man erweiterte es zwar im 13. Jahrhundert, doch noch immer herrschte bei den Meßfeiern drangvolle Enge darin.

Einmal, die Gläubigen standen wie so oft dicht gedrängt in der Kirche, schrie plötzlich jemand mit lauter Stimme:

»Feurio, feurio, feurio!«

In wilder Angst stürzten die Leute auf den Ausgang zu. Jeder dachte nur an sich und seine Rettung. Ohne Rücksicht stießen die Starken die Schwächeren beiseite und zwängten sich durch die Türe ins Freie. Dort stellte sich zwar heraus, daß es ein blinder Alarm gewesen war, denn von einem Brandherd war weit und breit nichts zu sehen, aber trotzdem war bei dem Durcheinander ein schreckliches Unglück geschehen: Das schönste Mädchen Münchens, eine fromme Bürgerstochter, war in dem Gedränge zu Tode gedrückt worden.

Da herrschte große Trauer in der Stadt, und der Ruf nach einer neuen Kirche wurde immer lauter. Herzog Sigismund, der von dem verhängnisvollen Geschehen erfahren hatte, entschloß sich daraufhin, den Münchnern ein neues Gotteshaus zu stiften. Der Tod des schönen Mädchens ging ihm nämlich auch aus folgendem Grunde sehr zu Herzen:

In seiner Jugend hatte er eine Bürgerstochter geliebt und hatte sie — allen Widerständen zum Trotz — zu seiner Gemahlin machen wollen. Sie aber hatte diese Ehre abgelehnt und einen jungen Mann ihres Standes geheiratet, denn sie hatte das traurige Schicksal der Agnes Bernauer, die den Vater von Herzog Sigismund geehelicht hatte, noch zu deutlich vor Augen. Der junge Herzog war darüber niemals hinweggekommen und blieb sein ganzes Leben lang unvermählt.

So berichtet die Sage.

In Wirklichkeit wurde der Dom von der Münchner Bürgerschaft und der Geistlichkeit erbaut, wenn auch kräftig unterstützt vom herzoglichen Haus. Sigismund wäre — angesichts seiner bedrängten Lage — niemals imstande gewesen, das prachtvolle Gotteshaus alleine zu bezahlen.

## Die Türme der Frauenkirche

Der gute Wille der Münchner, mitten in ihrer Stadt einen großen Dom zu errichten, war größer als ihr Reichtum. Mehrmals gingen ihnen während des Baues die notwendigen Geldmittel aus. Sie konnten aber immer wieder auf irgendeine Weise beschafft werden, sei es durch Sammlungen, Spenden oder Zuwendungen durch das herzogliche Haus. Für die beiden Türme reichte es jedoch beim besten Willen nicht mehr. Darum waren sie ein halbes Jahrhundert lang nur mit einem Notdach versehen.

Später setzte man ihnen die »welschen Hauben« auf, eine aus Rußland kommende Form, die in der italienischen und deutschen Baukunst des 16. und 17. Jahrhunderts häufig angewandt wurde. Die »welschen Hauben« paßten natürlich zum gotischen Stil der Kirche nicht besonders gut, gaben ihr aber ihr unverwechselbares Aussehen.

»Meine lieben zwei Spargel«, soll Kurfürst Max III. Joseph sie scherzhaft und treffend genannt haben, wie die Sage zu berichten weiß. Das Volk dagegen verglich sie spaßeshalber oft mit zwei riesigen Maßkrügen mit Deckeln.

Diese Türme mit den grünen welschen Hauben sind seither als Wahrzeichen Münchens in der ganzen Welt bekannt und beliebt.

## Der Teufelstritt im Dom

Der Fußabdruck am Eingang der Frauenkirche gab Anlaß zu mancherlei Vermutungen über seine Entstehung. Eine Sage erklärt ihn so:

Meister Jörg Ganghofer hatte die Frauenkirche schon fast vollendet, als der Höllenfürst von dem Bau erfuhr.

»Was, schon wieder eine Kirche in München!« schrie er — vor Wut fast zerspringend — den Unterteufel an, der ihm die schlechte Nachricht überbracht hatte, der aber wahrhaftig nichts dafür konnte. »Dort sind ohnehin genug Kirchen, die mir ein Dorn im Auge sind, mehr als genug!«

»Das können wir nicht dulden, Majestät«, pflichtete ihm der Unterteufel bei und zog sich dann schleunigst zurück, um nicht Opfer des Zornes seines Herrschers zu werden. Der aber tobte weiter:

»Das werde ich auch nicht dulden! Es bringt meinem Reich zu großen Schaden. Da werden die Sünder, mit denen ich mich jahrelang abgeplagt habe, sich wieder zu Maria flüchten und beten und beten. Und wie ich Maria kenne, wird sie sich wieder erweichen lassen und bei ihrem Sohn ein gutes Wort für diese Seelen einlegen, so daß sie mir zuguterletzt doch noch durch die Lappen gehen. Das ist zuviel! Womöglich bekommen wir hier unten noch Nachwuchsschwierigkeiten! Ich muß diesen Bau um jeden Preis verhindern!«

Feuer- und schwefelspeiend fuhr er aus der Hölle, eilte zu seinem Freund, dem wilden Sturm, und beriet sich mit ihm.

»Sei froh, daß du noch rechtzeitig von der Sache Wind bekommen hast, da kann man wenigstens etwas dagegen unternehmen!« beruhigte dieser den Tobenden. »Wir zwei werden mit der Kirche schon fertig werden! Solange sie noch nicht geweiht ist, kannst du sie noch betreten und von innen her zerstören. Ich greife sie von außen an. Zusammen werden wir sie schon zu Fall bringen, wir müßten nicht Sturm und Teufel sein!«

Flugs begaben sich die beiden wüsten Gesellen zum Frauenplatz, wo sich das fromme Gebäude erhob, und machten sich ans Werk. Mit einem großen Satz sprang der Teufel in die Kirche hinein. Unter der Orgel blieb er stehen, schaute sich um und überlegte, wo er am besten mit der Zerstörung beginnen sollte. Da überzog plötzlich ein Grinsen satanischer Freude sein Gesicht, das auch so schon häßlich genug war. Er hatte nämlich, so eifrig er sich auch umgeschaut hatte, kein einziges Fenster in der ganzen Kirche entdecken können.

»Da haben die dummen Tölpel von Bauleuten doch tatsächlich die Fenster vergessen!« schrie er, schlug sich hohnlachend auf die Schenkel und stampfte vor Freude mit dem Fuß so fest auf, daß der Tritt sich in den Stein auf dem er stand, eingrub. »In eine Kirche ohne Fenster geht kein Mensch zum Beten, da ist der ganze Bau umsonst, ha, ha, ha!«

Vergnügt und bester Dinge machte er sich von dannen, weil die unglaubliche Dummheit des Baumeisters ihm die Mühe erspart hatte, das Gotteshaus zu zerstören.

Wohl bemerkte er später seinen Irrtum, als er die Scharen von Menschen sah, die in die Kirche strömten. Doch obgleich es ihn vor Wut fast zerriß, er konnte dem Bauwerk nichts mehr anhaben, weil es schon geweiht war. Der Sturm aber, der Bundesgenosse des Teufels, rast noch immer in ohnmächtigem Grimm um die Frauenkirche. Er rüttel und zerrt an dem Gebäude und versucht verzweifelt, die Frommen vom Betreten der Kirche abzuhalten. Er saust ihnen um die Ohren, zerrauft ihnen die Haare oder reißt ihnen die Hüte herunter und wirbelt sie fort. Dieses vergebliche, aber nie nachlassende Bemühen des Sturmwindes, die Leute von dem Gotteshaus fernzuhalten, ist auch der Grund dafür, daß es um die Frauenkirche herum immer so zieht.

## Der Baumeister und der Teufel

Die Geschichte des Teufeltrittes wird auch so erzählt: Der Baumeister des Münchner Domes schloß vor Beginn des schwierigen Werkes einen Pakt mit dem Höllenfürsten. Dieser verpflichtete sich darin, ihm beim Bau der Kirche behilflich zu sein. Ganghofer versprach dafür, das Gotteshaus so zu errichten, daß kein Fenster darin zu sehen sei. Als Sicherheit für den Vertrag bot der Baumeister seine Seele.

»Ich kann bei dem Handel nur gewinnen!« dachte der

Teufel vergnügt und rieb sich die Hände. »Entweder wird das Gotteshaus unnütz, denn wenn es keine Fenster hat, geht kein Mensch zum Beten hinein, oder aber die Seele des Baumeisters ist mein, wenn er sich nicht an die Abmachung hält.«

Fleißig unterstützte er daher den Bau, schuftete und mühte sich ab, daß er möglichst schnell fertig würde. Als die Kirche endlich vollendet und geweiht war, bemerkte der Höllenfürst mit nicht geringem Ärger den Zulauf, den das vermeintlich völlig dunkle Gotteshaus hatte. Zornig begab er sich sogleich zum Baumeister und forderte dessen Seele.

»Du hast dich nicht an unsere Abmachung gehalten!« schnaubte er. »Ich habe dir nur unter der Bedingung geholfen, daß du die Kirche ohne Fenster baust. Nun bist wenigstens du mein!«

Doch der pfiffige Baumeister entgegnete:

»Freilich habe ich mich an unsere Abmachungen gehalten. Komm mit und überzeuge dich selbst!«

Er führte den Teufel zu einer Stelle unter der Orgel, weiter hinein durfte der Höllische nicht, weil die Kirche schon geweiht war. Dort forderte er ihn auf:

»Nun schau, ob du irgendwo ein Fenster siehst!«

So sehr der betrogene Teufel auch den dürren Hals reckte und Ausschau hielt, er konnte kein Fenster erblicken, denn auch dasjenige am Ende des Kirchenschiffes war damals von den Aufbauten des Hochaltars, die weit hinaufragten, völlig verdeckt. Da stampfte der überlistete Höllenfürst vor Wut so fest auf den Boden, daß der Tritt sich in den Stein eindrückte, und fuhr in die Hölle zurück. Der Tritt des Satans ist aber noch heute unter der Orgel zu finden. Von dieser Stelle aus ist wirklich in der ganzen Kirche kein Fenster, bis auf dasjenige hinter dem Hochaltar, zu sehen.

## Der Fußabdruck in der Frauenkirche

Eine andere Sage erklärt den Fußabdruck unter der Orgel folgendermaßen:

Im Jahre 1468 hielt sich der vielgerühmte Herzog Christoph von Bayern längere Zeit im Schloß Grünwald auf. Da erfuhr er, daß sein Bruder Sigismund beabsichtigte, mitten in München einen schönen Dom zu Ehren der Gottesmutter zu bauen. Zustimmend rief der Herzog, der wie seine anderen Brüder ein frommer Mann war:

»Recht hat er, der Herr Bruder, aber mit dem Geld wird's was haben!«

Bekräftigend stampfte er bei den Worten »recht hat er« auf den Boden. Nun war aber Herzog Christoph ein dermaßen starker Mann, daß durch die Wucht des Stampfens der Abdruck seines Fußes deutlich auf dem Quaderstein, auf dem er gestanden hatte, zu sehen war.

Dieser Abdruck wurde daraufhin — so wird berichtet — künstlich noch ein wenig tiefer eingegraben, um die Umrisse des herzoglichen Fußes deutlicher hervortreten zu lassen. Später wurde der Quaderstein in dem neugebauten Dom an der Stelle eingemauert, an der er sich bis auf den heutigen Tag befindet.

## Der Balken im Dach der Frauenkirche

Der Zimmermann, der den gewaltigen Dachstuhl der Frauenkirche errichtete, war Heinrich oder Heimeran von Straubing, »der in dieser weltberühmten basilica sein Meisterstück dargethan in dem kunstreichen Oberzimmer oder Dach, zu welchem 1400 Flöß, jeder von 15—16 Bäum verwendet worden, nebst Hinterlassung eines zugerichteten an ein sicheres orth gehörigen drams oder Balkens, da doch keiner abgehet«.

Der Balken von dem hier die Rede ist, liegt auf dem Boden des Dachgerüstes. Der Zimmermann ließ ihn dort als bleibendes Wahrzeichen seiner Meisterschaft zurück. Wie die Sage zu berichten weiß, zog Meister Heimeran nach der Fertigstellung des Daches einen Balken aus seinem Kunstwerk. Er legte ihn auf den Boden und sprach:

»Nun soll mir kommen, wer da will, und sagen, wo ein Balken im Gerüst fehlt, oder wo ich ihn herausgezogen habe.«

Bis auf den heutigen Tag hat noch niemand diese Stelle finden können.

## Das Steinbild am Dom

Rechts neben dem Hauptportal des Münchner Domes ist eine uralte Steintafel eingemauert, auf der ein Relief den Heiland am Ölberg darstellt. Es mag wohl einst die Grabplatte eines längst verstorbenen Bürgers der Stadt gewesen sein, es hat sich aber eine Legende darum gebildet, die uns Willi Rett so erzählte:

Es war um das Jahr 1390, als hinten im engen Thiereckgäßchen eine zwar arme, aber fromme Witwe mit ihrem einzigen Buben wohnte. Sie hatte den Knaben sehr lieb und zog ihn zu einem ordentlichen Menschen heran. Als der Bub groß geworden war, kam er aber in eine gar schlimme, gottlose Gesellschaft, die ihn zu einem bösen Menschen verdarb. Nicht lange, dann wurde der mißratene Sohn auch gegen seine arme Mutter roh. Nach kurzer Zeit verlangte der Bursche mit den Worten:

»Mein Geld her, daß ich's mit meinen Freunden versaufen kann!« sein väterliches Erbe heraus.

Als die Mutter wohlgemeinte Ermahnungen an ihn richtete, fing er sogleich gar wüst zu fluchen an und erhob sogar die Hand, um nach der alten Frau zu schlagen. Da blieb ihm aber plötzlich der rechte Arm steif und es dauerte geraume Zeit, bis er ihn wieder bewegen konnte. Ob dieser göttlichen Strafe erschrak der böse Geselle natürlich gar sehr und nahm sich vor, nunmehr sein Leben zu bessern. Das gute Tun des Sohnes dauerte jedoch nicht lange und bald wurde er noch schlimmer als zuvor. Auf sein wiederholtes Verlangen gab ihm die Mutter endlich das kleine Erbteil heraus. Kaum hatte der ungeratene Sohn das Geld in Besitz, so spie er der Mutter ins Gesicht, schrie:

»Lustig gelebt — selig gestorben!« und zog in die Welt hinaus.

Manch heiße Träne weinte die alte Frau ihrem verlorenen Sohne nach. Einmal ging sie zu einem Steinmetz und ließ eine Tafel, die Christus auf dem Ölberge darstellte, aus gutem, wetterfesten Stein meißeln. Sie dachte dabei an ihren Leidenskelch. Als der Stein ausgemeiselt war, bat sie, daß man ihr gestatten möge, dieses Stationsbild bei der Türe der alten, kleinen Marienkirche, die sich vor langer Zeit an der Stelle des heutigen Frauendomes erhob, anbringen zu lassen. Diese Bitte wurde der Witwe gerne gewährt, und als die Steintafel angebracht war, kam die Frau sehr oft zu diesem Bild hin, um für ihren Sohn zu beten.

So verging Jahr um Jahr und aus dem Sohn, der sein ganzes Geld verjubelt, wurde ein verwegener Straßenräuber. Eines Tages fiel er in die Hände des Gerichtes und kam in das Gefängnis, wo er alsbald sein schlechtes Leben aufrichtig bereute und von dem einzigen Wunsche beseelt war, seine alte Mutter wieder zu sehen.

Die Jahre der Gefangenschaft zogen langsam dahin, und als der Büßer endlich wieder die ersehnte Freiheit erhielt, kehrte er sogleich in seine Vaterstadt zurück. Als er aber in die Thiereckgasse kam und das Haus seiner Mutter betrat, um sich derselben reuig zu Füßen zu werfen, wurde er von fremden Leuten empfangen und man sagte ihm, daß seine Mutter längst gestorben sei und im Marienkirchhof unter dem Ölbergbilde aus Stein liege. Wohl eilte der zurückgekehrte Sohn zum Friedhof; vor ihrem Grabe sank er in die Knie, aber die Mutter wurde nimmer lebendig. Nun wollte auch der verzweifelte Bursche nimmer leben und rief:

»Mutter, laß mich zu dir und gib mir ein Zeichen, daß ich weiß, wie lange ich noch lebe.«

Da schlug die Glocke des alten Marienkirchleins siebenmal ... Und nach sieben Tagen starb der Sohn und kam zu seiner Mutter in das Grab. Später wurde das Marienkirchlein abgebrochen und die steinerne Stationstafel entfernt. Als der Dom erbaut war, kam das Bild jedoch an das Hauptportal.

## Die »kunstreiche Uhr« in der Frauenkirche

In einer dunklen Ecke am Nordturm der Frauenkirche befindet sich eine sehr alte Uhr, die kunstvoll mit Bildern aus der Hl. Schrift verziert ist. Ihr Räderwerk steht seit dem Tode ihres Erfinders still, denn keinem späteren Uhrmacher oder Ingenieur ist es gelungen, es wieder in Gang zu bringen. Der feine Mechanismus ließ einst Gott Vater — zürnend über die elende Welt — ein Schwert heben und, angesichts der bittend erhobenen Hände von Jesus und Maria, wieder sinken, ließ den Hahn bei der dreimaligen Verleugnung Christi durch Petrus zweimal krähen und ließ vier strenge Bußprediger die Sünder zur Buße auffordern.

Im Laufe der Jahrhunderte gelang es nur einmal einem Mann, dem Schuhmacher Joseph Gallmayr, wenigstens den Hahn wieder zum Krähen zu bringen. Mehr vermochte auch er, der neben seinem Beruf ein außerordentlich geschickter Feinmechaniker war, nicht.

So wartet die Uhr noch heute auf einen kunstsinnigen Menschen, der sie wieder ins Uhrenleben zurückrufen kann.

## Die zersprungene Glocke

Die Salve-Glocke auf dem südlichen Turm des Münchner Domes gehört eigentlich den Regensburgern. Auf ihr steht zu lesen: »Susanna haiß ich in Jesus Maria und Lukas Markus Matheus und Johannes Namen gos man mich ...«

Im Jahre 1487, als sich die Stadt Regensburg freiwillig zum Reich der bayerischen Herzöge schlug, befahl Albrecht IV., die große Glocke vom Dom der Donaustadt zu holen und nach München in die Frauenkirche zu bringen. Die Regensburger Bürger waren darüber nicht glücklich, denn sie wollten ihre Glocke behalten. Lange fand sich niemand, der seinen Befehl ausführte. Da beauftragte der Fürst einen Schiffer aus Kehlheim, die Glocke nach München zu überführen.

Dabei kam es zu mehreren seltsamen Vorfällen. Als die Glocke isaraufwärts bis vor die Tore Münchens gebracht worden war, stürzte auf dem letzten Wegstück — vom Fluß bis zur Frauenkirche — ein Roß um das andere vor dem Glockenwagen. Der Schiffer aber, der die Glocke hergefahren hatte, verunglückte auf dem Heimweg tödlich.

In München angelangt, wurde die Glocke beim »Riesentor« am Turm abgeladen. Aber ebensowenig, wie die Regensburger sie aus der Stadt hatten schaffen wollen, ebensowenig wollten die Münchner, die sie als nicht ihnen gehörig betrachteten, sie auf den Turm ziehen. Voll Zorn mußte der Herzog wieder fremde Arbeiter anheuern, um seinen Willen durchzusetzen. So kam es, daß die Glocke eine Woche vor dem Turm stand.

Da trug sich wieder etwas Seltsames zu. Jede Nacht rückte die Glocke einige Zoll in Richtung Regensburg. Der Herzog, dem man dies Geschehen hinterbrachte, wollte es nicht glauben und meinte, sie würde von Menschenhand geschoben. Er kam selbst zu dem Ort, wo die Glocke stand und machte eigenhändig mit der Scheide seines Schwertes ein Zeichen neben sie. Die folgende Nacht ließ er sie streng bewachen. Doch am nächsten Tag war sie wieder um ein paar Zoll weiter in Richtung ihrer Heimatstadt gerückt.

Trotz der merkwürdigen Vorfälle ließ der Herzog die Glocke auf den südlichen Frauenturm aufziehen, als die fremden Arbeiter endlich eingetroffen waren.

Von nun an war es nicht mehr geheuer auf dem Turm. Seltsame, wehmütige Töne erklangen oft von der Glocke, ohne daß jemand sie in Bewegung gesetzt hatte. Manche Leute behaupteten sogar, eine luftige Gestalt um die

Glocke schweben gesehen zu haben. Sie meinten, es sei der Meister, der sie gegossen habe und der nun in seinem Grabe keine Ruhe fände, weil sie nicht an ihrem Bestimmungsort sei.

Am Weihnachtsfest des gleichen Jahres sollte nach dem Wunsche des Herzogs die Glocke zum erstenmal ihr volles Geläute über die Stadt ertönen lassen. Aber es gelang nicht, sie in Bewegung zu setzen. Da hängten sich endlich viele schwere Männer an das Seil und zogen mit aller Kraft. Plötzlich begann sie zu läuten und läutete immer lauter und lauter, so daß die Mauern des Turmes erzitterten und die Menschen in Angst und Schrecken versetzt wurden. Mit einem Mal aber brach das Geläute ab, und die Glocke zersprang von oben bis unten.

Seither geht es, so munkelt man, im südlichen Turm der Frauenkirche um.

## Das Hungerbrünndl am Dom

Früher befand sich an der Außenmauer der Frauenkirche ein kleines Brünnlein mit der Inschrift:

»Wer gsund will sein an Leib und Seel,
der flücht zu dieser Brunnen-Quell.«

Das Wasser, das hell und rein daraus hervorsprudelte, wurde vom Volk für heilkräftig bei allen körperlichen und seelischen Leiden angesehen. Das Brünnlein galt aber auch als »Hungerbrunnen«, als ein Künder schlimmer Zeiten.

»Wenn's Brünndl nimmer fließt, dann geht's uns schlecht!« So behaupteten die Leute. Als Beweis für diese aus alten Zeiten übernommene Erfahrung, erinnerten sie an die große Trockenheit, die unter der Regierung von Kurfürst Maximilian III. das Land heimgesucht hatte und der eine ganz Bayern verheerende Hungersnot gefolgt war. Damals sei kurz vor Ausbruch des Übels das Brünnlein an der Frauenkirche versiegt und habe dadurch die schlimme Zeit vorausgesagt.

## Der hl. Benno, der Schutzpatron Münchens

Über dem Hungerbrünnlein oder Bennobrünnlein, wie es auch genannt wurde, war ein Bild angebracht, auf dem dargestellt war, wie die Reliquien und der silberne Brustschild des hl. Bennos, die während der Besetzung Münchens durch die Schweden sicherheitshalber nach Salzburg gebracht worden waren, feierlich in einer großen Prozession nach München heimgeholt wurden.

Der hl. Benno ist der Schutzpatron Münchens. Er wurde 1010 als Sohn eines sächsischen Adeligen geboren und trat schon bald in den Dienst des Christentums. Er predigte den Heiden und bekehrte viele. Seiner Güte und seiner wahren Nächstenliebe wegen war er sehr beliebt. Er wurde Abt und später Bischof, mußte aber seine Treue zur Kirche mit Gefängnishaft büßen, weil er dem Kaiser unbequem geworden war. Erst Jahre nach seinem Streit mit Heinrich IV. konnte er in sein Bistum Meißen zurückkehren, wo er im Jahre 1106, am 16. Juni, starb.

Viele Legenden ranken sich um die Person des beliebten Bischofs. So soll er, bevor er zum Konzil nach Rom reiste, den Schlüssel seines Domes in die Elbe haben werfen lassen, um dem Kaiser den Zutritt zu verwehren. Lange Zeit später kehrte Benno unerkannt in sein Bistum zurück und wollte in einem Gasthaus zu Meißen essen. Als er den Fisch, den er sich bestellt hatte, verspeisen wollte, fand er darin, als er ihn öffnete, den Schlüssel zu seinem Dom auf wunderbare Weise wieder. Soweit die Legende.

Benno wurde im Jahr 1523 von Papst Hadrian heiliggesprochen. Durch Herzog Albrecht V. von Bayern kamen die Reliquien des Heiligen nach München. Kurfürst Maximilian I. war ein großer Verehrer des Münchner Schutzpatrones. Der Legende nach hatte der lange Zeit kinderlose Herrscher ein Gelübde zum hl. Benno abgelegt, und auf dessen Fürbitte endlich zwei Söhne, die Prinzen Ferdinand Maria und Max Philipp, von Gott geschenkt bekommen. Der dankbare Kurfürst stiftete eine Reliquienbüste des Heiligen aus reinem Silber, die reich mit Gold und Edelsteinen besetzt war. Außerdem errichtete er im Jahre 1604 einen neuen Bennoaltar im Dom, der später in einer eigenen Kapelle untergebracht wurde. Dort werden auch die Gebeine, sowie Meßgewand, Stab und Mitra des heiligen Bischofs aufbewahrt.

## Die Erbschleicherin

Auf einem Bild im Dom — an der Nordwand der Andreaskapelle — sind unter der Schutzmantelmadonna viele Menschen mit gefalteten Händen beim Beten dargestellt. Nur eine Frau auf dem Gemälde hält die Hände gesenkt. Von diesem Bild erzählt man sich folgende Legende:

Einst starb ein sehr reicher Mann. Einer entfernten Verwandten gelang es unter üblen Machenschaften, die ihr leider niemand nachweisen konnte, den größten Teil des Erbes an sich zu bringen. Der Verstorbene war eine bekannte Persönlichkeit gewesen, und darum wurde zum Andenken an seine Totenfeier ein Bild mit allen Trauergästen gemalt. Auch die Erbschleicherin wurde darauf verewigt. Als das Kunstwerk aufgehängt werden sollte, und die Verwandtschaft aus diesem Grund wieder zusammenkam, konnten einige der Anwesenden ihren Groll gegen die Haupterbin nicht mehr unterdrücken und beschuldigten sie offen des Betruges. Sie aber entrüstete sich darüber aufs Höchste und rief:

»Ihr werft mir vor, mein Erbe auf unredliche Art an mich gebracht zu haben. Doch, so wahr mir Gott helfe, das habe ich nicht. Gott der Herr soll mich strafen und meine im Gebet erhobenen Hände niederdrücken, wenn ich getan habe, wessen ihr mich anklagt!«

Kaum aber hatte sie diese frevelnden Worte gesporchen, da senkten sich die auf dem Bild gemalten Hände der Frau auf unerklärliche Weise nieder und blieben für immer so. Alle Anwesenden wußten sich kaum zu fassen vor Erstaunen. Die Erbschleicherin geriet darüber in großen Schrecken und zitterte an allen Gliedern. Es befiel sie eine schwere Nervenkrankheit, von der sie sich nicht mehr erholen konnte. Bald nach diesem Vorfall starb sie. Bevor sie aber in die Ewigkeit hinüberging, gestand sie, daß sie das Erbe unrechtmäßig an sich gebracht hatte und gab in tiefer Reue alles zurück.

# Kaiser Ludwig im Dom

Nachdem Kaiser Ludwig der Bayer bei Fürstenfeldbruck einen so plötzlichen Tod gefunden hatte, wurde er in der alten Münchner Liebfrauenkirche neben seiner ersten Gemahlin Beatrix beigesetzt. Die Augustiner hatten, obwohl er seinem Wunsche gemäß dort hätte bestattet werden sollen, seine Aufnahme verweigert, weil er im Kirchenbann gestorben war.

Herzog Albrecht IV. ließ die Gebeine seiner verstorbenen Ahnen etwa 100 Jahre später in den neuerbauten Müncher Dom bringen und über dem Sarg des Kaisers ein Hochgrab aus rotem Schlehdorfer Marmor errichten.

Im Volk aber bildete sich eine Sage, ähnlich der,die über Kaiser Barbarossa besteht. Es wurde behauptet, Kaiser Ludwig sitze in seiner Gruft aufrecht auf seinem Thronsessel.

Im Jahre 1822 fand man bei Grabungen unter der Sakristei Menschenknochen. Da verbreitete sich in Windeseile in ganz München das Gerücht, der Kaiser sei auf seinem Throne gefunden worden, sei aber in dem Augenblick, in dem Licht in die Gruft gedrungen sei, zu Staub zerfallen.

# Seltsame Sagen um die Frauenkirche

Der Münchner Dom soll, so wird in alten Schriften erzählt, aus ganz besonders edlem Baumaterial bestehen. Der Überlieferung zufolge soll der Mörtel, der dafür verwendet wurde, mit bestem bayerischen Wein angerührt worden sein.

Hartnäckig hielt sich sogar bis in unsere Tage hinein das Gerücht, daß es in dem linken Turm der Frauenkirche, der den Leuten nicht zugänglich ist, nicht geheuer sei. Welche zwielichtige Gestalt aus der Münchner Geschichte jedoch für diesen Spuk verantwortlich gemacht werden kann, daß weiß heute niemand mehr zu sagen.

## Der Heiland mit den silbernen Beinen

Im Dom wird ein schwarzes Kreuz aus nicht bekanntem Material, wahrscheinlich aber aus Glockenspeise, aufbewahrt. Die Füße der Christusfigur darauf sind aus reinem Silber. Man erzählt sich in München eine seltsame Geschichte davon.

Dieses Kruzifix trug ein Offizier im 18. Jahrhundert ständig auf seiner Brust, obwohl es sehr groß und schwer war. Er fühlte sich damit in den vielen Schlachten, an denen er teilnehmen mußte, beschützt. Und nicht zu unrecht! Einst wurde er bei einem heftigen Gefecht von einer feindlichen Kugel getroffen. Dennoch kam er mit dem Leben davon, denn das tödliche Geschoß schlug die Beine des Erlösers am Kreuz ab, hatte dann aber alle Kraft verloren und verletzte den Offizier nicht. Aus Dankbarkeit ließ er die zerschmetterten Füße des Heilandes aus reinem Silber nachbilden. Jahre später, als er alt geworden war und den Tod herannahen fühlte, schenkte er das Kreuz der Münchner Frauenkirche, wo es lange Zeit von der Bevölkerung als wundertätig verehrt wurde. Verstärkt wurde der Glaube an die Kraft des Kreuzes durch zwei vergebliche Versuche von Dieben, des wertvollen Kruzifixes — es war inzwischen auf einem großen Silberkreuz befestigt worden — habhaft zu werden. Beide Male mußten die Übeltäter unverrichteter Dinge wieder abziehen, und so befindet sich das Kreuz mit den silbernen Beinen noch heute im Dom.

## Die zwölf Apostel in der Frauenkirche

Früher war es üblich, daß an den Quatembertagen (in der katholischen Kirche Bet- und Danktage »für Früchte der Erde und für das menschliche Schaffen« deren Anzahl und Termine von den Bischofskonferenzen bestimmt werden. — Meyers Enzykl. Lexikon) einem alten Brauch gemäß, sich zwölf Männer und Frauen paarweise vom Heiliggeistspital zur Frauenkirche begaben und dort beteten. So verlangte es eine uralte Stiftung. Die Leute waren bei dem Gang in schwarze mönchsartige Gewänder gekleidet, hatten große weiße Halskrausen und auf den Köpfen altmodische Hüte, wie sie zur Zeit der Stiftung getragen worden waren. Im Volksmund wurden sie »die zwölf Apostel« oder »die Quatembermanndln« genannt. Nach der Betstunde wurden die Spitaler von dem Fürstenpaar beschenkt. Wie vieles andere, so wurde auch dieser Brauch in der Zeit der Säkularisation abgeschafft.

Aber dennoch kamen, so berichteten viele Einwohner der Stadt, an den Quatembertagen um Mitternacht immer zwölf Männer in obenbeschriebener Tracht aus dem Spital und wandelten lautlos zur Frauenkirche. Dort öffneten sich ihnen die Türen von selbst, wie von Geisterhand bewegt, und schlossen sich ebenso, sobald die Beter eingetreten waren.

Viele Leute, die in der Nähe der Frauenkirche wohnten, behaupteten, die Quatembermanndln mehrmals gesehen zu haben. Sie vermuteten, die frommen Beter früherer Tage kehrten immer wieder zurück, weil sie traurig wären über die gottlosen Zeiten.

## Der Tod Kaiser Karls VII.

Am 18. 1. 1745 lief die große Turmuhr des Domes völlig unerwartet und ohne ersichtlichen Grund ab. Da gab es ein großes Gerede in der Stadt, denn dies galt von alters her als Vorankündigung für den nahen Tod eines Wittelsbachers.

Und wirklich, am 20. 1. 1745, zwei Tage später, starb Kaiser Karl VII., der letzte Wittelsbacher Kaiser.

## Die Jakobi-Dult

Der Ursprung der Jakobi-Dult in München geht auf eine alte Legende zurück:

Um das Jahr 1248 wurde die stolze Burg der Andechser Grafen samt der Kirche zerstört. Damals verschwand der berühmte Reliquienschatz des »heiligen Berges« und war für lange Zeit verschollen. In Andechs wurden nämlich nicht nur die weltbekannten drei Hostien aufbewahrt, sondern unter anderem auch ein Teil des Kreuzes Christi, ein Zweig seiner Dornenkorne, die Hälfte des Schweißtuches Christi, das »Marientuch«, in dem die lb. Gottesmutter begraben worden war, sowie einige andere Reliquien. Niemand aber konnte sagen, wohin diese unersetzlichen Werte gekommen waren.

Lange Zeit später, man schrieb das Jahr 1388, da hielt einmal ein sehr frommer Franziskanermönch, namens Jakob Dachauer, in der Andechser Kirche eine hl. Messe. Mitten in der heiligen Handlung raschelte es plötzlich hinter ihm auf geheimnisvolle Weise. Verdutzt suchten er und seine Gemeinde den Grund des unerwarteten Geräusches und erblickten zu ihrer Verwunderung eine Maus, die mit einem großen vergilbten Zettel im Mäulchen unter dem Altar hervorgekommen war. Erschreckt durch die vielen Leute ließ sie ihn fallen und verschwand eilends in einer Ritze.

Als die Messe beendet war, hob Jakob Dachauer den Zettel auf und entdeckte darauf zu seinem höchsten Erstaunen in altertümlicher Schrift ein Verzeichnis der verschwundenen Reliquien. Sogleich begann man, unter dem Altar nachzuforschen und als man ein wenig gegraben hatte, fand man das Versteck des verloren geglaubten Schatzes von Andechs.

Die Kirche auf dem Heiligen Berg von Andechs hatte nicht genug Platz für alle die Gläubigen, die kamen, den verlorenen und wiedergefundenen Reliquienschatz zu sehen. Aus diesem Grund wurde er im Jahre 1389 vorübergehend nach München gebracht. Er wurde im Kloster St. Jakob am Anger aufbewahrt und ab 1392, dem Münchner Gnadenjahr, dreimal wöchentlich gezeigt.

Auf Ansuchen Herzog Stephans gewährte Papst Bonifaz IX. allen, die ihre Bußfertigkeit durch Ablegen der Beichte in einer von vier Münchner Kirchen, in der Frauenkirche, in St. Peter, in der Hl.-Geist-Kirche oder in der Jakobskirche bewiesen hatten, sowie dem Vorzeigen der Reliquien aus Andechs in der Jakobskirche mit Andacht beigewohnt hatten, einen vollkommenen Ablaß.

Den großen Zustrom von Pilgern, der daraufhin nach München einsetzte, machten sich die Kaufleute bald zunutze und verkauften vor der Kirche alles, was die Gläubigen brauchten oder wünschten. So ist die Jakobi-Dult entstanden.

## Der Sprung über das Feuer

Am Tag von Johannes dem Täufer wurde früher auf dem Münchner Marktplatz ein großes Feuer entzündet. Die Kinder hatten dafür aus allen Häusern der Stadt die Holzscheite zusammengebettelt, indem sie sangen:

»Is a braver Herr im Haus,
Reicht er uns a Scheit heraus,
Zwei Scheiter und zwei Boschen
Macht es brennen und gloschen.«

Am Abend tanzten die Münchner um das Feuer, vergnügten sich und waren fröhlich. Jeder Bursche versuchte das Mädchen zu einem Sprung über das Feuer zu überreden, das er heiraten wollte. Auch hochstehende Persönlichkeiten aus dem Herrscherhaus nahmen gerne an dieser Johannisfeier teil. Der Sage nach soll sogar einmal der zweiundsiebzigjährige Herzog Stephan II. im Jahre 1401 mit seiner jungen Braut, Elisabeth von Cleve, sowie mit seiner Tochter, der späteren Königin »Isabeau« von Frankreich, über das Feuer gesprungen sein. Die Johannisfeuer sollen bis 1751 auf dem Marienplatz, in Pasing sogar noch bis vor hundert Jahren, gebrannt haben. Dann wurden sie wegen der Gefährlichkeit für die Häuser polizeilich verboten.

Eine Menge Aberglauben war mit dem Fest des Täufers verbunden:

Wer unversehrt über das Feuer springt, der ist ein Jahr lang gegen Fieber gefeit.

Wer durch den Kranz, den er während der Feier trug, ins Feuer schaut, der ist vor Augenweh geschützt.

Ein junges Mädchen, das in der Johannisnacht in ein fließendes Wasser schaut und dabei den Heiligen anruft, das sieht seinen künftigen Bräutigam.

Wer ein noch glühendes Scheit vom Johannisfeuer auf sein Feld steckt, der braucht keinen Hagelschlag zu befürchten.

Wer, ohne ein Wort zu sprechen, in der Johannisnacht aus einem Johannisbrünnlein Wasser holt, der hat ein Heilwasser mit der gleichen Kraft, wie sie das Wasser, das am Ostermorgen geschöpft wird, besitzt.

## Das Jackelschutzen

Am Johannistag wurde früher in München ein alter, etwas derber Handwerksbrauch geübt. Helene Raff berichtet darüber:

»Die Lehrlinge der Schmiede und der Schlosser trugen nämlich an diesem Feste eine kleine, als Schmied gekleidete Puppe, je zu vier und vier, herum. Vor den Häusern ihrer Kunden schnellten sie die Puppe auf einem Leintuch auf und nieder, was man das ‚Jackelschutzen' hieß. Dazu sangen sie:

Wir schutzen den Jackl in die Höh',
Daß ihm's Weiß' in 'n Augen vergeh'!
Eins, zwei, drei.
Der Jackl, der hat a groß' Paar Augen,
Der taugt uns wohl zum Geld aufklauben.
Eins, zwei, drei.
Der Jackl, der hat a große Nas'n,
Der taugt uns gut zum Feueranblasen.
Eins, zwei, drei.
Der Jackl ist gar hochgebor'n,
Hat wenig Hirn und lange Ohr'n.
Eins, zwei, drei.

Natürlich empfingen sie von den Kunden für das Jackelschutzen ein kleines Geschenk. Der Name soll sich herleiten von dem großen Schmiedhammer, den die Schlosser und Schmiede ‚Jackl' nennen.« Soweit Helene Raff.

Bis vor etwa 150 Jahren wurde dieser alte Brauch in München geübt, dann kam er langsam ab.

## Herzog Christoph

Herzog Christoph, einer der fünf Söhne Albrecht II. und Anna von Braunschweig, wurde Mitte des 15. Jahrhunderts geboren. Er galt als einer der stärksten Männer seiner Zeit. Viele Sagen und Heldengeschichten sind uns über ihn überliefert.

Schon in seiner Kindheit machte er durch seine ungewöhnliche Kühnheit von sich reden. So ging er eines Tages aus Neugier und Übermut in den Zwinger an der Burggasse. Plötzlich stürzte sich eines der dort gefangenen Raubtiere, ein riesiger Löwe auf ihn. Er hieb mit den Pranken auf ihn ein, öffnete drohend seinen Rachen und wollte den Eindringling zerfleischen. Der unerschrockene Knabe aber packte mit der einen Hand den Oberkiefer, mit der anderen den Unterkiefer des Löwen und tötete ihn, indem er ihm das Maul mit einem einzigen kräftigen Ruck auseinanderriß. Seit dieser Tat hieß er überall nur noch »der starke Christoph«

Beim Tode seines Vaters war der kleine Herzog erst elf Jahre alt. Dennoch deckte er, laut Sage, allein den schweren Grabstein über die Gruft des Verstorbenen, obwohl den gleichen Stein vorher vier starke Männer kaum hatten herbeischleppen können.

Als Christoph erwachsen geworden war, galt er als einer der besten Turnierkämpfer seiner Zeit. Er gewann, wo immer er auch teilnahm, stets die ersten Preise. Auch im Krieg war er ein begehrter Bundesgenosse. Kaiser Maximilian I. verdankte dem tapferen Bayernherzog den Sieg über die Stadt Stuhlweißenberg. Als die Belagerer, durch den hartnäckigen Widerstand der Städter zermürbt, schon aufgeben wollten, feuerte Christoph der Starke seine Mannen noch einmal an und rief:

»Wohlauf denn, liebe Brüder, mir nach!«

Allen anderen voran erkletterte der kühne Streiter die Stadtmauer. Mit seinen besten Leuten, die ihm gefolgt waren, gelang es ihm, Stuhlweißenberg einzunehmen.

Doch nicht nur kühne und edle Taten vollbrachte der wilde Bayernherzog in seinem Leben. Lange Zeit hatte er erbittert gegen seinen Bruder Albrecht den Weisen, wegen der Herrschaft über Bayern, gekämpft. Einmal war es dem Grafen Niklas von Abensberg, einem Gefolgsmann Albrechts, gelungen, den ungestümen Bruder seines Herren nach einem Bad festzunehmen und im runden Turm zu München gefangenzusetzen. Später nahm der freigelassene Herzog blutige Rache an dem Grafen und erschlug ihn bei einem Kampf in der Nähe von Freising.

Dieser Mord lastete zeitlebens schwer auf der Seele Christophs, noch dazu, weil die Gattin des Abensbergers vor Schrecken und Leid darüber ebenfalls gestorben war. Als er dreiundvierzig Jahre alt geworden war, beschloß er daher, zur Sühne für seine Gewalttaten ins Heilige Land zu pilgern. Mehrere seiner Freunde wollten ihn dorthin begleiten. Bevor er sich auf den Weg begab, vermachte er — für den Fall seines Todes — seinen gesamten Besitz seinem so lange befehdeten Bruder Albrecht und dessen Erben.

Christoph gelangte zwar glücklich nach Jerusalem, auf der Rückreise jedoch warf ihn auf der Insel Rhodos ein heimtückisches Fieber auf das Krankenlager. Kurz darauf starb der berühmte Bayernherzog. Er wurde auf Rhodos von den Johannitern feierlich bestattet. Seine trauernden Gefährten brachten nur Schild und Schwert des starken Christoph in die Heimat zurück. Dort wurden sie erst in der Burgkapelle, später in der Residenz aufbewahrt.

## Der Stein in der Residenz

Im Durchgang zum Brunnenhof der Residenz ist ein ziemlich großer schwarzer Stein zu sehen, der an einer Kette hängt. Er hat ein Gewicht von 182 Kilogramm. Auch sind dort in über zwei Meter Höhe drei dicke Nägel in die Wand eingeschlagen. Wie berichtet wird, soll Herzog Christoph diesen schweren Stein »ohne Anstrengung« durch die Luft geschleudert haben. Außerdem schlug er aus dem Stand mit seinem Fuß den obersten Nagel herab. Auf einer Tafel daneben steht:

»Als nach Christi Geburt gezehlet war
Vierzehnhundert neun und achzig Jahr
Hat Herzog Christoph hochgeborn
Ein Held aus Bayern auserkorn
Den Stein gehebt von freyer Erd
Und weit geworfen ohngefehrd.
Wiegt dreyhundert vier und sechzig Pfund,
Deß gibt der Stein und Schrift Urkund.

Drey Nägel stecken hier vor Augen,
Die mag ein jeder Springer schaugen,
Der höchste zwölf Schuh von der Erd,
Den Herzog Christoph ehrenwert
Mit seinem Fuß herab tät schlagen.
Kunrad lief bis zum andern Nagel
Wohl von der Erd zehenthalb Schuh,
Neunthalb Philipp Springer luef
Bis zum dritten Nagel an der Wand.
Wer höher springt, wird auch bekannt.«

Wohl hat es im schönen Bayernland zu keiner Zeit an starken Männern gefehlt, dennoch soll es bis auf den heutigen Tag keinem gelungen sein, diese Kraftstücke von Herzog Christoph zu wiederholen.

# Der Held und der Geizkragen

Im Herbst des Jahres 1460 ging über München ein Gewitter nieder, wie es seit Menschengedenken keines gegeben hatte. Blitze und Donnerschläge folgten einander ununterbrochen, und kein Regentropfen entspannte die gefährlich knisternde Luft. Die Leute saßen, zitternd vor Angst, in ihren Häusern und glaubten, der Jüngste Tag sei angebrochen.

Plötzlich fuhr ein greller Blitz in den Turm des Münchner Rathauses und setzte ihn augenblicklich in Brand. Da wurden alle verfügbaren Kräfte zum Löschen zusammengetrommelt, um ein größeres Unglück zu verhüten. Doch trotz der Bemühungen konnte nicht vermieden werden, daß einige Funken, die durch den starken Wind überall herumstoben, auf das Dach eines Hauses, das einem Bürger namens Ligsalz gehörte, flogen und es ebenfalls sofort entzündeten.

Nun war die Not groß. Die Bewohner des Hauses konnten nicht heraus, weil die Türe verschlossen war, und niemand den Schlüssel finden konnte. In diesem Augenblick kamen die fünf herzoglichen Brüder von der Burg herbeigeeilt, um zu sehen, wo ihre Hilfe benötigt wurde. Herzog Christoph rannte mit langen Schritten zum Haus des Ligsalz. Er erkannte sofort, daß bereits höchste Gefahr für dessen Bewohner bestand. Ohne noch einen Augenblick zu verlieren, trat er mit einem gewaltigen Fußtritt die Türe ein. Die geängstigten Leute drängten hustend und keuchend heraus.

Nur eine Frau, das Weib des Ligsalz, weigerte sich verzweifelt, die Brandstelle zu verlassen und schrie immer wieder nach ihrem Kind. Dieses befand sich, vom Feuer abgeschnitten, im Dachgeschoß. Herzog Christoph nahm die unglückliche Mutter am Arm und führte sie sanft, aber unwiderstehlich aus dem Gefahrenbereich. Dabei redete er beruhigend auf sie ein:

»Sorgt Euch nicht, liebe Frau, ich bringe Euch Euer Kind!«

Und er hielt sein Versprechen. Er achtete nicht auf Feuer und Rauch, sondern eilte schnurstracks in das Dachzimmer, hob das betäubte Kind auf seine Arme und trug es sicher durch alle Gefahren zu seiner Mutter. Ohne deren Dank abzuwarten, den sie in ihrer grenzenlosen Freude nur stammelnd hervorbrachte, sprang er wieder in das Haus zurück und brachte dort mit seinen Riesenkräften eine Mauer so zum Einsturz, daß die herabfallenden Brocken die Flammen erstickten.

Rastlos hetzte er daraufhin zum nächsten Brandherd. Auch hier riß er einige Mauern nieder und schlug mit schweren Balken auf das Feuer ein. Nun kam dem wackeren Herzog endlich ein wertvoller Bundesgenosse zu Hilfe, der Regen, der plötzlich sintflutartig vom Himmel fiel. Erst als alle Brandherde gelöscht waren, begab sich der starke Christoph in die Burg zurück. Wie er war, angekleidet und vom Rauch geschwärzt, warf er sich auf seine Liegestatt und fiel sofort in tiefen Schlaf.

So fanden ihn seine Brüder am nächsten Morgen. Lachend weckten sie den »schwarzen Christoph«. Dann rühmte Albrecht die Heldentaten, die dieser in der Nacht vorher vollbracht hatte. Er sprach ihm den Dank der Stadt aus, die er vor der Feuersbrunst gerettet hatte und schenkte ihm dafür hundert Goldstücke, die er sich vom Kämmerer auszahlen lassen könne.

Freudig, denn sein Säckel war meist leer, sprang der Herzog auf, eilte sporenstreichs in die Schatzkammer und forderte seine Belohnung. Der Kämmerer aber, der jeden Taler zehnmal umdrehte, bevor er ihn aus der Hand gab, fing an zu jammern:

»Ich kann Euch nichts geben, edler Herr! In den Truhen ist kein Geld mehr, denn die Stadt ist arm. Keinen roten Heller haben wir mehr, nur Schulden!«

»Das wollen wir doch sehen!« rief der Herzog. Unwillig über den Geizkragen öffnete er einen der schweren eisernen Kästen und sah, daß noch genügend Taler darin waren. Da wurde er zornig über den Lügner, packte ihn am Kragen und stopfte ihn in die Truhe. Dann schloß er den Deckel und setzte sich darauf.

»Nun geht es Euch wie den Goldstücken«, sagte er dabei grimmig, »die liegen immer nur hier im Dunkeln und kommen auch nicht, wie sie gerne möchten, ans Licht und unter die Leute, weil Ihr es verhindert!«

Dem Kämmerer wurde angst und bang und er schrie aus Leibeskräften. Herzog Christoph ließ ihn aber erst aus dem Kasten, als er hoch und heilig versprochen hatte, die von Herzog Albrecht angewiesene Belohnung unverzüglich auszuzahlen.

Als ihn Christoph aus der Truhe heraushob, japste er gierig nach Luft und war so schwach, daß sich der Herzog das Geld selbst abzählen mußte, weil der Kämmerer dazu nicht imstande war. Er steckte sich die wohlverdienten Taler in seinen leeren Beutel und zog fröhlich von hinnen.

# Herzog Christoph und die Bären

Bei Herzog Albrecht in der Hofburg zu München, war einmal ein fremder Ritter zu Gast, der rühmte sich, als alle fröhlich beim Mahl saßen, seiner besonderen Stärke.

»Ich kann unbewaffnet mit jedem Bären, sei er auch noch so groß, fertigwerden und ihn in die Flucht schlagen. Das macht mir so schnell keiner nach!«

»Unser Bruder Christoph ist Euch da aber noch überlegen. Er ist der stärkste Mann unter der Sonne!« erklärte ihm Herzog Sigismund.

»Das will ich sehen«, lachte der Fremde, »vorher glaube ich es nicht!«

Da sandte Herzog Albrecht einen Boten zu Herzog Christoph, der sich gerade in der Nähe von Grünwald auf der Jagd befand. Er bat ihn, rasch zurückzukehren und dem großsprecherischen Ritter die Schneid abzukaufen.

Christoph schickte den Boten umgehend zurück und ließ seinem Bruder ausrichten:

»Ich komme, so schnell ich kann, mit zwei anderen zurück, denn ich bin selbst neugierig auf diesen starken Ritter!«

Herzog Albrecht und seine Gäste warteten nun ungeduldig auf Christoph, der seine Kraft mit der des Fremden messen wollte. Als er aber am Abend noch immer nicht zurückgekehrt war, beschlossen sie, ihm entgegenzureiten, denn der Ritter konnte seine Kampfbegierde kaum bezähmen. Er dachte bei sich:

»So stark, wie man immer erzählt, wird dieser so viel gerühmte Herzog wohl nicht sein, sonst würde er den Vergleich nicht scheuen und es wagen, heimzukommen.«

Die Gesellschaft hatte ihre Pferde noch nicht bestiegen,

als plötzlich ein seltsamer Zug durch das Burgtor hereinkam. Voraus ging der große, hagere Herzog Christoph. Er führte links und rechts zwei riesige Braunbären mit sich. Die wilden Tiere sträubten sich, stemmten sich mit den Füßen gegen den Boden und brummten ganz bedrohlich. Aber aller Widerstand nützte ihnen nichts. Der Herzog zwang sie unerbittlich, mit ihm zu kommen. Hinter ihm folgte eine große Menge von Menschen, die vor Freude über die Heldentat ihres geliebten Christophs laut jubelten und anfeuernde Lieder sangen.

Mit Staunen und auch mit Schrecken sah der fremde Ritter den starken Mann mit den zwei Raubtieren auf sich zukommen. Dieser hielt ihm die Bären auffordernd hin und fragte spöttisch:

»Edler Herr, wollt Ihr nicht mit den zweien, die ich versprochen habe mitzubringen, kämpfen? Ihr versteht Euch doch so gut darauf?«

Da wich der Fremde zurück, streckte abwehrend die Hände aus und sagte:

»Ich vermag wohl, es mit einem Bären aufzunehmen. Zwei dieser wilden Gesellen aber allein durch meine Körperkraft zu zwingen, ihre Wälder zu verlassen und mit mir zu gehen, wohin ich will, das kann ich nicht.«

»Bei Gott«, fügte er bewundernd hinzu, »noch nie habe ich jemanden gesehen, der dermaßen stark ist. Ihr seid wahrhaftig der stärkste Mann unter der Sonne!«

Da lachte Herzog Christoph und freute sich über den gelungenen Streich. Er führte die Bären in den Burgzwinger und sperrte sie ein. Dann kehrte er zu dem Fest zurück, das sein Bruder Albrecht gab. Da schmausten, tranken und lachten die Herren bis tief in die Nacht hinein und erzählten sich gegenseitig ihre Heldentaten, die, je betrunkener sie wurden, immer unglaublicher wurden.

# Der gefangene Herzog

Lange Jahre weigerte sich Herzog Christoph beharrlich, die Alleinherrschaft seines Bruders Albrecht anzuerkennen. Während dieses Bruderzwistes kam es auf beiden Seiten zu Gewalttaten.

Eines Tages, als Herzog Christoph gerade nichtsahnend im Thürlbad in der Lederergasse saß, wurde er von den Leuten Herzog Albrechts überfallen, und nackt und bloß wie er war, weggeführt und im runden Turm eingesperrt.

Über ein Jahr lang schmachtete der wilde Herzog dort in der Gefangenschaft, weil er in dem Streit mit seinem Bruder nicht nachgab. Das Volk von München verstand nicht, warum sein geliebter, starker Held nicht einfach den Turm zerschmetterte, so wie er die Mauern beim Brand des Rathauses umgeworfen hatte. Bald wurde auf allen Gassen dieses Lied gesungen:

»O Herzog Christoph lobesam,
Du Held in jedem Strauß!
In Gottesnahm, was bist so lahm,
Greif zu und kumm heraus!
Und willt nit raus,
Und willt nit raus,
Und willt dein Thurm nit la'n,
Wohl auf und an
Zu Trutz und Hohn
Wirf um den Turm
Und schlepp und trag
Und lauf damit davon!

Doch es konnte den gefangenen Helden nicht dazu bringen, seinen Turm zu verlassen, in dem er in grimmigem Trotze hockte. Elf Münchner Mädchen verschworen sich,

ihren Liebsten nicht eher anzugehören, als bis diese etwas unternommen hätten, den Herzog zu befreien. Jeden Tag kam eine von ihnen unter das vergitterte Fenster des Turmes und rief:

»Bald werdet Ihr nicht mehr gefangen sein!«

Eines Nachts schlich sich Hartlieb von Sigenheim, einer der Freunde Christophs, heimlich in den Turm. Er hatte einige der Wächter bestochen und wollte den geliebten Herzog mit List befreien. Er hatte ein Mönchsgewand angelegt und trug ein zweites über dem Arm.

»Zieht diese Kutte über, edler Herzog, dann wird Euch niemand erkennen. Ich kenne einen Weg, wie Ihr aus dem Gefängnis herauskommt!«

Aber Christoph lachte seinen Freund aus und sagte:

»Nein, mein Lieber, bei Nacht und Nebel schleiche ich mich nicht davon. Meint Ihr etwa, ich sei nicht Manns genug, mich selbst zu befreien? Seht her!«

Bei diesen Worten packte er die Gitterstäbe vor dem Fenster und bog sie mit einer Leichtigkeit auseinander, als wären sie aus Wachs und nicht aus Eisen. Dann riß er sie ganz heraus und schlug mit den Füßen ein so großes Loch in die Mauer, daß er ohne Schwierigkeiten hätte hinausgelangen können.

»Warum bleibt Ihr aber so lange hier an diesem unfreundlichen Ort, wenn Ihr ihn doch jederzeit verlassen könntet?« fragte Hartlieb von Sigenheim verwundert.

»Ich will, das man das Unrecht einsieht, das mir mein Bruder antut«, antwortete Christoph grollend, »ich will, daß meine Freilassung vom Volk gefordert wird! Zur Schande meines Bruders, zum Spott für den Kaiser, der dies Unrecht duldet, bleibe ich hier!«

Und zornig zog sich der Held wieder in seinen Kerker zurück. Als er nach einem Jahr von seinem Bruder in die

Freiheit entlassen worden war, entbrannte der Streit um die Herrschaft in Bayern aufs Neue. Erst im Jahre 1485, als ein Schiedsgericht von 64 Richtern einberufen worden war, den Zwist der Brüder zu schlichten, kam es zu einer Einigung. Herzog Albrecht lud seinen Bruder noch vor der Entscheidung des Gerichtes zu sich ein und sie sprachen sich endlich miteinander aus. Christoph trat die Alleinherrschaft an Albrecht, den — wie er selbst sah — zur Regierung fähigeren Bruder ab und beendete damit den zweiundzwanzig Jahre währenden, unseligen Streit.

## Der starke Schmied von Sendling

Zu Zeiten Herzog Christophs arbeitete in der Sendlinger Schmiede ein Mann, der stark war wie ein Hüne aus der Vorzeit. Auch in der Größe stand er den sagenhaften Recken in nichts nach. Jedes Jahr wurde er deshalb dazu erwählt, bei dem Umzug, der am Kranzltag durch die ganze Münchner Stadt abgehalten wurde, einen Riesen zu verköpern.

Auch Herzog Christoph hörte von dem bärenstarken Schmied. Und weil er selbst als der stärkste Mann in Bayern galt, juckte es ihn geradezu in den Fingern, seine Kräfte mit ihm zu messen. Er wollte sich selbst davon überzeugen, ob die Gerüchte, die ihm über den Sendlinger zu Ohren gekommen waren, der Wahrheit entsprachen oder nicht.

Aus diesem Grunde machte er sich eines Morgens, als er auf einem Ritt zu seinem Lieblingswohnsitz in Schongau war, bei der besagten Schmiede halt. Ohne sich zu erkennen zu geben, befahl er dem Schmied, sein Roß neu zu beschlagen. Er sah ihm eine Weile bei der Arbeit zu, nahm dann eines der Hufeisen, die am Boden bereit lagen, prüfend in seine Hände und bog es mit einer Leichtigkeit, als bestünde es aus Teig, bis es die Form einer Breze hatte. Dabei sprach er kopfschüttelnd:

»Meister, dein Eisen ist aber nicht viel wert!«

»Ihr seid ja so stark wie unser Herzog Christoph, edler Herr«, rief da der Schmied anerkennend, worauf der Herzog vergnügt lächelte.

Als der Schmied seine Arbeit beendet hatte, bezahlte ihn der Herzog großzügig mit einem Gulden. Es freute ihn nämlich sehr, dem starken Mann Achtung abgerungen zu haben. Dann schwang er sich auf sein Roß und wollte gerade weiterreiten, als der Schmied rief:

»Wartet ein wenig, edler Herr!«

Der Herzog hielt erstaunt inne und blickte den Schmied fragend an. Da nahm dieser den Gulden zwischen die Finger und brach ihn entzwei, als handle es sich dabei nur um ein altes Stück Brot. Während er dem Herzog die Teile entgegenhielt, sagte er schmunzelnd:

»Nichts für ungut, edler Herr, aber Euer Geld ist auch nicht besser als mein Eisen!«

Da lachte Herzog Christoph schallend auf, griff in seinen Beutel und gab dem Schmied zehn blanke Taler daraus.

»Hier hast du anderes Geld, wackerer Mann!« rief er dabei. »Hoffentlich ist es besser als der Gulden!«

»Habt Dank, edler Herr, ich hoffe es auch, aber ich werde es lieber nicht erproben!« erwiderte der Schmied lächelnd.

»Das halte ich auch für besser!« pflichtete ihm der Herzog bei und ritt vergnügt von dannen.

# Der hölzerne Esel und der Löffelwirt

Eine heitere Sage von zwei Münchner Schelmen aus der Zeit Herzog Christophs berichtet uns Franz Trautmann:

»Es lebten ihrer zwei zu München, von welchen der eine Achzenit hieß und der andere Ruprecht. Davon war der erste ein unbändiger, lockerer Geselle, der zweite aber war so geizig, daß er kaum zu essen wagte und gar nichts als Wasser trank, während der erste nichts als Wein schlemmte.

Weil nun das Wasser am Brünnlein hinterm Rathaus so frisch war, stellte sich der Ruprecht tagtäglich da ein, trank aus einem Schöpflöffel und bot auch den Vorübergehenden Wasser an. Dafür nannte ihn der verschwenderische Achzenit den Löffelwirt am Rathaus, verspottete ihn auf alle Weise und um ihn recht zu ärgern, stellte er sich auch an das Brünnlein, trank statt des Wassers Wein aus einem Löffel, goß ihn dann ein über das andere Mal wieder voll und bot den Vorübergehenden Wein an.

Darüber entstand Groll und Hader, und wie der Achzenit den Ruprecht verhöhnte, weil er so geizig sei, höhnte ihn der Ruprecht wieder mit seiner Verschwendung und prophezeite ihm, daß er noch auf den hölzernen Strafesel komme. Der stand damals auf dem Marktplatz. Da ging's mit dem Geld des Verschwenders in der Tat immer weiter hinab, bis er zuletzt gar nichts mehr hatte als einen Wiesenfleck, und der Geizige freute sich, daß er so wahr prophezeit habe. Der Achzenit war aber sehr schlau, wußte in die Welt zu bringen, daß auf dem Wiesenfleck ein Schatz begraben liege, hielt damit den habsüchtigen Ruprecht zum besten, bis daß er ihn kaufte, und über verschiedenes Geldgeben, Graben und nichts Finden kamen sie entsetzlich hintereinander, bis zuletzt alle zwei auf dem hölzernen Strafesel reiten mußten.

Diese absonderlich lustige Sache, derzufolge der Schöpflöffel am Brünnlein blieb, fiel im Jahre 1464 oder 1465 vor.«

## Die schöne Kunigunde

Einige Zeit nachdem sich Herzog Albrecht von Bayern endlich mit seinem Bruder Christoph ausgesöhnt hatte, traf er bei einem Fest in Innsbruck die Tochter Kaiser Friedrichs II. von Habsburg, mit dem Namen Kunigunde. Sie war so schön und liebenswürdig, daß sich der schon fast vierzigjährige Herzog sofort in sie verliebte und um ihre Hand anhielt. Der Kaiser aber war gegen die Verbindung, weil er einige der politischen Handlungen des Bayernfürsten nicht billigte. Doch Maximilian I., der Bruder Kunigundes, der sehr unter dem Einfluß Albrechts stand, überredete seine erst zwanzigjährige Schwester, den Herzog zu heiraten. Weil dies auch der Neigung ihres Herzens entsprach, willigte sie ein und wurde gegen den Wunsch ihres Vaters die Gemahlin Albrechts.

Wie recht sie daran getan hatte, zeigte die Zukunft. Kunigunde und Albrecht wurden ein ausgesprochen glückliches Ehepaar. Das war in der damaligen Zeit, wo die Ehen an den Fürstenhöfen meist aus politischen Gründen geschlossen wurden, eine Seltenheit. Acht Kinder gingen aus dieser Verbindung hervor, und die beiden Gatten hingen ihr ganzes Leben in unwandelbarer Liebe und Treue aneinander.

Als der Herzog im Jahre 1508 starb, kehrte Kunigunde nach seiner Beisetzung nicht an den Hof zurück. Sie begab sich trauernd in das Püttrichkloster, wo sie fortan ihr Leben verbrachte. Sie verzichtete zugunsten ihres Sohnes auf ihr Wittum und trug von ihrem eigenen Vermögen langsam die Schulden ab, die Albrecht während seiner Regierung hatte machen müssen. So ersparte sie dem bayerischen Volk viele Steuern, die sonst hätten müssen erhoben werden.

Einfach und bescheiden wie die anderen Schwestern lebte sie im Kloster und tat Gutes, soviel sie konnte. Der Legende nach soll, als sie im Jahre 1520 starb, in dem Augenblick, in dem sie in die Ewigkeit hinüberging, über dem Püttrichkloster plötzlich ein heller Stern strahlend aufgeflammt sein. Die Nonnen und viele andere Münchner wollten dieses Zeichen des Himmels gesehen haben. Alle aber bewahrten der gütigen Herzogin ein ehrendes Gedenken.

## Der verschwundene Ring

Es ist schon lange her, da wohnte in dem Haus in der Residenzstraße, das früher »Franziskanerbäckerei« genannt wurde und gegenüber dem Hauptpostamt liegt, eine vornehme Familie. Es war der fürstliche Hofrat Lander mit Frau und Tochter. Sie hatten ein junges Mädchen, das Kind eines Gärtners, als Magd angestellt. Es war fleißig, klug und liebenswürdig und wurde, trotz seiner niedrigen Stellung, bald mehr eine Freundin der Tochter des Hauses, als eine Dienerin.

Nun geschah es, daß gerade zu dieser Zeit, als das Mädchen als Magd diente, der Frau des Hofrates immer wieder einige ihrer wertvollsten Schmuckstücke abhanden kamen. Erst glaubte sie, diese verlegt zu haben, als sich aber derlei Vorfälle häuften, wurde sie mißtrauisch. Eines Tages, als sie wieder einen wertvollen Ring auf das Fenstersims gelegt hatte und ihn bei ihrer Rückkehr nicht mehr vorfand, beschuldigte sie die Tochter des Gärtners, die als einzige nach ihr das Zimmer betreten und aufgeräumt hatte, des Diebstahls.

»Das habe ich nicht getan, ich habe noch nie etwas genommen, das mir nicht gehörte!« verteidigte sich diese, entsetzt über den Verdacht, der auf ihr lastete. Und sie fügte hinzu:

»Außerdem war gar kein Ring am Fenstersims, als ich dort Staub wischte!«

»Willst du mich eine Lügnerin nennen, freches Ding«, schrie Frau Lander zornig, »wahrscheinlich hast du auch die Schmuckstücke gestohlen, die ich seit langem vermisse! Aber das wirst du büßen!«

Verärgert über das hartnäckige Leugnen des Mädchens, und auch darüber, daß dieses die ihr erwiesenenen Guttaten, da man sie doch als Freundin der Tochter des Hauses geduldet hatte, scheinbar so schändlich gelohnt hatte, ließ die Frau des Hofrates das Mädchen ins Gefängnis werfen. Aber auch dort beteuerte es immer und immer wieder, mit wachsender Verzweiflung, seine Unschuld.

Da wurde die Magd, wie es damals üblich war, auf die Folter gespannt. Es wurde ihr solange mit unmenschlichen Quälereien zugesetzt, bis sie es nicht mehr ertrug und alles zugab, was immer man auch von ihr verlangte. Auf dieses erpreßte Geständnis hin wurde das arme Mädchen zum Tode verurteilt und kurz darauf hingerichtet.

Einige Zeit, nachdem dies geschehen war, mußte ein Maurer das Dach des Hauses an der Residenzstraße ausbessern, weil es sehr schadhaft war. Zwei Domherren, die dort im Hintergebäude wohnten, sahen ihm dabei zu. Plötzlich fiel dem Maurer ein blinkender Kupferpfennig auf seine Kelle. Er stutzte erst, bedankte sich aber dann höflich bei den beiden frommen Herren, weil er glaubte, sie hätten ihm das Geld zugeworfen.

Das war zwar nicht so, aber die Domherren hatten genau sehen können, woher das Geldstück gekommen war. Eine Dohle war damit aus einem offenstehenden Fenster herausgeflogen und hatte es unterwegs zu ihrem Nest verloren. Als den beiden Männern die Bedeutung ihrer Beobachtung klar wurde, erfaßte sie tiefe Bestürzung.

»So muß es gewesen sein«, rief der eine erschüttert, »auf diese Weise ist der Ring verschwunden, dessentwegen das arme Kind den Tod hat erleiden müssen!«

Sofort eilten die beiden Herren zum Gericht und erzählten, was sich zugetragen hatte. Der Richter, der das Mädchen verurteilt hatte, erschrak bis ins Herz. Ohne einen Augenblick zu zögern begab er sich zu dem Haus und befahl dem Maurer, der dort noch immer arbeitete, das Nest der Dohle auf dem Dach zu suchen. Dieser tat, was ihm aufgetragen worden war, fand das Nest und entdeckte darin, zu seinem nicht geringen Erstaunen, eine Menge Kupferpfennige, Silbermünzen und verschiedene Schmuckstücke. Die letzteren erkannte Frau Lander, als man sie ihr vorlegte, betroffen sogleich als die ihren.

Nun war die Unschuld der Gärtnerstochter ans Licht gekommen. Aber es war zu spät. Niemand konnte das unglückliche Mädchen wieder lebendig machen. Zur Erinnerung an sie wurde an dem Dachkämmerchen, wo sie gewohnt hatte, eine eiserne Dohle mit dem Ring im Schnabel, angebracht.

# Die Gründung der St. Salvator Kirche

Die Salvatorkirche wurde im Jahre 1494 als Friedhofskirche der Frauenpfarrei unter Herzog Albrecht IV. errichtet. Die Überlieferung führt die Ursprünge für den Bau der Kirche aber noch weiter zurück.

Die Juden, die in der Stiftsgasse wohnten, wollten im Jahre 1413, so erzählt die Sage, das Allerheiligste Sakrament des Altares in ihren Besitz bringen. Eine alte Frau, die zwar getauft war, der aber außer Geld nichts heilig war, erklärte sich bereit, es ihnen zu verschaffen. Sie ging am Sonntag zur Messe, ließ sich die hl. Kommunion geben, steckte aber die Hostie rasch, und wie sie meinte unbemerkt, in ein Tüchlein und wollte sie in die Stiftsgasse bringen.

Einige Kirchenbesucher hatten sie jedoch beobachtet, gingen ihr nach und stellten sie kurz vor dem Schwabinger Tor. In ihrer Angst ließ die Alte das Säckchen mit der Hostie fallen und lief davon. Doch die Verfolger holten die Frevlerin rasch ein und ließen sie in einen Kerker werfen. Die Hostie brachten sie ehrfürchtig in Begleitung eines Priesters in die Frauenkirche zurück.

Dort aber, wo die Frau die Hostie weggeworfen hatte, erbauten die Bürger eine kleine Kapelle, denn sie sahen den Boden, den die Hostie berührt hatte, als geheiligt an.

Im Jahre 1493 wurde diese Kapelle abgetragen und an der Stelle, wo sich der Altar befunden hatte, eine etwa 16 Schuh hohe Säule aufgestellt. Darauf waren zur Erinnerung an den Vorfall vier Bilder eingemeißelt:

Die Frau mit einem Gerichtsdiener, das Bild der Krönung, die Kreuzschleifung und Christi Tod am Kreuz.

Im Jahre 1494 wurde dann »auf U. L. Frau Gottesacker« innerhalb der Stadtmauer eine größere Kirche mit Turm erbaut und zu Ehren des St. Salvators — ein Wetterheiliger — eingeweiht.

## Der gottlose Spieler

In München lebte einmal ein Mann, der seinen Lebensunterhalt dadurch bestritt, daß er im Karten- und Würfelspiel andere um ihr sauer verdientes Geld und Gut betrog.

Viele Menschen hatte er durch dieses schurkische Verhalten schon ins Elend gestoßen und an den Bettelstab gebracht. Als ihn einmal einer der Unglücklichen fragte, ob er denn nicht die Strafe des Himmels fürchte, lachte er nur spöttisch, denn er war ein durch und durch gottloser Geselle.

Um zu beweisen, wie wenig er an Gott glaube und wie gering er ihn achte, ging er in die Franziskanerkirche, stellte sich vor das Bild des gekreuzigten Heilandes und spuckte es hohnlachend an.

Da aber packten die schwarzen Hände des Teufels den zu Tode erschrockenen Frevler durch die Mauern der Kirche hindurch. Mit einem gewaltigen Ruck riß ihn der Höllenfürst aus dem Gotteshaus heraus, so daß an der Südseite ein großes Loch in der Wand entstand, und fuhr schnurstracks mit ihm in die Hölle.

# Das Fausttürmchen

Vor mehr als fünfhundert Jahren lag einmal ein Raubritter in erbitterter Fehde mit München. Weil aber die Stadt von einer starken Befestigungsmauer umgeben war, gelang es ihm nicht, sie zu erobern. Da versuchte er mit List, was er mit Gewalt nicht erreichte. Es glückte ihm, einen seiner Getreuen unerkannt in die Stadt zu schleusen. Dieser beobachtete die Ratsherren, bis er einen ausfindig gemacht hatte, dem Geld und Reichtum mehr wert waren, als Heimat und Ehre. Geblendet vom Glanz des vielen Goldes, das man ihm bot, ließ sich der Ratsherr auf ein Bündnis mit dem Feinde ein. Er versprach, dem Raubritter und seinen Gesellen in einer bestimmten Nacht heimlich eines der Stadttore zu öffnen.

Das Gespräch zwischen dem treulosen Ratsherrn und dem feindlichen Boten war aber zufällig belauscht und den anderen Stadtvätern mitgeteilt worden. Voller Empörung ließen diese den Verräter sogleich verhaften und vor Gericht stellen. Er wurde, wie es damals üblich war, zum Tode verurteilt, sollte aber wegen der Verruchtheit seiner Tat, auf eine besonders grausame und abschreckende Art hingerichtet werden.

Nahe dem Sendlinger Tor, dort, wo er die Stadt dem Feinde hatte preisgeben wollen, mauerten ihn die Schergen lebendig in den inneren Stadtring ein. Als Warnung und Mahnung für alle aber, die versucht sein könnten, über dem Reichtum ihre Heimatliebe zu vergessen, wurde auf der Spitze des kleinen Turmes, in dem der Verräter einen elenden Tod gefunden hatte, eine drohende Faust angebracht. Daher kommt der Name »Fausttürmchen«.

# Das rote Licht am Fausttürmchen

Mit dem Fausttürmchen hatte es noch eine andere, ganz besondere Bewandtnis.

Früher geschah es manchmal, daß ein Unschuldiger, auf Grund drückender Beweise, die gegen ihn sprachen, zum Tode verurteilt und hingerichtet wurde. Wenn nun solch ein Fehlurteil ergangen war, und der Angeklagte sein Leben für ein Verbrechen hatte lassen müssen, das er nicht begangen hatte, erglühte um Mitternacht darauf das Fausttürmchen in einem unheimlichen roten Licht. Zur gleichen Zeit tat es an die Türe des Hauses, in dem der Scharfrichter wohnte, drei schwere, dumpfe Schläge.

Wenn dies alles geschah, dann wußte der Scharfrichter, daß ein Unschuldiger gestorben war. Er mußte niederknien und für die arme Seele des Gerichteten beten. Schlag ein Uhr verschwand der Spuk wieder.

Am nächsten Morgen berichtete der Scharfrichter dann jeweils pflichtgemäß dem Rat der Stadt, was sich in der Nacht zugetragen hatte. Daraufhin wurde die Unschuld des Verurteilten öffentlich überall verkündet. Die Münchner begaben sich in die Kirchen, beteten für den armen Verstorbenen und dafür, daß der wahrhaft Schuldige gefunden werden sollte.

Der Sage nach soll das rote Licht am Fausttürmchen einige Male in der Geschichte der Stadt aufgeglüht sein, damals, als der unschuldige Goldschmied vom schönen Turm hingerichtet worden war, ebenso nach dem Tode einer armen Dienstmagd, und noch einige Male mehr.

# Die zwei Vettern

In München lebten einmal zwei Vettern, denen ein reicher Verwandter starb. Durch List und Tücke gelang es dem einen, die ganze Erbschaft an sich zu bringen, so daß der andere leer ausging und ein armer Mann blieb.

Der Reiche führte von nun an ein faules Leben. Er arbeitete nicht mehr, sondern verlegte sich ganz darauf, seine Tage bei Wein und Kartenspiel zu verbringen. Er hatte aber eine glückliche Hand und vermehrte durch Gewinne beim Spiel seinen Reichtum noch beträchtlich.

Doch er gab seinem armen Vetter, der oft nicht wußte, wo er ein Stück Brot hernehmen sollte um seinen Hunger zu stillen, nichts ab, obwohl er ihn einst um die Erbschaft betrogen hatte. Ja, er verspottete ihn sogar noch, wann immer er ihn traf.

»Wie gut, daß das Erbe mir zugefallen ist«, höhnte er beispielsweise, »du hättest ohnehin nichts damit anfangen können. Du bist viel zu dumm, um den richtigen Umgang mit Geld zu erlernen. Darum gebe ich dir auch nichts, denn du würdest es doch nur unnütz verplempern.«

Der Arme mußte diese Reden dulden, ging seinem unbarmherzigen Vetter aber aus dem Weg, so gut er konnte. Eines Abends kehrte der Reiche von einer feuchtfröhlichen Gesellschaft zurück, auf der er seinen Zechkumpanen viel Geld beim Spiel abgewonnen hatte. Als er an dem Haus vorbeikam, in dem sein armer Vetter wohnte, blieb er stehen und rief:

»He, Vetter, schau heraus! Ich habe etwas für dich!«
Sein Verwandter kam zum Fenster und fragte:

»Was ist los? Was willst du von mir?«

»Schau nur, wieviel Geld ich wieder gewonnen habe!

Soll ich dir etwas abgeben? Ich bin heute nämlich sehr gut aufgelegt!«

Ungläubig sah ihn der Arme an. Da fuhr der Reiche aber schon fort:

»Doch nein, ich lasse es lieber bleiben! Was könntest du schon damit anfangen! Ha, ha, ha!«

Er lachte, als hätte er einen guten Witz gemacht, und wandte sich ab. Plötzlich riß ihm jemand von hinten die prallgefüllte Geldtasche weg. Gleichzeitig durchbohrte ein höllischer Schmerz seine Brust. Er schrie gellend um Hilfe, während er langsam zu Boden sank. Aus den umliegenden Häusern kamen die Leute gelaufen, die seine Schreie gehört hatten. Mühsam versuchte er sich aufzurichten. Da sah er neben sich seinen Vetter stehen, der sich besorgt über ihn beugte.

»Du warst es! Du hast mich umgebracht!« stieß er hervor, denn er fühlte, daß er tödlich getroffen war. »Du hast mein Geld geraubt, weil du es mir nicht gegönnt hast! Elender Mörder! Räuber!«

»Du irrst, Vetter«, stammelte der Arme verstört, »ich habe dir nichts getan. Ich sah dich angegriffen und wollte dir helfen!«

»Lügner! Du hast mich umgebracht! Mörder! Elender Mörder!« röchelte der Sterbende mit letzter Kraft, so daß alle Umstehenden es hören konnten. Bald darauf hauchte er unter einem Blutschwall, der aus seinem Munde drang, sein Leben aus.

Da packten die Leute den Armen und schleppten ihn vor den Richter.

»Ich habe es nicht getan! Ich bin unschuldig!« wehrte sich dieser verzweifelt. »So glaubt mir doch! Ich sah einen Mann auf ihn einstechen, der dann weggelaufen ist! Laßt mich los, ich bin unschuldig!«

»Warum warst du dann schon vor uns zur Stelle?« höhnten die anderen.

»Ich wollte ihm helfen! Oh, glaubt mir doch! Bei Gott, dem Allmächtigen, ich bin unschuldig!«

Aber seine Beteuerungen nützten ihm nichts. Alle hatten die Beschuldigungen des Sterbenden gehört und konnten sie bezeugen. Zwar fand man das gestohlene Geld nicht bei dem Armen, doch hätte er, so vermutete man, reichlich Gelegenheit gehabt, es irgendwo unbemerkt fallen zu lassen. Außerdem wußte jeder, wie übel ihm sein reicher Vetter mitgespielt hatte, und daß er allen Grund gehabt hätte, sich zu rächen.

Er wurde wegen heimtückischen Mordes an seinem Vetter verurteilt, und, obwohl er noch bis zum Richtblock seine Unschuld unablässig hinausschrie, kurz darauf enthauptet.

In der folgenden Nacht aber leuchtete das Fausttürmchen blutrot auf. Drei dumpfe Schläge donnerten an die Türe des Scharfrichters, der leichenblaß aufsprang.

»Ich habe einen Unschuldigen getötet!« erkannte er, zutiefst betroffen. Er kniete sich, wie es der Brauch war zum Beten nieder. Nicht lange danach klopfte es abermals an seine Türe, aber anders als zuvor. Der Scharfrichter öffnete und erblickte draußen einen Mann, der unzusammenhängende Worte stammelte und mit wild rollenden Augen um sich sah.

»Er wird wohl vor dem roten Licht des Fausttürmchens so erschrocken sein!« dachte der Scharfrichter und ließ ihn ein. Da fiel der seltsame Fremde auf die Knie nieder und schrie:

»Ich habe ihn umgebracht, weil er mir mein ganzes Geld abgewonnen hatte! Ich habe ihn umgebracht, nicht sein Vetter!« Schluchzend schlug er die Hände vor sein Gesicht und stöhnte:

»Ich bin schuld am Tod von beiden. Nun finde ich nimmermehr Ruhe, bis ich die schreckliche Schuld gebüßt habe! Ich finde nimmermehr Ruhe!«

Erschüttert hörte der Scharfrichter diese Beichte. Am nächsten Morgen brachte er den Mann vor den Richter und erzählte alles, was sich in der vergangenen Nacht zugetragen hatte. Wieder beschuldigte sich der Unbekannte selbst des Mordes an dem Reichen, zeigte zum Beweis seiner Tat das gestohlene Geld vor und bat um die gerechte Strafe, die ihn von seinen Gewissensqualen erlösen sollte.

Er wurde zum Tode verurteilt und hingerichtet. Den Armen aber machte niemand mehr lebendig, wenn auch das Fausttürmchen seine Unschuld an den Tag gebracht hatte.

## Das Vesperbild in der Gruftkirche

Die Gruftkirche war an der gleichen Stelle, wo einstmals die 1285 in Brand gesetzte Synagoge der Juden Münchens gestanden hatte. Die unterirdische Kapelle wurde von Dr. Johann Hartlieb, dem Leibarzt des Herzogs Albrecht III. um die Mitte des 15. Jahrhunderts erbaut. Er ließ sie zu Ehren der Gottesmutter, sowie Cosmas's und Damians, der Schutzheiligen aller Mediziner, weihen.

Das Hauptgnadenbild der Kirche war ein großes Vesperbild, das die Schutzmantelmadonna darstellte. Es war einst, so berichtet die Legende, in der Erde vergraben gefunden worden.

Die Münchner beteten sehr gerne in der Gruftkirche, wie das Gotteshaus wegen seiner unterirdischen Lage genannt wurde, denn es wurde von zahlreichen Gebetserhörungen berichtet. Bald darauf mußte ein weiteres Stockwerk auf der Kapelle aufgebaut werden, um die Menge der Gläubigen, die in die Kirche kamen, fassen zu können.

Zur Zeit der Säkularisation verschwand das Gnadenbild, und lange Zeit wußte niemand, wo es war. Endlich wurde es in Andechs wiedergefunden. Heute befindet es sich in einer Nebenkirche von Salmdorf.

## Das brennende Licht

Als im 18. Jahrhundert die Gruftkirche ausgebessert wurde, soll sich dort eine eigenartige Begebenheit zugetragen haben.

Bei den Abbrucharbeiten an einem Pfeiler im unterirdischen Teil der Kirche, durch den eine Treppe in die Oberkirche führte, fanden die Maurer eine Höhlung im Stein. Darin stand eine gläserne Ampel in Gestalt eines Kelches, in der ein Licht brannte. Daneben erblickten sie ein Gefäß mit den Gebeinen eines Toten.

In dem Augenblick, in dem die Arbeiter die Mauerhöhlung öffneten, erlosch das seltsame Licht. Aber alle hatten es gesehen und konnten bezeugen, daß es gebrannt hatte. Ein rasch herbeigerufener Pater fand das Glas noch warm und den Docht in der hellen, durchsichtigen Flüssigkeit noch glühend. Als man das Gefäß mit den Gebeinen vorsichtig herausheben wollte, zerbrach es, und das Gerippe darin zerfiel zu feinem Staub.

Die Nachricht von dem Fund verbreitete sich wie ein

Lauffeuer in der Stadt. Viele Leute behaupteten daraufhin, daß sie oft einen schwachen Lichtschein durch eine tief in die Mauer führende Öffnung gesehen hätten, wenn sie die Treppe durch den Pfeiler hinaufgegangen wären.

Niemand konnte sich jedoch erklären, wann und wie das Licht in den Pfeiler gekommen war. Lange rätselten Gelehrte und Wissenschaftler der damaligen Zeit über die geheimnisvolle Erscheinung nach, konnten aber keine rechte Begründung dafür finden.

## München und der Walchensee

Die Angst vor Katastrophen ungeahnten Ausmaßes war im Volk von jeher groß. Auch die Münchner waren nicht frei davon und glaubten in früheren Zeiten an eine furchtbare Bedrohung ihrer Stadt durch einen unheimlichen See in den Bergen, den Walchensee. Die Sage erzählt darüber:

Ganz unten, in den tiefsten Felsenhöhlen des Walchensees, dort, wo das Wasser schwarz und undurchdringlich ist, haust ein furchterregendes Ungetüm aus der Vorzeit. Mit seinem riesenhaften Leib umspannt es den Kesselberg, der aus den dunklen Fluten herausragt. Seinen Schwanz hält es mit dem Maule fest. Im Kesselberg aber, den das Untier mit seinem Körper wie mit einem ehernen Ring umschließt, liegt ein Schatz verborgen, so erlesen und reich, wie es noch keines Menschen Auge gesehen hat.

Die Leute früherer Zeiten wußten um diese uralte Mär und hüteten sich, das Ungeheuer aufzustören. Bei schwerster Strafe war es damals verboten, Steine in den See zu werfen oder ihn auf andere Weise in Unruhe zu bringen.

Denn dann, so behaupteten die Alten, würde der Riesenwaller voll Zorn sein Maul aufreißen und seinen Schwanz daraus hervorschnellen lassen. Durch die urgewaltige Wucht dieses Schlages aber würden die Uferwände des Kesselberges wie Glas zerspringen und den nachdrängenden Wassermassen den Weg freigeben. Die nie versiegenden Fluten des Sees, von dem man glaubte, daß er mit den Weltmeeren in Verbindung stünde, würden ungehemmt und ungebändigt ins Tal hinabstürzen, dort alles zermalmen und Tod und Zerstörung mit sich bringen. Sie würden das ganze Bayernland, samt seiner Hauptstadt München, überschwemmen und unter sich begraben. Dann würde sich, anstatt des lieblichen Alpenvorlandes, eine riesige Wasserfläche zu Füßen der Berge ausbreiten.

Diese verderbliche Sintflut soll im Walchensee auch ausgelöst werden, wenn im bayerischen Land einmal Gottlosigkeit und Frevelhaftigkeit übermächtig werden sollten.

In alten vergilbten Schriften wird berichtet, daß irgendwo in der Dreifaltigkeitskirche ein ganz bestimmter Stein eingebaut ist, den aber niemand bezeichnen kann, weil niemand ihn kennt. Wenn nun dieser Stein, sei es aus Unwissenheit oder aus Zerstörungswut oder aus welchem Grund auch immer, einmal aus den Mauern der Kirche entfernt wird, dann, so heißt es, ist das Ende nahe.

Die Angst vor dieser drohenden Katastrophe war so groß, daß man noch im Jahre 1738! in der Gruftkirche zu München heilige Messen lesen ließ, in denen Gott angefleht wurde, das verhängnisvolle Unheil von der schönen Isarstadt gnädigst abzuwenden.

Jedes Jahr ließen die Stadtväter zudem einen Ring aus reinem Gold anfertigen. Dazu durfte nur Gold aus der Isar genommen werden, in die es durch den Jachen aus dem Walchensee geschwemmt worden war. Nur einem völlig

unbescholtenen und rechtschaffenen Bürger wurde das eherenvolle Amt anvertraut, diesen Ring herzustellen. Der Auserwählte mußte sorgsam darauf achten, daß auch nicht der geringste Makel das kostbare Stück verunzierte.

Der Ring wurde in der Gruftkirche geweiht und unter großer Beteiligung der Bevölkerung in der feierlichen Prozession zum Walchensee gebracht. Mit einem Kahn, der über und über mit Blumen geschmückt war, wurde er schließlich in die Mitte des Sees gefahren und dort den dunklen Fluten übergeben.

Dies geschah alljährlich am Sonntag vor der Sommersonnenwende. Durch dieses heidnische Opfer hofften die Bürger Münchens, die vom Walchensee drohende Sintflut von ihrer geliebten Stadt abhalten zu können.

## Dr. Faustus und die drei Grafen

In München hielt der Sohn des Herzogs im Jahre 1568 mit der schönen Renata von Lothringen Hochzeit. Es war eines der glanzvollsten Feste seiner Zeit. Adelige und berühmte Persönlichkeiten waren von weither gekommen, daran teilzunehmen. Auch drei junge Grafen, die sich zu Studienzwecken in Wittenberg aufhielten, hörten von den tagelangen, großartigen Feierlichkeiten.

»Wie schade«, rief einer von ihnen, als sie im Wirtshaus beisammensaßen, »daß wir nicht dabei sein können, weil der Weg nach München so weit ist!«

»Ich würde auch was drum geben, wenn ich die ganze Pracht sehen könnte«, stimmte einer seiner Freunde bei. Der Dritte aber schlug vor:

»Fragen wir doch Dr. Faustus, den berühmten Zaubermeister. Vielleicht weiß er einen Weg, wie wir heute abend in München beim Fest und morgen wieder hier in Wittenberg sein können!«

»Du hast recht, das ist ein guter Einfall!« stimmten ihm die Freunde begeistert zu. Sogleich begaben sie sich zu Dr. Faustus, von dem gesagt wurde, daß er über geheime, man munkelte sogar, über teuflische Kräfte verfügte.

»Ich will euch wohl helfen«, lachte Dr. Faustus, als ihm die Studenten ihr Anliegen vorgetragen hatten. »Kleidet euch in Festgewänder und kommt wieder zu mir!«

Die Studenten taten, wie Dr. Faustus ihnen gesagt hatte und fanden sich kurz darauf, festlich gewandet, wieder bei dem Zauberkünstler ein. Er führte die drei in seinen Garten, breitete dort seinen weiten schwarzen Mantel aus und befahl ihnen, sich darauf niederzusetzen.

»Wir werden bald in München sein, doch ihr dürft während des ganzen Aufenthalts dort kein einziges Wort sprechen!« mahnte der Magier streng.

»Das wollen wir tun!« riefen die jungen Leute und brannten schon vor Begeisterung über das Abenteuer, das vor ihnen lag. Dr. Faustus aber sprach weiter:

»Wenn ich in München das Wort ,Wohlauf' sagen werde, dann müßt ihr sofort nach meinem Mantel greifen, daß ihr mit mir wieder zurückfliegen könnt. Wem das nicht gelingt, der muß in München bleiben.«

Auch das versprachen die Studenten freudig. Nun bestieg auch Dr. Faustus den schwarzen Mantel, murmelte ein paar unverständliche Worte und hui hob ein plötzlicher starker Windstoß den Mantel mit den vier Männern in die Luft und trug sie, ehe sie sich versahen, nach München. Dort wohnten sie den ganzen Tag über dem glanzvollen Feste bei. Am Abend, als ein großes Mahl abgehalten wurde, stellten sie sich an den Eingang des Saales. Da kam der alte Herzog, nachdem ihm gemeldet worden war, daß drei edle Herren mit ihrem Diener angekommen seien, und empfing sie als Gäste. Sie antworteten ihm aber mit keiner Silbe, sondern neigten nur höflich die Köpfe.

Da saßen sie nun mit den erlauchten Herrschaften, die zu dem Fest geladen waren, bei Tische. Als man ihnen in feinen Schüsseln Wasser reichte, damit sie ihre Hände reinigen konnten, vergaß einer der drei Grafen sein Versprechen und sagte freundlich:

»Danke für die Ehre!«

In dem Augenblick aber, da er gesprochen hatte, rief Dr. Faustus das verabredete Wort: »Wohlauf!«

Sofort faßten alle drei nach seinem Mantel. Doch nur die beiden, die schweigsam geblieben waren, konnten einen Zipfel davon erwischen und flogen mit Dr. Faustus vor den Augen der staunenden Gäste durch die Luft davon. Der dritte Graf aber wurde festgehalten, so daß ihm die Flucht nicht gelang. Nun wurde er von allen Seiten bestürmt, doch zu sagen, was das zu bedeuten hätte und wer er und die anderen drei denn seien. Diesmal aber war er klüger und sagte kein Wort. Er wagte es nicht seine Gefährten zu verraten und schwieg beharrlich, so sehr man auch in ihn drang.

Da wurde er in den Kerker geworfen, und man drohte ihm, sich die Antworten auf alle Fragen am nächsten Morgen unter der Folter zu holen. Doch dazu kam es nicht. In der gleichen Nacht noch kehrte Dr. Faustus nach München zurück. Er brachte mit seinen Zauberkünsten die Wächter des Grafen dazu, daß sie in einen tiefen, unnatürlichen Schlaf sanken. Sodann ging er durch die Türen, die sich von selbst vor ihm öffneten, zu dem Gefangenen und sprach:

»Ich werde Euch retten, obwohl Ihr Euer Wort gebrochen habt, weil Ihr uns nicht verraten habt.«

»Habt Dank, Herr Dr. Faustus, habt tausend Dank!« rief der junge Graf erleichtert, denn er hatte schon Blut geschwitzt bei dem Gedanken daran, was ihn am andern Morgen erwartete. Er faßte auf Geheiß des Zauberkünstlers nach dessen Mantel und sauste mit ihm durch die Luft nach Wittenberg zurück

Als die Münchner am nächsten Morgen den Gefangenen peinlich befragen wollten, hatten sie das Nachsehen, denn der »Vogel« war auf Nimmerwiedersehen ausgeflogen.

## Luther in München

Der Kaiser hatte Martin Luther, als sich dieser im Oktober des Jahres 1518 in Augsburg vor Herrscher und Reich verantwortete, freies Geleit zugesagt. Dennoch verließ der Reformator ein paar Tage nachher heimlich die Stadt. Er wagte es — vielleicht mit gutem Grund — nicht, sich auf das Wort des Kaisers zu verlassen.

Wie die Sage berichtet, hätten ihn auch tatsächlich einige »päpstliche« Legaten verfolgt. Sie hätten später behauptet, Luther und sein Freund Langenmantel seien auf feuerspeienden Pferden durch die Luft davongeflogen, so daß sie ihrer nicht hätten habhaft werden können.

Auf seiner Flucht durch die Nacht, so wird weiter erzählt, habe Luther in München Rast gemacht und sei dort in dem Gasthaus beim »Koch in der Hölle« eingekehrt. Er habe sich an einer Bratwurst und einem Krug Bier gütlich getan, sich dann aber, weil sein Begleiter auch hier Gefahr witterte, eilends wieder auf sein Roß geschwungen und die Stadt so schnell verlassen, daß er nicht einmal Zeit gehabt habe, das Verzehrte zu bezahlen. Weiter sei der Ritt nach Hohenschwangau gegangen, wo sich der Reformator im Schutz seiner Freunde endlich sicher gefühlt habe.

Diese Sage ist der Grund dafür, warum Luther in früheren Zeiten, in ihm feindlich gesinnten Landen, oft auf einem Schwein reitend, mit einer Bratwurst in der Hand, dargestellt wurde.

## Die ungetreue Nonne

In jener Zeit, als sich Luther in München aufhielt, so wird erzählt, habe er sich in eine schöne junge Nonne aus dem Angerkloster verliebt. Er konnte sie mit seiner Wortgewandtheit dazu überreden, mit ihm zu fliehen. Heimlich in der Nacht schlichen die beiden durch die alte Angerkirche heraus und machten sich davon.

In dem Augenblick aber, in dem sie am Kruzifix des Gotteshauses vorübereilten, wandte der Gekreuzigte das Haupt und schaute ihnen nach.

Mit dieser eigenartigen Sage erklärten sich die Münchner, die in der damalige Zeit dem Reformator alles Schlechte zutrauten, die ungewöhnliche Haltung des Gekreuzigten in der dortigen Kirche.

# Der Turm der Michaelskirche

Zwei Baumeister waren maßgebend am Bau der Michaelskirche beteiligt. Einer von ihnen, so erzählt die Sage, errichtete den Turm der Kirche, der andere das berühmte Tonnengewölbe. Die beiden vertrugen sich aber nicht miteinander. Fortwährend kam es zu Streitigkeiten zwischen ihnen. Eines Tages sagte der Erbauer des Turmes hohnlachend zu seinem verhaßten Rivalen:

»Schaut Euch meinen schönen Turm nur gut an, teurer Freund, er wird über Jahrhunderte hinweg die Menschen, die nach München kommen, schon von weitem grüßen. Euer seltsames Gewölbe aber, mit dem Ihr mehr Euren Mut als Euer Können zeigt, wird wohl nicht einmal die nächsten Jahre überdauern!«

»Nehmt den Mund nicht so voll«, antwortete der Verspottete zornig, »die Zukunft wird weisen, wer von uns beiden der bessere Baumeister ist. Mein Gewölbe wird bestehen, Euer Turm jedoch wird einstürzen!«

Und wirklich, im Mai des Jahres 1590, kurz nach der Einweihung der Kirche, fiel der Turm, der an Stelle des heutigen Querhauses stand, in sich zusammen. Da man den Einsturz schon befürchtet hatte, kamen keine Menschen zu Schaden.

Die fürstlichen Räte der Stadt München, die gerne die große Baulust ihres Herzogs Wilhelm ein wenig gedrosselt hätten, nahmen das Unglück zum Anlaß, ihm zu raten, solche Bauten künftig zu unterlassen. Sie versuchten, dem frommen Herrscher einzureden, daß der Einsturz des Turmes ein Zeichen Gottes sei, eine Mahnung, keine Kirchen mehr zu errichten.

Der Fürst aber durchschaute ihre Absicht und erklärte

lächelnd, als sie behaupteten, dem hl. Michael sei der Bau der Michaelskirche anscheinend nicht recht gewesen:

»Oh nein, meine Herren, die Kirche ist ihm nur nicht groß genug!«

Und gegen ihre Widerstände ließ er die Kirche sogar noch erweitern.

## Die Kanone in der Michaelskirche

Die Michaelskirche, eines der schönsten Gotteshäuser der deutschen Renaissance, ist wegen ihres Tonnengewölbes, das ohne Stützen in freiem Schwunge den Innenraum überspannt, weithin berühmt. Als dieses kühne Bauwerk errichtet wurde, hegten die Leute große Zweifel an seiner Haltbarkeit und trugen ihre Bedenken Herzog Wilhelm I. vor. Laut Sage befahl dieser, eine Kanone in die Kirche zu bringen und dort ein Geschoß abzufeuern.

»Nur so können wir die Festigkeit des Gewölbes erproben!« meinte er dazu.

Als der Baumeister von diesem Vorhaben erfuhr, standen ihm vor Schrecken die Haare zu Berge. Doch seine Einwände und Warnungen verhallten ungehört. Die Kanone wurde in der Kirche aufgestellt und abgefeuert. Zur größten Verwunderung aller hielt das Gewölbe stand. Der Baumeister aber war von Stund an verschwunden.

»Er hat die Flucht ergriffen, weil er Angst hatte vor dem, was ihn erwartet hätte, wenn das Gewölbe zusammengebrochen wäre!« vermuteten die einen.

»In der Sakristei haben sie ihn erhängt aufgefunden!« behaupteten die anderen steif und fest.

In Wirklichkeit verbüßte der Baumeister jedoch erst im Frohnhaus, dann im Falkenturm, eine Strafe, weil »seinem Mangel an Fleiß« die Schuld für den Einsturz des Turmes der Michaelskirche, der im Jahre 1590 erfolgte, zugeschrieben wurde.

## Der Schatz in der Michaelskirche

Im Jahre 1773 wurde das Jesuitenkollegium in der Michaelskirche aufgehoben, und die Ordensbrüder mußten ihr Heim verlassen. Sie sollen aber, so geht das Gerücht, vor ihrem Abzug in den Mauern der Kirche einen Schatz verborgen haben, gleichsam als Gewähr für ihre beabsichtigte Wiederkehr.

Ein Maurer, der den Jesuiten wohlgesonnen war, erzählte auf seinem Totenbett, daß er den Ordensleuten dabei geholfen habe:

»Sie haben mir die Augen verbunden und mich dann zu einer bestimmten Stelle in der Kirche geführt. Dort habe ich den Schatz eingemauert. Ich habe aber ein geheimes Zeichen in den Stein geritzt, so daß ich den Platz später ohne Mühe wiederfinden konnte. Aber niemals habe ich diesen Ort verraten. Und ich werde es auch jetzt, im Angesicht des Todes nicht tun, denn ich habe den Jesuiten, die fromme und gute Leute sind, ewiges Stillschweigen darüber gelobt.«

So berichtete der Maurer und beschwor als Sterbender die Wahrheit seiner Worte.

Der sagenhafte Schatz in der Michaelskirche ist aber nie gefunden worden.

# Der Geizhals vom Promenadeplatz

Einst herrschte in München eine schreckliche Hungersnot. Gleich hohläugigen Gespenstern schleppten sich die Menschen auf der verzweifelten Suche nach Nahrung durch die Stadt. Zu Hunderten starben die Armen auf den Straßen.

In jenen schlimmen Zeiten wohnte am Promenadeplatz ein steinreicher Mann. Er litt keinen Mangel, im Gegenteil, er mästete sich an der Not der anderen. In besseren Tagen hatte er eine große Menge Getreide zu billigem Preis erworben. Das verkaufte er nun zu Wuchersummen an seine Mitbürger. Aber obwohl die riesigen Speicher seines Hauses bis hin zum Firstbalken gefüllt waren, gab er doch nicht ein Körnchen davon ohne Bezahlung ab. Mochten die Menschen auch vor Entkräftung vor seiner Haustüre zusammenbrechen, das rührte und kümmerte ihn nicht.

Eine kleine Wohnung im Rückgebäude seines Hauses hatte er an ein Taglöhnerehepaar vermietet. Die beiden hatten sieben Kinder. Obwohl sie von früh bis abends schwer arbeiteten, wußten sie oft nicht, wie sie diese satt bekommen sollten. Die überhöhten Preise, die sie für ein wenig Nahrung bezahlen mußten, stürzten sie trotz ihres Fleißes bald in bittere Armut, so daß sie den Mietzins für ihre Wohnung nicht mehr aufbringen konnten. Darauf aber hatte der Wucherer nur gewartet. Endlich hatte er einen Grund, die Familie aus seinem Haus zu weisen. Das hatte er schon lange beabsichtigt, denn er wollte deren Räume als zusätzliche Kornspeicher benutzen.

»Wenn ihr nicht zahlen könnt, dann packt eure Sachen und verschwindet!« sagte er hartherzig zu dem Tagelöhner und seiner Frau.

»Es ist Winter und bitterkalt. Setzt mich und meine Familie nicht auf die Straße, edler Herr. Wir wissen nicht, wohin wir gehen sollen und müssen vielleicht umkommen. Ich will die Schulden, die ich bei Euch habe, durch meiner Hände Arbeit bis zum letzten Heller abtragen. Ich könnte Euch den Getreidespeicher umschaufeln oder ...«,bat der Mann.

»Ja das würde dir so passen«, fiel ihm der Wucherer höhnisch ins Wort, »daß du das Getreide in deine eigenen Taschen schaufeln könntest! Nein, mit solchem Lumpenpack, wie ihr es seid, will ich nichts zu tun haben. Schert euch fort aus meinem Haus!«

Weinend holten die armen Leute ihre wenigen Habseligkeiten und verließen ihre Wohnung. An der Schwelle aber drehte sich die Frau noch einmal um.

»Elender Geizhals!« schrie sie. »Niemals haben wir auch nur ein Körnchen von deinem Getreide genommen, obwohl wir fast verhungert sind! Sei verflucht! Und auch dein Getreide soll verflucht sein, weil du es niemandem gönnst. Ratten, Mäuse und anderes Ungeziefer sollen über deine Speicher kommen und alles vernichten!«

Der herzlose Mann jedoch lachte nur höhnisch und rief ihr nach:

»Das würde euch so passen, aber daraus wird nichts. Gegen Mäuse und Ungeziefer weiß ich mich schon zu schützen, auch wenn ihr mir noch so viele an den Hals wünscht!«

Er hatte sich aber getäuscht. Als er kurze Zeit später in seinen Speicher ging, um sich an den Bergen gelber Körner zu erfreuen, bemerkte er mit nicht geringem Schrecken, daß unzählige kleine schwarze Schatten blitzschnell darüber hinweghuschten. Kalte Wut stieg in ihm hoch, weil er erkennen mußte, daß der Fluch der armen Frau in Erfüllung gegangen war, und es im Getreidespeicher von Mäusen nur so wimmelte. Aber er gab nicht auf. Eilends kaufte er sich einige Katzen und schickte sie in seinem Dachboden auf die Jagd. Sie taten ihr Bestes, aber sie konnten der Mäuse, die sich auf geradezu unheimlich rasche Art und Weise vermehrten, nicht Herr werden. Für eine getötete Maus kamen zehn neue lebendige zum Vorschein.

Mit wachsendem Entsetzen sah der Wucherer, wie seine Getreideberge erst langsam, dann immer schneller zusammenschmolzen. Er verbrachte nun selbst ganze Tage und Nächte auf dem Dachboden. Er feuerte seine Katzen an, schaufelte eigenhändig das ihm noch verbliebene Korn immer wieder und wieder um und versuchte durch wilde Gesten und schrilles Geschrei die Mäuse zu verjagen.

Es war alles umsonst.

Nach kurzer Zeit war das gesamte Getreide, das er gehortet hatte, völlig verdorben, denn was die schrecklichen Nagetiere nicht aufgefressen hatten, das hatten sie mit ihrem Kot verschmutzt und dadurch unbrauchbar gemacht.

Doch noch schlimmer brach die Strafe für seine Unmenschlichkeit über sein Haupt herein. Durch widrige Umstände verlor er auch seinen übrigen Reichtum. Seine Frau verfiel darüber in Trübsinn und starb; und kurze Zeit später mußte er sein einziges Kind zu Grabe tragen. Endlich war er so arm, daß ihm sein Haus am Promenadeplatz genommen wurde. Es sollte zur Versteigerung kommen, damit ein paar seiner vielen Schulden beglichen würden.

Da wollte der Wucherer das Leben nicht länger ertragen, nahm sich einen Strick, stieg ein letztes Mal auf den Dachboden und erhängte sich dort.

Aber auch nach seinem Tod konnte er keinen Frieden finden. In der Gestalt eines riesigen kohlschwarzen Katers trieb er auf dem Speicher des Hauses am Promenadeplatz sein Unwesen. Wie zu seinen Lebzeiten als Mensch, so jagte er jetzt als Geist unentwegt eingebildeten Mäusen nach. Dabei polterte er wild umher, warf alles um, was auf dem Speicher abgestellt war, und zerbrach, was er zerbrechen konnte. Bei diesem nächtlichen Treiben gab er ein so unirdisches, grauenerregendes Miauen von sich, daß es niemand der späteren Bewohner des Hauses wagte, den Speicher nach Anbruch der Dunkelheit zu betreten.

Da wußte sich einer der Bewohner keinen anderen Rat mehr, als einen bekannten Geisterbeschwörer um Hilfe zu bitten. Dieser sollte das unselige Gespenst — wie es damals üblich war — in ein mit Wachs und Draht versiegeltes Gefäß bannen, es ins Erdinger Moor bringen und dort für immer im Sumpf versenken.

Wohl stieg der Beschwörer beherzt in den Speicher hinauf, aber bevor er noch mit seinen magischen Formeln beginnen konnte, stürzte sich der unheimliche Kater mit wild rollenden Augen und unter gräßlichem Wutgekreisch auf seinen Widersacher. Er warf ihn die Treppe hinab und jagte ihm einen solchen Schrecken ein, daß er die Beschwörung ein für alle Mal aufgab und schleunigst das Weite suchte.

Soviel bekannt ist, wurde kein neuerlicher Versuch gewagt, das unbequeme Gespenst zu beseitigen.

Noch um die Mitte des vorigen Jahrhunderts spukte der »Troadkipperer« (Getreideumschaufler), wie die Leute den Geist nannten, in dem Haus am Promenadeplatz, und es kam völlig in Verruf.

## Die Hexenbastei

Bis 1803 stand neben dem Falkenturm in München, in dem die Folterkammern untergebracht waren, und wo die zum Tode Verurteilten auf ihre letzte Stunde warten mußten, der sogenannte Hexenturm. An ihn schloß sich die Hexenbastei an. Dort befand sich früher eine Schildwache, um mögliche Fluchtversuche der Gefangenen zu verhindern.

Kein Soldat aber übernahm diese Aufgabe gerne, denn an der Hexenbastei war es nicht geheuer. Nicht selten geschah es, daß, anstatt der erwarteten Ablösung, der Satan persönlich die Stimme des Kameraden, der ablösen sollte, nachahmte und rief:

»Abgelöst!«

Dem Wachposten aber, der sich dadurch täuschen ließ, spielte der höllische Spuk übel mit. Schlimm zugerichtet und ohne Besinnung, das zerbrochene Gewehr neben sich, so fanden ihn am nächsten Morgen die anderen Soldaten im Stadtgraben. Einige Offiziere, die den Berichten ihrer Leute keinen Glauben schenkten, und glaubten, dieselben wollten sich nur um einen unangenehmen Dienst drücken, standen selbst einmal freiwillig an der Hexenbastei Wache. Am nächsten Morgen aber waren sie eines Besseren belehrt, denn es war ihnen ebenso ergangen wie diesen.

## Die unheimliche Jagd am Hexenturm

Einige Male im Jahr, in besonders dunklen Sturmnächten, fegte am Hexenturm die wilde Jagd vorüber. Begonnen hatte der böse Spuk, als der grausamste Hexeninquisitor Münchens, der Stadtoberrichter Remhofer, Herr zu Vatersheim und Haselbach, aus dem irdischen Dasein abberufen wurde. Er hatte in seinem Hexenwahn viele unschuldige Mädchen und Frauen durch unmenschliche Folterungen gequält, ihnen die unwahrscheinlichsten Geständnisse entrissen und sie dann zum Tode verurteilt, den die so schändlich Gemarterten oft als eine Erlösung begrüßten.

In der Nacht, in der der unbarmherzige Richter zum Sterben kommen sollte, lauerte die wilde Jagd gierig vor seinem Haus. Als er endlich seine verruchte Seele ausgehaucht hatte, stob das teuflische Heer hinein, zerriß den Leichnam in viele Stücke und fuhr dann sausend, unter triumphierendem Geheule, um den Hexenturm. Den Wachen an der Hexenbastei und den Leuten, die in der Nähe wohnten, wurde angst und bange. Sie mußten aber von da an den höllischen Spuk mehrmals im Jahr ertragen.

## Die letzte Hexe von München

Im Jahre 1701 wurde in München das letzte Mädchen als Hexe verurteilt und hingerichtet. Dies geschah am 17. September. Die siebzehnjährige Maria Theresia Kaiser war ein bildhübsches Mädchen aus Pfaffenhofen und diente als Kindsmagd im Hause eines hohen Hofbeamten. Der Schreiber desselben klagte sie, wie es heißt aus verschmähter Liebe, der Hexerei an. Wie nicht anders zu erwarten, gab das unglückliche Mädchen auf der Folterbank alles zu, was immer man auch von ihr zu hören verlangte. Darauf wurde kurzer Prozeß gemacht, und sie wurde zum Tod durch das Schwert verurteilt. Ihr Leib aber sollte verbrannt werden.

Der Sage nach behaupteten die Wächter der jungen Maria Theresia, in der vorletzten Nacht vor ihrer Hinrichtung sei der Teufel selbst, in Gestalt einer riesigen schwarzen Fledermaus, zu seiner Braut in den Kerker geflogen. Sie hätten das Mädchen später völlig entkleidet und ohne Besinnung auf dem Steinboden liegen sehen. Ihr Armsünderhemd sei auf unerklärliche Weise verschwunden gewesen, und niemand hätte es finden können. Der Wächter, der den Kerker als erster betreten hatte, schwor Stein und Bein, er hätte gerade noch eine schwarze Gestalt mit einem weißen Tuch durch das vergitterte Fenster entweichen sehen. Die Eisenstäbe desselben seien teils durchgeschmolzen, teils noch rotglühend gewesen.

Am anderen Morgen wurde eine weitere grausige Entdeckung gemacht. Der Schreiber, der das Mädchen verklagt hatte, war in der gleichen Nacht mit dem Armsünderhemd der Verurteilten erwürgt worden. Da griff die Angst vor der Hexe um sich, und sie wurde ohne weiteren Aufschub enthauptet. Doch in der nächsten Nacht sah der Wachtposten an der Hexenbastei das Mädchen wieder scheinbar lebendig hinter dem Gitterfenster des Kerkers stehen.

Die Knie schlotterten ihm vor Schrecken, dennoch rief er es, wie es seine Pflicht war, laut an. Im nächsten Augenblick aber fuhr eine riesige schwarze Fledermaus aus dem Hexenturm, packte den vor Furcht völlig erstarrten Wächter am Kragen und schleuderte ihn mit unwiderstehlicher Gewalt in den Stadtgraben, wo er bewußtlos liegen blieb.

Von da an tobte das wilde Heer in den dunkelsten Nächten des Jahres ärger als je zuvor um den Hexenturm.

# Aberglaube um die Geburt des Menschen

Kinder waren früher viel mehr als heute erwünscht. Eine Frau, die keine Kinder bekommen konnte, war meist sehr unglücklich darüber. Oft versuchte sie durch Wallfahrten und Gebete, aber auch durch gewisse Tränke und Zaubersprüche, die sie sich heimlich von einer »wissenden« Frau beschaffte, diesem Umstand abzuhelfen.

Vielerlei Aberglaube rankte sich in München um eine werdende Mutter oder um die Geburt eines Kindes:

Eine Frau, die kein Kind bekommen kann, ist »vermeint« (verhext).

Eine zornige, heftige Frau bekommt nicht leicht ein Kind.

Wenn eine Frau ein Gelübde oder ein feierliches Versprechen bricht, bleibt sie unfruchtbar.

Eine werdende Mutter muß immer etwas Geweihtes auf dem Körper tragen, damit sie nicht verhext werden kann.

Eine werdende Mutter darf vor der Geburt keine leere Wiege schaukeln, sonst kann später ihr Kind nicht gut schlafen.

Eine werdende Mutter darf sich keine Toten ansehen, sonst stirbt ihr Kind oder behält seiner Lebtag »Leichenblässe«.

Eine Mutter, die bei der Geburt stirbt, soll wie eine Jungfrau in Kranz und Schleier bestattet werden, weil sie sofort in den Himmel kommt.

Nach der Taufe soll man einem Knaben ein Schwert in die Hand geben, daß er später kein Feigling wird.

Beim Mahl nach der Kindstaufe eines Knaben muß Käse gereicht werden, sonst bekommt der Täufling später keinen Bart.

Man darf einem kleinen Kind die Fingernägel nicht schneiden, man muß sie ihm abbeißen, sonst wird es ein Dieb.

Ein Kind, das von Unbekannten angesprochen oder fest angeschaut wird, kann leicht von ihnen verhext worden sein. Die Mutter muß deshalb sofort zur Seite ausspucken oder das Kreuz über ihr Kind schlagen.

## Hochzeitsaberglaube

Die Braut soll während der kirchlichen Trauung auf keinen Fall umblicken, sonst wird ihr Bräutigam bald sterben, weil sie sich »nach dem Zweiten« umsieht.

Wer von den beiden Brautleuten bei der Trauung dem anderen leicht auf den Fuß tritt, der hat in der Ehe das Sagen.

Die Brautleute müssen während des Segens so nahe nebeneinanderknien, daß keiner zwischen ihnen hindurchschauen kann, dann wird es eine glückliche Ehe.

Derjenige des Brautpaares wird zuerst sterben, dessen Kerze bei der Trauung weiter heruntergebrannt ist.

Wenn man dem »Kammerwagen«, auf dem das Heiratsgut befördert wird, einen Teller nachwirft, und dieser in viele Teile zerspringt, wird die Ehe glücklich sein.

Einen geradezu unheimlichen Aberglauben, der früher in München seine Anhänger hatte, beschreibt Helene Raff:

»Um jede liebende Annäherung der Vermählten aneinander zu hindern, dürfe jemand nur ein Schloß, das er in der Hand halte, während des Segens zuschnappen lassen und dieses Schloß hernach ins Wasser werfen. Auch wer beim Gratulieren die Hände des Brautpaares mit einem Nagel rieb, der am Karfreitag an das heilige Schmerzenskreuz gedrückt ward, sollte die Eintracht beider zerstören; doch versündigte er sich schwer dadurch.«

## Aberglaube um den Tod eines Menschen

In München war besonders folgender Aberglaube beim Tod eines Menschen verbreitet:

Wenn eine Altarkerze in der Kirche ohne ersichtlichen Grund auslöscht, dann stirbt der Priester bald.

Wenn die Turmuhr der Theatinerkirche abläuft, stirbt einer aus dem Herrscherhaus.

Wenn ein Hund im Haus eines Kranken ununterbrochen bellt oder die Raben lange auf dem Dach krächzen, dann wird er nimmer gesund und stirbt bald.

Wenn man den »Totenwurm« (Holzwurm) im Haus klopfen hört, stirbt bald einer.

Wenn einem Gestorbenen ein Bändchen des Totenhemdes in den Mund kommt, so »zieht« er solange daran, bis ihm jemand von der Familie in den Tod folgt.

Einer Leiche mit einem roten Gesicht stirbt bald ein Familienangehöriger nach.

Einem Toten muß man ein Geldstück in den Mund legen, sonst muß er, wenn er zu Lebzeiten einen Schatz versteckt hat, von dem niemand weiß, als Geist umgehen.

Einem Toten soll man nichts ins Grab geben, was einem Lebenden gehört, sonst zieht er den Betreffenden nach kurzer Zeit nach.

Wenn ein Toter die Augen nicht ganz geschlossen hat, schaut er unter den ihn umstehenden Leuten nach dem nächsten Toten aus.

Um ein kleines Kind, das ihr gestorben ist, darf die Mutter nicht viel weinen, sonst trübt sie ihm die himmlische Freude.

Ein Fremder darf nicht in einem Haus essen, in dem ein Toter aufgebahrt ist, denn das bringt Unglück.

Schüsseln, die beim Leichenmahl benutzt wurden, müssen zerschlagen werden, denn wer aus ihnen später ißt, der wird krank.

Friedhofserde, auf entzündete oder geschwollene Glieder gelegt, besitzt große Heilkraft.

## Der Jungfernturm mit der eisernen Jungfrau

Der Jungfernturm, der in der Nähe des heutigen Salvatorplatzes stand, wurde 1493 erbaut und 1804 abgebrochen. Von jeher war das mächtige Bauwerk den Münchnern unheimlich.

Oft hörten die Vorübergehenden hinter den Mauern grauenvolle Schreie, klagendes Weinen oder erschreckendes Kettengerassel. Wen nimmt es da Wunder, wenn das Volk daraufhin düstere Sagen um den Turm rankte?

So wurde behauptet, in seinem Inneren befände sich die eiserne Statue einer Jungfrau. Der zum Tode Verurteilte würde vor sie hingeführt und ihm würde befohlen, sie zu küssen. In dem Augenblick aber, in dem er täte, wozu er gezwungen würde, öffne sich unter seinen Füßen eine versteckte Falltüre, und der Unglückliche stürze in ein unterirdisches Verließ und verschwände dort auf Nimmerwiedersehen.

Andere erzählten, die besagte Statue hätte mit Dolchen gespickte Arme gehabt. Damit hätte sie den Verurteilten unwiderstehlich an sich gedrückt und ihm einen grausamen Tod bereitet.

Auch das Geheime Gericht soll seinen Sitz im Jungfernturm gehabt haben. Vor ihm hatten die Menschen früher besondere Angst, weil es Personen, die der Obrigkeit nicht genehm waren, ohne Rechtsgründe verhaftete und für immer verschwinden ließ — niemand wußte wohin. Sehr häufig kam das unter der Regierung von Kurfürst Karl Theodor vor, als der gefürchtete geheime Rat Lippert im Amt war. Begründet wurde diese Meinung, als im Jahre 1751 wirklich eine Falltüre im Jungfernturm gefunden wurde, die in einen dunklen Raum ohne weitere Öffnung führte. Männer, die an Stricken hinabkletterten, entdeckten dort zwei völlig vermoderte Körper, die ohne weiteres Aufhebens im danebenliegenden Friedhof beerdigt wurden.

Nachts war es am Jungfernturm besonders unheimlich. Dann begegnete einem manchmal ein Geist, der einen dreieckigen Hut und einen Zopf hatte. Er rang immer und immer wieder verzweifelt die Hände, bis er endlich verschwand.

Die Münchner waren froh, als der unheimliche Turm im Jahre 1804 abgerissen wurde.

## Das Gnadenbild aus Tegernsee

Im Jahre 1620 begab sich ein Ehepaar aus München, mit dem Namen Hammerthaler, das im Tal eine Gastwirtschaft besaß, auf eine Wallfahrt zum Kloster Tegernsee. Dort erblickte die Frau eine Muttergottesstatue aus der Spätgotik, die ihr so gut gefiel, daß sie den Abt des Klosters inständig bat, ihr diese zu überlassen. Sie wollte sie in ihrer Hauskapelle zur Verehrung aufstellen. Der Abt willigte ein, gerührt durch ihre Frömmigkeit, und sandte ihr ein wenig später die von ihr so sehr begehrte Andachtsfigur zu.

In dem Augenblick aber, in dem die Tegernseer Madonna über die Schwelle des Hauses getragen wurde, war Frau Hammerthaler, die seit Jahren an starken Schmerzen im Arm litt, der dadurch fast steif und unbrauchbar geworden war, auf wunderbare Weise geheilt.

Dieser Vorfall sprach sich rasch in der ganzen Stadt herum. Viele Gläubige kamen daraufhin mit ihren Sorgen und Anliegen zur »Hammerthaler Muttergottes«. Für den starken Besuchersturm aber war die Kapelle im Haus des Wirtes zu klein. Darum übergab das Ehepaar im Jahre 1624 das Gnadenbild an die Augustinerkirche, wo es am Annenaltar aufgestellt wurde. Nach der Säkularisation 1803 wurde es in die Hl.-Geistkirche gebracht, wo es im Jahre 1924 auf einem der Seitenaltäre seinen Platz fand.

## Das Kruzifix in St. Jakob

Dort, wo heute Ober- und Unteranger sind, war im 12. Jahrhundert eine große freie Wiesenfläche, auf der eine Bildsäule des hl. Jakobus mit dem Pilgerstab stand. Später wurde an deren Stelle eine Kapelle errichtet. Um 1250 wurde die Klosterkirche St. Jakob erbaut, weil die »St. Jakobs-

Kapellen« für die wachsende Zahl der Mönche und der Gläubigen zu klein geworden war. Das schöne Gotteshaus wurde im Jahre 1327 bei dem verheerenden Stadtbrande, der in der Backstube des Angerklosters seinen Anfang genommen hatte, stark beschädigt.

In der St. Jakobskirche befand sich einst ein sehr altes Kreuz mit einer Statue der Schmerzhaften Muttergottes darunter. Die Christusfigur hatte eine ganz ungewöhnliche Körperhaltung. Der Legende nach soll sich der Heiland einst einer frommen Klosterfrau, die in tiefer Andacht vor dem Kreuz gebetet hatte, tröstend zugeneigt haben und dann diese Haltung beibehalten haben. Die Haare der Figur waren echt. Der Sage nach sollen sie immer wieder nachgewachsen sein, wie die Haare eines lebenden Menschen. In einem späteren Jahrhundert, als das Kreuz im Kloster aufgestellt werden sollte, wurde die auffallende Körperhaltung geändert.

## Barbara von Bayern

Herzog Albrecht III. von Bayern hatte eine sehr schöne und kluge Tochter, namens Barbara. Ihr Liebreiz und ihre Tugend waren weit über die Grenzen des Landes hinaus bekannt, so daß der König von Frankreich sie als Braut für seinen Sohn, den Kronprinzen, wünschte. Das fromme Mädchen aber stimmte dieser glanzvollen Hochzeit nicht zu, denn es hatte sich bereits für ein Leben im Kloster entschieden.

Schweren Herzens gab der Herzog dem Wunsch Barbaras nach und erlaubte ihr, bei den Klarissinnen am Anger den Schleier zu nehmen.

Die junge Fürstin, so berichtet die Legende, brachte von all ihren Reichtümern nur ein Majoranstöckchen, einen Käfig mit verschiedenen Vögeln und eine goldene Kette, die ihr einst der Vater geschenkt hatte, mit in das Kloster. Auf allen übrigen Besitz verzichtete sie. Nicht lange danach wurde sie im Alter von achtzehn Jahren bereits ins ewige Leben heimberufen.

Vierzehn Tage vor ihrem Tod verwelkte plötzlich, völlig ohne Grund, der Majoranstock. Am nächsten Tag verstummten die lustigen Vögel im Käfig, ebenso aus unerfindlichen Gründen, für immer. Acht Tage vor ihrem Tod zersprang mit einem Mal die goldene Kette ihres Vaters, die sie immer um den Hals trug. So besaß die Prinzessin nun nichts mehr, was sie mit dem irdischen Leben verband.

Als sie im Jahre 1442 fröhlichen Herzens in die Ewigkeit hinübergegangen war, ereigneten sich abermals seltsame Dinge.

Genau vierzehn Tage nach ihrem Hinscheiden folgte ihr eine Ordensschwester, die auch Barbara hieß, in das ewige Leben, vierzehn weitere Tage später eine zweite und jeweils im Abstand von vierzehn Tagen wieder und wieder eine, bis ihr endlich zwanzig Nonnen des Klosters in den Himmel nachgekommen waren. Niemals zuvor war so etwas geschehen, und alle Welt wurde mit Staunen erfüllt.

Als im Jahre 1642 der Grabstein Barbaras, die in der St. Jakobskirche am Anger begraben worden war, ein wenig zur Seite gerückt wurde, strömte, so wird berichtet, ein »angenehm himmlischer Geruch« aus der Gruft, so daß alle Leute, die Zeugen des Vorfalles waren, sich aufs Höchste verwunderten.

# Das Bild: Salva Guardia

Das Ridlerkloster — von Heinrich Ridler 1295 als Seelhaus gestiftet — lag an der Schwabinger Straße. Im Jahre 1483 wurde es von den Franziskanerinnen übernommen. Während des Dreißigjährigen Krieges gerieten die frommen Frauen dort in große Angst, als sich herausstellte, daß München von den Schweden besetzt werden würde.

Es war schon so viel über die Soldaten des fremden Heeres, über ihre bestialische Grausamkeit und über ihre schrecklichen Greueltaten aller Art in München bekannt geworden.

Um die Nonnen zu beruhigen, schickte ihnen der Prior der Unbeschuhten Karmeliter ein Bildnis der Gottesmutter mit dem Jesuskind und riet ihnen, sich unter den Schutz der gütigen Himmelskönigin zu stellen.

Die Schwestern des Ridlerklosters nahmen das Bild voll Dankbarkeit an und taten, wie ihnen empfohlen worden war. Sie blieben auch tatsächlich von den Schweden völlig verschont, obwohl ihr Kloster so nahe bei dem Hauptquartier von Gustav Adolf lag. Darum genoß das Bild, das »Salva Guardia« genannt wurde, lange Zeit in München große Verehrung.

»Salva Guardia« ist ein Ausdruck der Militärsprache des 17. Jahrhunderts und bedeutet etwa das gleiche wie 1945 »Off Limits« schreibt Peter Steiner in seinem Buch Altmünchner Gnadenstätten.

Heute erhebt sich an Stelle des Ridlerklosters, das seit 1782 nicht mehr besteht, der Königsbau der Residenz mit den Nibelungensälen.

## Die Muttergottes in Herzogspital

In der Herzogspitalkirche befand sich ein großes und schönes Kreuz, das 1651 von Tobias Bader geschnitzt worden war. Darunter stand ein Bildnis der Schmerzhaften Muttergottes. Am 21. Januar 1690 beobachtete die zehnjährige Maria Franziska Johanna Schott, daß die Madonna während eines Liedes, das ihr zu Ehren gesungen wurde, die Augen bewegte und liebevoll zu den Leuten in der Kirche umherblickte. Viele andere Menschen machten, von dem Kind auf den Vorfall aufmerksam gemacht, die gleiche Wahrnehmung.

Daraufhin wurde die Kirche in der Herzogspitalgasse von Gläubigen, die von der wunderbaren Augenwende gehört hatten, geradezu gestürmt, und sie wurde der bedeutendste Wallfahrtsort Münchens.

Als Kurfürst Max Joseph II., ein großer Marienverehrer, auf dem Totenbett lag, wollte er ein letztes Mal die Madonna von Herzogspital sehen. Man brachte die Statue in den Palast, und der Sterbende betete inbrünstig davor. In dem Augenblick aber, als sie wieder auf ihren Platz in der Kirche zurückgestellt wurde, ging der Kurfürst in die Ewigkeit ein. Das Gnadenbild ist heute noch in der nach der Zerstörung im 2. Weltkrieg wiederaufgebauten Kirche.

## Die Hungerglocke von St. Kajetan

In den Jahren 1663—1675 wurden Kirche und Kloster des heiligen Kajetan in München erbaut. Der Kurfürst

Ferdinand Maria holte die ersten Theatinermönche für das neue Gotteshaus nach München, obwohl die frommen Ordensleute dagegen waren, weil sie den prunkvollen Bau als nicht zu ihrer Ordensregel passend fanden, die sie zu strenger Armut verpflichtete. In dem Kloster wurde die sogenannte Hungerglocke eingerichtet. Was es mit ihr für eine Bewandtnis hatte, erzählte uns Franz Trautmann im vorigen Jahrhundert:

»Wie ihr wißt, berief der Kurfürst Ferdinand Maria die Theatiner-Mönche nach München. Diese hatten zur sonderlichen Verordnung, daß sie von Almosen leben sollten, sie durften aber zugleich nicht etwa betteln, sondern mußten warten, bis ihnen durch des Himmels Fügung Nahrung zufließe, und nur falls diese Nahrung gar zu lange ausbliebe und fruchtlos drei Tage verflössen, waren sie berechtigt, eine gewisse Glocke zu ziehen und die Welt draußen auf ihren üblen Zustand aufmerksam zu machen.

Das war sicher nicht mehr als gerecht und billig; denn gar nichts mehr zu haben, geht bei aller Enthaltsamkeit denn doch ein wenig zu weit.

Wie fest nun die Theatiner entschlossen waren, ihre Armut zu bewahren, so sicher verließen sie sich für den Fall der Not auf die eigens gegossene Hungerglocke, hatten jedoch von Anfang bis lange Zeit hinaus keine Ursache, sich derselben zu bedienen, weil der fürstliche Stifter des Klosters und seine Nachfolger dafür sorgten, daß ihnen stets das Notwendigste zukam.

Das ward zu einer solchen Gewohnheit, daß die anderen Leute zu München minder und minder daran dachten, sich gleichfalls mildtätig zu beweisen, weil sie dachten, die frommen Theatiner hätten insoweit doch zu leben.

Wie nun das so war und sich kein Mensch böser Dinge versah, hörte man im Jahre 1727 am St. Peterstag mit einemmal eine Glocke, die man noch nie gehört hatte, und die läutete nicht etwa so lange wie andere Glocken, sondern sie kam fast gar nicht mehr zu Ende.

Da gab es also kein kleines Zusammenstehen und Gered, bis man darauf kam, daß das ganze heftige und helle Geläute von der Kajetaner Hungerglocke herrührte, und als es endlich doch nachließ und es dann nur noch ein paarmal anschlug, glaubten einige, es sei dem Laienbruder Glöckner etwa gar schon die letzte Kraft ausgegangen, so daß er nicht einmal mehr recht am Glockenstrang ziehen könne.

Auf dies hin machte sich jedermann auf und beeilte sich, den Theatinern Hilfe zu bringen; gab es also in kurzem Brot, Hühner, Früchte, Kälbernes und Fische, Gerstensaft, und was sonst den Durst stillt, in Menge — weil Holz zum Kochen gehört, ermangelte es an derlei Beisteuer auch nicht, — die Kurfürstliche Hofküche tat es ohnedies allen andern zuvor, und so wurden die Theatiner nicht nur augenblicklich aus ihrer desperaten Lage gerettet, sondern sie konnten sich für ein paar Wochen sichern, was sie mit Dank anerkannten.«

So weit Franz Trautmann. Fünfzehn Jahre später mußten die Mönche die Hungerglocke noch einmal läuten, dann aber nie wieder.

## Die Gründung der Dreifaltigkeitskirche

Auf einer Marmortafel in der Dreifaltigkeitskirche steht der Spruch: »Die Stadt läg in dem Grund,
Wann diese Kirch nit stund.«

Die Gründung der Dreifaltigkeitskirche geht auf ein Gelübde der Münchner zurück. Als im Jahre 1704 die Schlacht am Schellenberg verloren gegangen war, und die Österreicher nach München vorrückten, herrschte in der Stadt Angst und Schrecken. Viele wollten fliehen, weil sie Raub, Mord und Brand fürchteten.

Da erhob ein frommes Mädchen, das seit seiner frühen Jugend Visionen gehabt hatte, es war Maria Anna Lindmayr, seine Stimme und beruhigte die verängstigten Menschen. Sie behauptete, der Stadt würde nichts Schlimmes geschehen und sie würde nicht von den Feinden zerstört werden, wenn die Bürger gelobten, eine Kirche für die Hl. Dreifaltigkeit zu errichten.

Diese Weissagung war bald in ganz München bekannt. Alle drei Stände, die Geistlichkeit, der Adel und die Bürgerschaft legten ein Gelübde ab, in dem der Bau der Kirche versprochen wurde. In einem feierlichen Gottesdienst in der Frauenkirche wurde dieses Versprechen vorgelesen. Sieben Jahre später, die Stadt war wirklich nicht zerstört worden, wurde mit dem Bau der Kirche begonnen, 1718 wurde sie eingeweiht.

## Die Sendlinger Mordweihnacht

Die alte Sendlinger Kirche und der Friedhof darum waren der Schauplatz eines fürchterlichen Massakers an bayerischen Bauern, das unter dem Namen, »Sendlinger Mordweihnacht« in die Geschichte der Stadt einging.

Im Jahre 1705, als München von den Österreichern besetzt gehalten wurde, verlangten diese die Rekrutierung von zwölftausend jungen Bayern. Sie sollten ihre Heimat verlassen und für die Besatzungsmacht in Italien und Ungarn kämpfen.

Voll Empörung über diesen Befehl erhoben sich die Bauern des bayerischen Oberlandes zum Widerstand. Sie bewaffneten sich mit Äxten, Keulen und Sensen und zogen gegen das besetzte München. Es waren etwa fünftausend Männer, vorwiegend aus Lenggries, Tölz, Kochel, der Jachenau und Miesbach. Dieses so ungenügend bewaffnete, aber mit wahrem Löwenmut ausgestattete Heer wurde von dem Schmiedbaltes aus Kochel, einem Hünen von sagenhafter Stärke, angeführt. Gemeinsam mit zahlreichen Münchner Bürgern, die sich heimlich mit ihnen verbündet hatten, wollten die Oberländer die Österreicher überrumpeln, sie aus der Hauptstadt vertreiben und so das geliebte Bayernland aus der Hand der Feinde befreien.

Der Plan aber wurde verraten. Die Österreicher entwaffneten und verhafteten die Münchner Verschwörer, ohne daß einer von ihnen die Möglichkeit gehabt hatte, das Bayernheer vor der Stadt zu warnen. Inzwischen hatten die Oberländer das Sendlinger Tor erreicht und begehrten Einlaß. Doch anstatt der Freunde, öffneten ihnen Trencksche Panduren, kreisten die völlig überraschten Bayern ein und begannen, sie erbarmungslos niederzumetzeln.

Mit verzweifelter Tapferkeit kämpften die Bauern gegen die Übermacht der Feinde und fielen doch Mann für Mann. Der bärenstarke Schmied von Kochel hielt mit seiner eisenbenagelten Keule zwar furchtbare Ernte unter den Panduren, aber er konnte das Unheil nicht aufhalten.

»Hier laßt uns enden!«

Diesen legendären Satz soll er seinen wenigen noch lebenden Kampfgefährten zugerufen haben, als er sich mit ihnen, die aussichtslose Lage erkennend, auf dem Sendlinger Friedhof verschanzt hatte. Als letzter von dem gesamten Bayernheer soll er dort bei der Kirche den Heldentod gefunden haben.

Die Anführer der an der Verschwörung beteiligten Münchner Bürger, allen voran der bekannte und beliebte Weinwirt Jäger, wurden kurz nach dem entsetzlichen Massaker hingerichtet. Ganz München weinte um seine edlen Bürger und um die tapferen Oberländer, die umsonst ihr Blut vergossen hatten. 3500 Bauern sind bei dem furchtbaren Geschehen am 24. 12. 1705 ums Leben gekommen.

Bis auf den heutigen Tag aber ist die Erinnerung an die todesmutigen Oberländer, die München hatten befreien wollen, überall in Bayern lebendig. An vielen Orten wurden zum Gedenken Bilder oder Statuen des Schmiedes von Kochel, symbolhaft für alle an der Schlacht beteiligten Bauern, aufgestellt. In der alten Sendlinger Dorfkirche mahnt ein großes Gemälde von Lindenschmit an dieses schreckliche Ereignis. Die Namen der Gefallenen sind dort aufgeführt.

Alle fünf Jahre ziehen die Tölzer Schützen zu einer Kapelle, die im Jahre 1715 erbaut worden war, als die Feinde endlich aus dem Land vertrieben worden waren. Sie gemahnt noch heute an unsere tapferen Bauern, die für die Freiheit Bayerns ihr Leben lassen mußten. Auch beim jährlichen Trachtenzug in München, der am 1. Oktoberfestsonntag stattfindet, geht immer ein Oberländer mit, der als Schmied von Kochel verkleidet ist.

*Sendlinger Bauernschlacht nach dem Fresko von Lindenschmit*

# Der schwarze Pudel in der Residenz

Um Mitternacht geht in der Residenz ein gräßliches Gespenst um. Es hat die Gestalt eines riesenhaften schwarzen Pudels. Seine Augen sind groß und glühend, wie Kohlen im Feuer, und aus seinem weit aufgerissenen Maule schlägt helle sengende Glut heraus.

Über diesen Geist erzählt man sich folgende Geschichte:

Zur Zeit der Besetzung Münchens durch die Österreicher geschah es, daß ein habgieriger Diener das Versteck der Schätze des Kurfürsten an die Feinde verriet. Sie belohnten ihn zwar reich dafür, aber er konnte sich des auf so niedrige Weise erworbenen Geldes nicht lange erfreuen. Sein Verrat kam durch einen Zufall ans Tageslicht. In einer geheimen Verhandlung verurteilten die Getreuen des Kurfürsten den Verräter, weil es wegen der Wirren der damaligen Zeit öffentlich nicht möglich war, und richteten ihn hin. Doch auch nach seinem Tode konnte er keine Ruhe finden.

Seither geht er in der Residenz um. Es heißt, daß er das Gold, das er für seinen Verrat erhalten hatte, im Jenseits habe geschmolzen fressen müssen. Dies sei der Grund für das Feuer, das ihm unentwegt aus dem Maule schlage.

Jeder, der dem schwarzen Pudel begegnet ist, wurde von einer entsetzlichen Furcht erfaßt und hat schleunigst das Weite gesucht, denn das Gespenst ist bösartig und ausgesprochen menschenfeindlich gesinnt. Darum kann man jeden Vorwitzigen nur warnen, der die Räume der Residenz um Mitternacht betreten will.

## Der Geist der Kurfürstin in der Maxburg

An einem kalten Winterabend stand vor der Herzog-Max-Burg, die nach dem zweiten Sohn des Kurfürsten Max I., nach dem Prinzen Max Philipp, benannt war, ein junger Soldat auf Wache. Tapfer kämpfte er gegen Kälte und Müdigkeit an, als er plötzlich eine Frauengestalt lautlos vorüberwandeln sah. Befehlsgemäß rief er sie an. Da wandte sie sich um, und er erkannte in ihr zu seinem Entsetzen die Kurfürstin Marianne, die Gemahlin Max I., die schon lange tot und begraben war.

»Gott steh' mir bei!« stammelte er totenbleich, vergaß seine Pflicht und dachte nur noch an seine Rettung. In der Angst, die ihn gepackt hatte, lief er blindlings hinaus in den Schloßhof. Doch der Schrecken war zu groß gewesen, es schwanden ihm die Sinne und er brach dort ohnmächtig zusammen.

In dieser Nacht schneite es sehr viel. Sanft fielen die Flocken auf den Liegenden, bis er endlich ganz zugedeckt war.

Am nächsten Morgen, als er abgelöst werden sollte, vermißten ihn seine Kameraden. Sie machten sich auf die Suche nach ihm, und als sie ihn endlich fanden, mußten sie ihn förmlich aus dem Schnee ausgraben. Er gab noch schwache Lebenszeichen von sich. Da brachten sie ihn in eine warme Stube, rieben ihn ab, bis wieder etwas Bewegung in seine erstarrten Glieder kam, und flößten ihm vorsichtig ein wenig von einem heißen Getränk ein.

»Was ist geschehen? Warum hast du deinen Posten verlassen?« forschten sie dann verwundert, als er wieder in der Lage war, zu sprechen.

»Ich bin der toten Kurfürstin begegnet«, erklärte er, noch immer von Grauen geschüttelt, und erzählte ihnen, was sich zugetragen hatte.

Trotz des Schreckens und der Nacht im Schnee überstand der junge Soldat das Abenteuer gut und trug keinen Schaden für sein ferneres Leben davon. Die tote Kurfürstin aber wurde noch oft gesehen, wie sie lautlos und gespenstisch durch die Gemächer des Schlosses glitt, das sie einst bewohnt hatte. Doch galt sie als gutmütiger und freundlicher Geist, denn niemals fügte sie einem Menschen Böses zu.

## Die Entstehung der Asamkirche

Zwei große Felsbrocken am Eingangsportal der St. Johann-Nepomuk-Kirche in der Sendlinger Straße erinnern an das Gelübde, demzufolge die Erbauer und Stifter der

Kirche, die Brüder Egid Quirin und Cosmas Damian Asam, das Gotteshaus erbauten. Sie versinnbildlichen die Felsklippen an der Donau, an denen einer der beiden Künstler nur durch die Hilfe des hl. Nepomuk aus großer Gefahr entkam. Die Geschichte soll sich so zugetragen haben:

Es war im Jahre 1729. Egid Quirin Asam hatte zusammen mit seinem Bruder Cosmas Damian in langer, mühevoller Arbeit den Kirchenschmuck für Kloster Weltenburg geschaffen. Nun befand er sich auf einem Schiff, um die Schätze die Donau hinunter nach Weltenburg zu bringen. Plötzlich kam ein starker Sturm auf. Das schwerbeladene Schiff schlingerte hilflos auf den wilden Wellen des Stromes. Dabei wurde es gefährlich nahe an die steilen, felsigen Uferwände geschleudert.

Egid Asam und seine Helfer zitterten sowohl um die wertvolle Fracht, als auch um ihr eigenes Leben. Als der Sturm an Macht immer noch zunahm, und bald keine Aussicht auf Rettung mehr bestand, erinnerte sich Egid an den hl. Johann Nepomuk, der als Helfer in Wassersnöten gilt. Dieser Heilige wurde nämlich im 14. Jahrhundert von König Wenzel ungerecht verurteilt und in der Moldau von dessen Leuten ertrankt, weil er das Beichtgeheimnis der Königin nicht preisgegeben hatte. Er war erst kürzlich heiliggesprochen worden und darum dem Künstler in guter Erinnerung.

»Heiliger Nepomuk, hilf uns in unseren Nöten!«

Der Heilige erhorte ihr Flehen. Der Sturm ließ mit einem Mal nach, und das Schiff erreichte, ohne Schaden genommen zu haben,mit seiner wertvollen Fracht Kloster Weltenburg.

Als Egid seinem Bruder von dem Geschehen erzählte, beschlossen sie miteinander, dem Heiligen aus Dankbarkeit eine Kirche zu bauen. Die Kunde von der wunderbaren Rettung und von dem Gelübde der Brüder verbreitete sich rasch in ganz München. Zahlreiche fromme Bürger der Stadt freuten sich über ihren Entschluß und unterstützten den Bau, so daß er größer und schöner ausfallen konnte, als vorgesehen.

Im Jahre 1733, nachdem die Brüder Asam zwei Häuser in der Sendlinger Straße gekauft und abgerissen hatten, wurde der Grundstein zur Johann-Nepomuk-Kirche und dem anschließenden Pfarrhaus gelegt. Cosmas Damian starb noch während des Innenausbaues im Jahre 1739, und nur Egid erlebte die feierliche Einweihung des großartigen Werkes ihm Jahre 1746.

## Der beleidigte Künster

Cosmas Damian Asam, der gottbegnadete Künstler, malte einst an dem Deckengemälde der von ihm und seinem Bruder gestifteten Asamkirche. Ganz allein saß er auf dem Gerüst — etwas verborgen von den Farbtiegeln und anderem Gerät — und war ganz vertieft in die Lebens- und Leidensgeschichte des Johann-Nepomuk, den er und sein Bruder zum Kirchenpatron gewählt hatten.

Da kam ein Hofstallbediensteter in Begleitung eines anderen Mannes herein. Er bemerkte den Meister, der so still oben auf dem Gerüst saß, nicht. Darum bekrittelte er unsachlich, aber ohne sich ein Blatt vor den Mund zu nehmen, alle Malereien. Er erklärte großspurig, was er alles besser gemacht hätte, und ließ nur wenig Gutes an dem Werk der beiden Brüder.

Mit wachsendem Ingrimm hörte Cosmas die herbe, ungerechte Kritik.

»Mein lieber Herr«, rief er, als es ihm endlich zuviel wurde, zu dem völlig verdutzten und verlegenen Mann hinunter, »für Eure wohlmeinenden Worte, die ihr der Arbeit meines Bruders und meiner gezollt habt, werde ich Euch zum Dank verewigen!«

Das ist der Grund, warum auf dem Deckengemälde der Kirche jener Hofstallbedienstete in einer für ihn keineswegs schmeichelhaften Darstellung zu sehen ist.

## Der Brautschmuck an der Monstranz

Nicht lange nach der Fertigstellung der Johann-Nepomuk-Kirche wollten zwei junge Menschen, die in der Sendlinger Straße wohnten, sich dort das Ja-Wort fürs Leben geben. Sie hatten einander von Herzen lieb, stammten beide aus angesehenen Bürgerhäusern und paßten in jeder Hinsicht gut zusammen. Es wurde eine prachtvolle Hochzeit vorbereitet. Am Vorabend des großen Festes gingen der junge Bursche und das Mädchen — wie es damals der Brauch war — gemeinsam in der Asamkirche zur hl. Kommunion. Dann trennten sie sich ein letztes Mal, denn vom nächsten Tag an wollten sie ja für immer beisammen bleiben.

Als der junge Mann nach Hause kam, wurden dort gerade noch einige Fässer für die Hochzeitsfeier in den Keller geschafft. Sogleich langte der fleißige Bursche zu und half mit. Plötzlich riß ein Seil, das schwere Faß daran stürzte herunter und erdrückte den jungen Mann, der unglücklicherweise genau darunterstand.

Als die Braut von dem schrecklichen Tod ihres Verlobten erfuhr, brach sie zusammen und war viele Tage lang nicht ansprechbar. Sie verlor jegliche Freude am Leben. Eines Morgens nahm sie ihren wertvollen goldenen Brautschmuck, den sie nie mehr tragen wollte, und schenkte ihn der Johann-Nepomuk-Kirche, weil sie dort ihren Liebsten zum letzten Mal lebend gesehen hatte. Kurz darauf wurde sie krank, und weil ihr der Lebenswille fehlte, konnte sie sich nicht mehr erholen und starb.

Der Schmuck der jungen Braut aber war die erste Gabe zu einer wertvollen Monstranz, die dem Kirchenschatz der Asamkirche gehört. Sie besteht ganz aus dem Geschmeide, das fromme Leute im Laufe der Zeit stifteten, und ist wundervoll gearbeitet. Als die Monstranz in der Säkularisation beschlagnahmt wurde und eingeschmolzen werden sollte, schlossen sich die Bürger der Pfarrei um die Asamkirche zusammen und lösten sie mit ihrem eigenen Geld wieder aus. So blieb dieses Kleinod — Dank der Münchner Bürger — der Nachwelt erhalten.

## Die kranke Prinzessin

Schon bald bildeten sich Legenden um die Asamkirche. So soll einmal die Kaiserin Amalie dort wundertätige Hilfe erfahren haben. Ihre Tochter Maria Antonia lag auf den Tod krank. Man wußte keine Hilfe mehr für die Prinzessin. Da eilte die verzweifelte Mutter in die Asamkirche, in der sie besonders gerne betete, und flehte dort stundenlang ohne Unterbrechung um das Leben ihres Kindes.

Noch während sie in der Kirche kniete, brachte man ihr die Nachricht, daß es ihrem Töchterchen mit einem Mal besser gehe, und daß es gerettet werden könnte.

Nicht lange nachher war die kleine Prinzessin wieder ganz gesund.

## Der unglückliche Kaiser

Kaiser Karl Albrecht, im Volksmund bezeichnenderweise »der Unglückliche« genannt, starb am 20. Januar 1745 mit den Worten:

»Meine armen Kinder, mein armes Land, verzeiht Eurem armen Vater.«

Er hatte ein an Schicksalsschlägen reiches Leben hinter sich. Nach einer harten Jugend in österreichischer Gefangenschaft kehrte er nach München zurück. In seinen ersten Regierungsjahren, als er noch Kurfürst war, brannte seine Residenz nieder. Dabei wurden unschätzbare Kunstwerke ein Raub der Flammen.

Er wurde später zum römischen Kaiser gewählt, um den Krieg gegen die Heere Maria Theresias zu führen. Mit der Kaiserkrone aber hatte der bereits von einer unheilbaren Krankheit gezeichnete Fürst eine schwere Bürde übernommen. Seine einstigen Bundesgenossen wandten sich, einer nach dem anderen, von ihm ab. Vom Kriegsglück gänzlich verlassen, konnte er nicht verhindern, daß 1742 die feindlichen Panduren in München einfielen und unter anderen Greueltaten im Lehel vierzig Häuser niederbrannten und die Bevölkerung, sogar kleinste Kinder, auf unvorstellbar grausame Weise hinmordeten.

LAUDATE

Schwermütig, wie er war, ahnte der Kaiser sein Ende voraus. Es wird erzählt, daß ihm kurz zuvor seine verstorbene Lieblingstochter Benedikte im Traume erschienen sei und ihm den Tod und damit die Erlösung von seinem Unglück und seiner Krankheit angekündigt habe.

Karl Albrecht soll, der Sage nach, im Grab keine Ruhe gefunden haben und als Geist im Angerkloster erschienen sein. Dort war seine Schwester Maria Karolina Äbtissin. Vielleicht wollte er seine Schwester zu sich in die Ewigkeit rufen, denn kurz nach dem Erscheinen ihres Bruders starb die fromme Frau. Dieser Sachverhalt wird angeblich in einem Schreiben bestätigt, das die Witwe des Kaisers, die Kaiserin Amalie, im Jahre 1750 an ihre Tochter sandte.

Danach hat Karl Albrecht, der Unglückliche, aber wohl endlich Ruhe gefunden, denn es hat ihn niemals mehr jemand umgehen sehen.

## Der Poltergeist im Angerkloster

Es ist schon etwa 200 Jahre her, da erschreckte ein Poltergeist im damaligen Angerkloster den Herrn Schaffner und den Kellerer des Hauses.

Um 10 Uhr abends, die Geisterstunde war noch lange nicht angebrochen, da weckte der Kellerer schreckensbleich den Herrn Schaffner und bat:

»Kommt bitte mit mir zur Küche, da ist es nicht geheuer!«

Etwas schlaftrunken erhob sich dieser und folgte dem Kellerer zu dem genannten Raum, der abgesperrt war. Nun vernahm auch er, was den Kellerer so aus der Fassung gebracht hatte. Es polterte und rumorte darin herum, daß einem angst und bange werden konnte. Immer wieder hörten die beiden Männer, wie der Gewichtbrater aufgewunden und dann losgelassen wurde, so daß es einen ohrenbetäubenden Lärm gab, wenn er aufschlug. Gleichzeitig erklang jedesmal die Glocke an der Haustüre. Bis um 1 Uhr in der Nacht dauerte der unheimliche Spuk an.

Die beiden Männer standen wie angewachsen vor der Türe und wagten nicht, sie zu öffnen. Auch dachten sie in ihrer Angst nicht daran, die Ordensgeistlichen zu Hilfe zu rufen und mit ihnen zusammen dem Geheimnis auf den Grund zu gehen.

Obwohl der Poltergeist später nie mehr im Angerklosterhaus gehört wurde, schworen die beiden Stein und Bein, daß sich alles genauso zugetragen hätte, wie sie gesagt hatten.

## Der verschwundene Freiherr

Ende des 18. Jahrhunderts beschäftigte ein seltsamer Kriminalfall die Münchner. Der Freiherr Franz von Unertl, ein Hauptmann des churbayerischen Leibregiments, war nach einem Urlaub, den er bei seiner erkrankten Mutter in München verbracht hatte, nicht mehr zu seinem Regiment nach Burghausen zurückgekehrt. Auch seine Familie meldete ihn als vermißt.

Er war am Morgen des 18.4.1798 von der Wohnung seiner Mutter zu einem Spaziergang durch den Englischen Garten aufgebrochen. Anschließend wollte er ein Bad nehmen und bis Mittag zurückkehren. Von dem Zeitpunkt an, an dem er die Wohnung verließ, wurde er nie mehr gesehen.

Wohl stellten sein Regiment und seine Familie eingehende Nachforschungen über seinen Verbleib an, aber es war umsonst. Er war und blieb verschwunden, spurlos, als hätte ihn der Erdboden verschluckt.

Dieser Tatbestand gab zu allerlei Gerüchten Anlaß. Man munkelte, er sei vielleicht beim Baden verunglückt oder wegen seiner hohen Schulden desertiert. Besonders hartnäckig jedoch wurde von manchen die Ansicht vertreten, der Freiherr sei auf allerhöchsten Befehl des Kurfürsten von dem »heimlichen Gericht« verhaftet und in einem unterirdischen Verließ hingerichtet worden. Aus welchem Grund der Herrscher Unertl aus dem Weg haben wollte, das wußte aber keiner zu sagen.

Die letzte Version hielt auch Herr Joseph Alois von Paur, ein Zeitgenosse Unertls, für die richtige. In seinen Lebenserinnerungen behauptet er:

»Nach vielen, vielen Jahren, als ich schon in München als alter Pensionär lebte, wurde (1831) ein unterirdischer Gang zwischen dem ehemaligen Jesuitenkolleg und dem früheren Augustinerkloster aufgerissen, um eingefüllt zu werden. Dabei kam auch der Saal des heimlichen Gerichtes zur Freilegung. Es war ein ziemliches Geviert, rechts, etliche Stufen erhöht, ein länglicher Tisch mit drei Richterstühlen: für Verteidiger oder Protokollführer war kein Platz vorgesehen. An der gegenüberliegenden Wand verdeckte ein rotwollener Vorhang eine Nische, darin der Richtblock stand und dareingehackt das breite Richtbeil. Man mochte nicht viel Umstände mit den Verurteilten gemacht haben.

Zufällig kam ich des Weges, und ein Blick in die Tiefe machte mich schaudern. Währenddem waren die Arbeiter dabei, alles, was sich in diesen unterirdischen Gängen und Räumen befand, mit Schaufeln herauszuwerfen. Kleider,

Waffen, Schmuckstücke, Menschenknochen, eine ganze Menge kleiner Kindergerippe. Mir gerade vor die Füße fiel eine alte, halbverwitterte, silberbeschlagene Degenkoppel, auf der kleinen Platte der Innenseite der Name graviert: Hauptmann Frh. v. Unertl.«

Die Erzählungen Herrn von Paurs kann aber nicht als sicherer Beweis für eine geheime Hinrichtung gelten, und somit blieb das Rätsel um Unertl bis auf den heutigen Tag ungelöst.

## Das Gregorifest

Am Fest des Papstes Gregor — also am 12. März — wurde früher in den Münchner Schulen eine ausgelassene Feier veranstaltet. Für diesen Tag, der gleichzeitig den Abschluß des winterlichen Schulunterrichts bildete, wählten die Kinder schon lange vorher drei Knaben aus ihrer Mitte aus. Diese durften einen Bischof und zwei Priester als dessen Helfer darstellen. Die anderen Buben verkleideten sich am Gregorifest nach Art der verschiedenen Berufe und Stände. So gingen einige von ihnen als Richter, andere als Ärzte, als Bäcker, als Advokaten, als Lehrer, als Schreiner und so weiter.

Die maskierten Kinder zogen von der Schule zur Kirche, wo ein Gottesdienst stattfand. Anschließend daran hielt der »kleine Bischof« eine lustige Predigt. Nach der Messe veranstalteten die Schüler einen Umzug durch die Stadt. Voraus ging der »Bischof«, der als Zeichen seiner Würde anstatt des Krummstabes eine Stange trug, die mit einer Breze gekrönt war. Von den Bürgern, die ihnen begegneten, sowie von den Geschäftsleuten, an deren Läden sie vorüberzogen, erhielten sie allerlei Süßigkeiten, Kuchen und andere Leckereien geschenkt.

Bis zum Ende des 18. Jahrhunderts wurde dieser Brauch — zur Freude der Kinder — in München gefeiert. Dann wurde er als »nicht mehr zeitgemäß« abgeschafft.

## Die Kugel in der Peterskirche

Die kleine Wieskapelle auf dem Petersberg ist, laut Sage, die älteste Kirche Münchens, die schon lange vor der Gründung der Stadt stand. Sie war aber bald zu klein für die wachsende Gemeinde, und wurde 1294 durch einen gotischen Neubau erweitert.

Die Peterskirche wurde bei dem Stadtbrand 1327 sehr stark in Mitleidenschaft gezogen und wurde daher 1368 wieder neu aufgebaut. Die beiden gotischen Türme, die etwas später errichtet worden waren, brannten gänzlich nieder, als im Jahre 1607 der zum Markt hin gelegene Turm vom Blitz getroffen wurde. Der neue Turm, so wie wir ihn heute kennen, wurde anschließend von den Münchnern unter großen Opfern aufgebaut.

Die Peterskirche überdauerte im Laufe der Jahrhunderte auch viele Kriege und manche Besatzungen durch fremde Mächte. Im Jahre 1796 aber, als die französischen Revolutionstruppen das geschlagene österreichische Heer bis hinein ins Bayernland verfolgten, und München zwischen die feindlichen Lager geriet, blieb auch dieses alte Gotteshaus nicht ganz unverschont.

Bei der schrecklichen Kanonade am 8. September des

Jahres, am Fest Mariä Geburt, bei der viele Gebäude der Stadt in Brand geschossen und zerstört wurden, schlug eine verirrte Kugel in die Peterskirche ein, wo — anläßlich des hohen Kirchenfestes — gerade ein feierlicher Gottesdienst abgehalten wurde.

In wildem Schrecken stürzten die Gläubigen aus dem Gotteshaus und versuchten, sich in den Kellern der umliegenden Häuser in Sicherheit zu bringen. Glücklicherweise war niemand von dem Geschoß verletzt worden.

In all dem Wirbel und der Aufregung, so wird berichtet, behielten allein der zelebrierende Priester, Dechant Krumpf, und seine Ministranten kaltes Blut. In unerschütterlicher Ruhe, so, als wäre nichts geschehen und als hätte er noch immer die fromme Gemeinde hinter sich, feierte er mit den tapferen Buben, die sich ebensowenig wie er beirren ließen, das Meßopfer zu Ende.

Dieser Mut beeindruckte die Münchner damals so sehr, daß die Geschichte bis auf den heutigen Tag überliefert wurde.

## Die Gnadenbilder von St. Peter

Die Peterskirche hat zwei sehr berühmte Gnadenbilder. Eines davon ist das Seitenaltarbild, das die Beweinung Christi zeigt. Es wurde um 1640 von dem Hofmaler Johann de Pay gemalt, nach einem Vorbild von Antonis van Dyck. Der Legende nach soll die Schmerzhafte Muttergottes, die darauf dargestellt ist, im Jahre 1783 die Augen bewegt haben.

Das Maria-Hilf-Bild, das andere Gnadenbild, hatte eine

Brauerswitwe aus München, ihr Name ist Barbara Ostermeier, 1653 von Karl Loth malen lassen und der Kirche St.Peter geschenkt.

Im Jahre 1683, als Kurfürst Max Emanuel gegen die Türken kämpfte, wurde vor dem Bild eine dreißigtägige Andacht für einen glücklichen Ausgang des Krieges, gehalten. Als der Kurfürst heil und siegreich heimkehrte, stiftete er zum Dank für das Gnadenbild zwei Silberampeln und die Fahnen der Türken, die er bei Budapest erobert hatte.

## Die Papstkrönung von München

Ein alter Brauch wird beim Tode eines Papstes und bei der Krönung des neu gewählten Papstes in München bis auf den heutigen Tag geübt:

Wenn ein Papst in den ewigen Frieden heimgegangen ist, nimmt der Stadtpfarrer der Pfarrei um die Peterskirche der Petrusstatue in dem Gotteshaus, die Erasmus Grasser im Jahre 1490 geschaffen hat, die Tiara ab. In der ganzen Stadt wird auf halbmast geflaggt.

Nach der Sedisvakanz, wenn der neue Papst gewählt ist und seine Krönung stattfindet, setzt der Stadtpfarrer von St.Peter der Figur während eines feierlichen Hochamtes die Tiara wieder auf.

So hat München seine eigene Papstkrönung.

# Der Teufel am Turm von St. Peter

Der Teufel hegte einen tiefen Groll gegen Münchens älteste Kirche. Nur so sei es zu erklären, behaupteten die Leute, daß der Blitz mehrmals in die Türme von St. Peter eingeschlagen hätte. Besonders ärgerte es den Höllenfürsten, daß nach dem schrecklichen Unwetter 1607, wo er schon über die Zerstörung der Türme gejubelt hatte, ein neuer Turm errichtet wurde, von dessen Galerie aus zu bestimmten Zeiten fromme Lieder gespielt wurden.

Eines Nachts machte er sich daher mit einigen Unterteufeln auf den Weg zur Peterskirche, hängte sich mit ihnen an die Spitze des Turmes und versuchte, diesen zu Fall zu bringen. Er hatte aber nicht mit dem Mut des Türmers, der dort oben Dienst tat, gerechnet. Als er den höllischen Spuk an der Turmspitze entdeckte, packte der Mann beherzt ein großes Kreuz, das in seinem Zimmer hing, stürzte auf die Galerie hinaus und schlug es den Teufeln um die Ohren. Wohl ließen einige von ihnen daraufhin von dem Turm ab, ihr Herrscher aber wollte und wollte nicht nachgeben. Doch auch der Türmer verteidigte hartnäckig die Spitze des Petersturmes und wankte und wich nicht, obwohl ihn der Sturmwind, ein Bundesgenosse des Teufels, fast von der Galerie fegte.

Endlich schlug es 1 Uhr. Da war der Höllentanz mit einem Mal zu Ende. Aufatmend wischte sich der Türmer den Schweiß von der Stirne und sah erleichtert, daß er den Turm hatte retten können.

Am nächsten Morgen lief er sogleich zum Stadtrat und erzählte, was sich in der Nacht zugetragen hatte. Aber niemand wollte ihm Glauben schenken, denn seine Geschichte klang gar zu unwahrscheinlich. Die Münchner, die von dem seltsamen Abenteuer des Türmers gehört hatten, liefen neugierig auf dem Schrannenplatz (Marienplatz) zusammen und starrten zum Alten Peter hinauf. Plötzlich rief einer aus der Menge aufgeregt:

»Leute schauts doch, der Türmer hat doch recht gehabt! Die Spitze des Turmes ist ein bisserl schief!«

Tatsächlich, was er sah, das sahen die anderen auch. Seither heißt es in München: »St. Peter steht schief.«

## Die Madonna in der Eiche

In der Bürgersaalkirche — sie hat ihren Namen von einer Männerkongregation, die sich in eine »lateinische« für Adel und Beamte und in eine »deutsche« für die Bürgerschaft aufspaltete, und ist der Betsaal der Bürger — wird eine wertvolle Muttergottesstatue aufbewahrt. Sie wurde von Hans Krumper, der auch der Kongregation angehörte, aus »foyensischem Holz« geschnitzt.

Wie die Legende berichtet, wurde im Jahre 1611 in dem italienischen Ort Foya mitten in einer eben gefällten Eiche ein wunderschönes Bildnis der Madonna gefunden. Die Besitzer des Waldes, in dem der Baum geschlagen worden war, waren sehr fromme Leute. Sie wollten das Holz der Eiche nicht mehr verkaufen oder sonst für irdische Zwecke verwenden. Sie verschenkten es daher stückweise an einflußreiche Persönlichkeiten der damaligen Zeit und machten ihnen zur Auflage, daraus Muttergottesfiguren nach dem im Baum gefundenen Urbild anfertigen zu lassen. Es war eine stehende Madonna mit einer Krone auf dem Haupt, die das Jesuskind in ihren Armen trug. Die Kon-

gregation in München bekam ein Stück der Eiche geschenkt und ließ daraus die bekannte Madonna im Bürgersaal schnitzen.

## Das wächserne Christkind

An hohen Feiertagen wurde früher in der Bürgersaalkirche ein wächsernes Christkind ausgestellt, das in Windeln eingewickelt war und mit Gold und Silber verziert war.

Einst ließ ein unachtsamer Kirchendiener das Kindl fallen, und es zerbrach in mehrere Stücke. Erschrocken sammelte der Mann die einzelnen Teile vom Boden auf. Er legte sie mit zitternden Händen in den Schrein, in dem das Christkindl während des Jahres aufbewahrt wurde und sagte keiner Menschenseele etwas von seinem Mißgeschick.

Wieder nahte ein Weihnachtsfest und damit die Zeit, in der das Kindl für das Volk ausgestellt werden sollte. Nun nützte alles nichts mehr, der Unglücksrabe mußte dem Abt bekennen, was geschehen war. Erschrocken eilte der hohe Herr zum Schrein und sperrte ihn auf, um selbst zu sehen, ob noch etwas zu retten wäre.

Zu seinem und des Kirchendieners höchsten Erstaunen aber lag das Kindl heil und schön wie eh und je darin, so, als wäre nichts geschehen. Nur am Köpfchen waren einige feine Risse zu sehen, die davon zeugten, daß das Kindl zerbrochen gewesen war.

# Die böse Münchnerin als Kalb

Eine Frau aus München war in ihren Sünden gestorben und mußte daher nach ihrem Tode umgehen. Sie trieb ihr Unwesen des Nachts, in Gestalt eines schwarzen Kalbes, in dem Haus, das ihr zu Lebzeiten gehört hatte. Der Spuk wurde immer ärger, und bald wollte niemand mehr in dem Haus wohnen. Da rief der Besitzer einen Geistlichen zu Hilfe, der den bösen Geist verjagen sollte.

Aber trotz aller Beschwörungsversuche gelang es ihm nicht. Er brachte nur in Erfahrung, daß es sich bei dem Gespenst um die ehemalige Hausherrin handelte, was bis dahin niemand gewußt hatte.

Nun half sich der Besitzer mit einem Mittel, das zur damaligen Zeit oft angewendet wurde. Er ließ das schwarze Kalb von einem berühmten Geisterbeschwörer in ein Gefäß aus Zinn bannen, das mit einem Schraubverschluß versehen war. Zusätzlich sicherte es der Magier noch mit einem Wachssiegel, um ein Entweichen des Gespenstes auf alle Fälle zu vermeiden. Noch in der selben Nacht wurde die Flasche mit dem unheimlichen Inhalt ins Erdinger Moor gebracht und dort in einen Sumpf versenkt.

Man entledigte sich früher oft auf diese Art unliebsamer Geister. Das Erdinger Moor war deshalb etwas verrufen und galt besonders bei Nacht als sehr gefährlich. Es hieß, die hierher verbannten Geister lockten als geheimnisvolle Irrlichter die Wanderer vom Weg ab in die Sümpfe, und damit oft in den Tod. Manch einer, der durch das Moor gegangen war, ist nie wieder zum Vorschein gekommen.

Das schwarze Kalb trieb von nun an sein Unwesen im Erdinger Moor weiter. Viele Bauern, die vom Markt in München spät abends zu ihren Höfen heimkehrten, mußten ihren Weg durch das Moor nehmen. Sie schworen Stein und Bein, es gesehen zu haben. Es tänzelte, so berichteten sie, vor ihren Fuhrwerken herum und blökte wie ein richtiges Kalb. Wenn ein Bauer aber versuchte, es zu fangen, dann führte es ihn weit ab in die Irre, daß er oft erst nach Stunden wieder nach Hause fand. Darum mied die Bevölkerung früher das Moor bei Nacht, so gut es ging.

## Der unselige Advokat

In München lebte gegen Ende des 18. Jahrhunderts ein Rechtsgelehrter, der bis in sein tiefstes Herz böse war. Er war nicht, wie er es eigentlich sollte, darauf aus, der Gerechtigkeit zum Siege zu verhelfen; er schaute nur, wie er möglichst schnell, möglichst viel Geld zusammenraffen konnte. Dabei war ihm jedes noch so schlechte Mittel recht, und er scheute sich nicht einmal, arme Witwen und Waisen auch noch um ihr Letztes zu bringen, statt ihnen zu helfen. Gewissenlos trieb er seine Klienten zu unvernünftigen Prozessen und hielt sie davon ab, sich gütlich mit ihren Gegnern zu einigen, nur um noch mehr Geld aus ihnen herauspressen zu können.

Da, mitten in seinem Leben, als er nicht im Traum daran dachte, traf ihn der Schlag. Von einer Minute auf die andere mußte er in die Ewigkeit hinübergehen, ob er wollte oder nicht.

Durch seine üblen Machenschaften war er ein sehr reicher Mann geworden, darum wurde sein Leichnam großartig aufgebahrt und öffentlich zur Schau gestellt in einem

Zimmer seines Hauses. Rund um ihn waren eine Menge Blumen und Kerzen gestellt worden, an der Kopfseite des Sarges aber ein großes Kreuz. Aber alle, die kamen von ihm Abschied zu nehmen, weinten keine einzige Träne um ihn und sprachen auch kein Gebet für seine Seele, denn alle hatten ihn gehaßt. Sie erwiesen ihm nur die letzte Ehre, weil es der Brauch war.

Wie nun die Leute den Toten so umstanden, manch einer mit tiefem Groll gegen ihn im Herzen, da geschah etwas Grauenvolles:

Plötzlich kamen draußen zwei riesige schwarze Raben angeflogen und pickten auffordernd an die Fensterscheibe. Als niemand öffnete, schlugen sie mit ihren Schnäbeln so hart an das Glas, daß es mit lautem Klirren zerbrach. In diesem Augenblick entwich dem geöffneten Mund des Verstorbenen ein ebensogroßer schwarzer Rabe, gesellte sich zu denen, die an das Fenster geklopft hatten, und flog mit ihnen davon, niemand konnte sagen, wohin. Alle Anwesenden waren vor Entsetzen wie erstarrt. Während der Rabe aus dem Mund des Toten gekommen war, waren alle Kerzen, wie von eisigem Hauch ausgeblasen, verlöscht, das Kreuz war umgestürzt und der Leichnam des Advokaten war von Kopf bis Fuß von einer rätselhaften Schwärze überzogen worden.

## Die Beterin an der Mariensäule

Zur Zeit Napoleons lebte in München ein junger Offizier mit seiner Frau und seinem fünfjährigen Sohn. Die drei waren eine glückliche Familie bis zu dem Tag, da der

Franzosenkaiser beschloß, das Zarenreich zu erobern. Der Offizier bekam, wie viele andere Bayern auch, den Befehl, mit dem französischen Heer nach Rußland zu ziehen.

»Oh Gott, warum mußt du nur so weit fort, Liebster?« schluchzte seine junge Gattin verzweifelt, als sie erfuhr, daß er mit Napoleon marschieren mußte. »Wir werden uns nie mehr wiedersehen!«

Er versuchte liebevoll, sie zu trösten, aber es gelang ihm nicht, denn sie ahnte in ihrem Herzen, daß er aus dem Krieg nicht zurückkehren würde.

Einige Tage später sammelten sich die einberufenen Truppen auf dem Marienplatz, formierten sich dort und zogen ab. Die junge Frau des Offiziers war auch zum Marienplatz gekommen, um noch ein letztes Mal Abschied von ihm zu nehmen. Sie hatte sich mit ihrem Kind auf die Stufen unten an der Mariensäule gestellt, damit sie besser sehen konnte. Endlich erkannte sie ihren Mann in einer der vorbeimarschierenden Abteilungen.

»Bub, bleibe hier stehen und rühre dich nicht von der Stelle«, mahnte sie rasch ihr Kind, »ich sage nur deinem Vater noch einmal Lebewohl. Ich bin gleich wieder da!«

»Ja, Mama, geh' nur, ich warte hier auf dich«, versprach der Knabe.

Da lief die Frau so schnell sie konnte den Truppen nach, suchte die Reihe, in der ihr Mann marschierte, und gab ihm einen allerletzten Abschiedskuß.

Blind vor Tränen blieb sie dann zurück und wollte wieder zur Mariensäule, um ihr Kind zu holen. Aber sie wurde von der Menge, die den Soldaten nachdrängte, zu Boden gerissen. Bevor sie sich noch erheben konnte, wurde sie von dem Rad eines schweren Geschützes überrollt. Sie erlitt schwerste Verletzungen und blieb besinnungslos liegen.

Einige mitleidige Leute zogen die blutende Frau aus dem Gefahrenbereich, hoben sie auf und brachten sie in ein Spital. Von dem Kind, das an der Mariensäule wartete, wußten sie nichts, denn die Mutter konnte ja nichts sagen.

Lange Wochen schwebte die Unglückliche zwischen Leben und Tod. Doch ihre Jugend und ihre Gesundheit trugen den Sieg über die Verletzungen davon. Als sie endlich wieder soweit genesen war, daß sie sich ohne fremde Hilfe fortbewegen konnte, lief sie unverzüglich zur Mariensäule und suchte voller Verzweiflung ihr Kind.

Sie fragte alle Leute, die vorüberkamen, stellte überall Nachforschungen über den Verbleib ihres Sohnes an, aber niemand konnte ihr sagen, was aus dem kleinen Knaben geworden war, der vor zwei Monaten, beim Abzug der Truppen, so lange vergeblich auf seine Mutter gewårtet hatte.

Sie sah ihr Kind niemals wieder. Auch von ihrem Mann erhielt sie weder eine Nachricht noch ein Lebenszeichen. Er blieb in Rußland verschollen.

Die unglückliche Frau glaubte, das Leid müsse ihr das Herz abdrücken. Sie verlor jegliche Freude am Leben und fiel in stillen Trübsinn. Tag für Tag kam sie zur Mariensäule, wo sie Mann und Kind zum letzten Mal gesehen hatte, setzte sich dort auf die Stufen und verharrte in stummen Gebet. Nicht Wind oder Wetter, Hitze oder Kälte hielten die Einsame davon ab, sich täglich von neuem zu den Füßen der Patrona Bavariae niederzukauern. Vorübergehende warfen ihr oft mitleidig etwas Geld in den Schoß oder gaben ihr ein wenig zu essen. Von diesen Mildtätigkeiten lebte sie lange Jahre, bis der Tod sie mit ihren Liebsten wieder vereinigte.

# Das Gespenst mit der Schlafhaube

Anfang des 19. Jahrhunderts war es auf dem Frauenfriedhof, der zur damaligen Zeit bei der Frauenkirche lag, nicht geheuer. Allnächtlich trieb sich dort eine unheimliche weiße Gestalt herum. Ängstlich mieden die Münchner darum den Friedhof bei Dunkelheit.

Eines Abends saßen einige brave Bürger nach getaner Arbeit gemütlich im Wirtshaus beim Bier. Und, wie es so zu gehen pflegt, man kam auch auf den Geist vom Frauenfriedhof zu sprechen.

»Das ist ein ganz Unheimlicher«, raunte einer mit vorgehaltener Hand, so, als wolle er nicht durch lautes Reden den Unwillen des Gespenstes auf sich ziehen. »Erst gestern hat ihn die alte Sowieso gesehen! Sie ist vor Schrecken fast gestorben!«

»Unsinn«, ärgerte sich ein Kaufmann, der sein Geschäft in der Weinstraße, gegenüber dem alten Polizeigebäude hatte. »Gespenster gibt es nicht. Das Gespenst, vor dem ich mich fürchte, muß erst nocht erfunden werden!«

»Du nimmst den Mund ja ganz schön voll!« höhnten die anderen. »So geh' halt in der Nacht über den Frauenfriedhof, wenn du dich traust!«

»Das werde ich auch«, bekräftigte der Krämer. »Ihr werdet schon sehen, ich werde mit dem Gespenst fertig und dem Spuk ein Ende machen!«

Er trank noch einige Glas Bier, um sich gehörig für das Gespenst zu wappnen und machte sich dann auf den Heimweg, den er, wie versprochen, über den Frauenfriedhof nahm. Und siehe da, im matten Licht des Mondes erblickte er alsbald eine unheimliche weiße Gestalt, die auf einem Grabstein saß. Sie hatte auf dem Kopf eine weiße

Schlafmütze und starrte regungslos in die Nacht.

»Wenn du auch ein Gespenst bist, so fürchte ich mich doch noch lange nicht vor dir!« sprach sich der Krämer selbst Mut zu.

Er dachte daran, daß er, wenn er jetzt Reißaus nehmen würde, morgen das Gespött des ganzen Stammtisches sein würde. Tapfer bekämpfte er daher das Unbehagen, das ihn beschlich, trat ganz nahe an den Geist heran und versetzte ihm eine so kräftige Ohrfeige, daß ihm die Schlafhaube vom Kopf fiel.

Als er nun aber das grinsende Totengesicht erblickte, bekam er es doch mit der Angst zu tun, machte kehrt und lief heim, was seine Beine hergaben. Das Gespenst jedoch hatte sich blitzschnell erhoben und verfolgte den Krämer. Dieser war kaum zur Türe seines Hauses hineingesprungen und hatte sie hinter sich zugeschlagen, als auch schon die weiße Gestalt angelangt war. Zum Glück konnte sie die Schwelle des Hauses nicht übertreten, weil die Türe — einem alten Brauch gemäß — mit drei Kreuzen und den Namen der Hl. Drei Könige bezeichnet war.

Aufatmend wischte sich der Krämer den Schweiß von der Stirne und stieg mit schlotternden Knien die Treppe zu seiner Schlafkammer hinauf. Dort angelangt erschrak er fast zu Tode. Er sah, wie sich das weiße Gespenst, das zur Türe nicht hatte eindringen können, gerade durchs Fenster schwang.

In seiner Angst riß der Krämer ein Bild der Lieben Gottesmutter von Altötting von der Wand und schleuderte es dem Unheimlichen entgegen.

»Heilige Muttergottes hilf«, stammelte er dabei.

Da verschwand das Gespenst mit einem Schlag.

Zitternd tastete sich der Krämer zu seinem Bett, ließ sich hineinfallen und zog sich die Decke über die Ohren. Er wagte es nicht mehr, herauszuschauen und lag dort, in Schweiß gebadet, bis er endlich in einen unruhigen Schlaf sank.

Am anderen Morgen fand er zu seiner größten Verwunderung das Bild der Gottesmutter, das ihn beschützt hatte, an der selben Stelle der Wand vor, wo es immer hing. Nichts deutete auf den nächtlichen Spuk hin. Am Abend erzählte er seinen Freunden im Wirtshaus, wie es ihm ergangen war. Von der Stunde an hieß der Kaufmann bei allen Leuten nur noch »der Schlafhaubenkramer«. Das Gespenst auf dem Frauenfriedhof ist seither aber nicht mehr gesehen worden. Vielleicht hat es der Krämer erlöst.

## Der Teufel am Isartor

Im vorigen Jahrhundert soll es im Theater am Isartor nicht ganz geheuer gewesen sein.

Die Garderobenfrau und andere in dem Gebäude beschäftigte Leute behaupteten sogar, daß dort der Leibhaftige selbst sein Unwesen getrieben habe. Er sei oft als eine graue, ungenau erkennbare Nebelgestalt, auf der leeren Bühne zu sehen gewesen sein.

Auch die Bühnenarbeiter, gestandene Männer, die sich nicht so leicht ins Bockshorn jagen ließen, glaubten an diese Geschichte, weil sie, so wird erzählt, oft Rüstungen, Schwerter und andere beim Theater benötigte Gegenstände, wirr durcheinander in der Requisitenkammer gefunden hätten, obwohl keiner diese betreten hatte.

# Das dicke Gespenst

Anfang des 19. Jahrhunderts berichteten etliche Leute von einer seltsamen Begegnung, die sie nach einem Wirtshausbesuch oder einer Gesellschaft, die bis spät in die Nacht hinein gedauert hatte, gehabt hätten. Sie erzählten übereinstimmend, daß plötzlich in der Dunkelheit vor ihnen ein unmäßig dicker Mann, der breiter als hoch gewesen sei, aufgetaucht wäre. Woher er gekommen war, das wußten sie nicht zu sagen. Der Unheimliche begleitete den nächtlichen Heimkehrer den ganzen Weg nach Hause, ob es diesem paßte oder nicht. Er sprach dabei kein Wort und belästigte sein Opfer auch sonst auf keine Weise. Doch loswerden konnte dieses den unerwünschten Begleiter nicht. Man konnte brüllen oder versuchen, ihn auf andere Art wegzuscheuchen, es war völlig zwecklos, der Dicke wich einem nicht von der Seite. Viele Münchner behaupteten damals, das seltsame Gespenst gesehen zu haben, das bald nur noch »der dicke Mann« genannt wurde.

Einst begegnete ihm auch ein Herr, der spät abends eine Gesellschaft verlassen hatte. Als er durch die Prannerstraße schritt, sah er plötzlich, ganz in der Nähe, den dicken Mann, der mit seiner ungewöhnlichen Körperfülle fast den ganzen Fußweg einnahm. Der Herr zögerte erst, ging aber dann weiter, ohne sich beirren zu lassen. Als er an der dicken Gestalt vorüberkam, meinte er, ein leichenblasses, gespenstisches Gesicht erkennen zu können. Da ergriff ihn doch etwas wie Furcht, obwohl er nicht an Gespenster glaubte. Er beschleunigte seine Schritte und blickte sich mehrmals um. Weil er aber niemanden mehr sah, setzte er seinen Weg beruhigt fort.

Doch als er durch das Neuhauser Tor in Richtung Botanischer Garten, wo seine Wohnung lag, weiterging, bemerkte er den Unheimlichen wieder hinter sich. Er wußte nicht, ob es sich bei seinem Verfolger um das Gespenst, von dem immer die Rede war, oder um einen gewöhnlichen Straßenräuber handelte, der es auf sein Geld abgesehen hatte. Es wurde ihm ganz unbehaglich zu Mute und er rannte so schnell er konnte zu der Schildwache am Tor und rief laut nach dem Wächter.

Da wich der Dicke in eine der Seitenstraßen zurück und verschwand. Der Herr wartete eine Weile im Schutz der Wache, weil er dem Frieden noch nicht recht traute. Erst viel später wagte er es, seinen Weg nach Hause fortzusetzen.

Der dicke Mann trieb einige Zeit lang sein Unwesen in München, dann aber war er mit einem Mal verschwunden, wie vom Erdboden verschluckt, und niemand hörte oder sah mehr etwas von ihm. So geriet er bei den Münchnern bald völlig in Vergessenheit.

## Die glücksbringenden Löwen

Seit jeher gelten die bronzenen Löwen vor der Residenz in München als Glücksbringer. Wer mit der Hand über ihre kalten Nasen streicht, dem ist, so behauptet ein alter Aberglaube, das Glück hold.

Es war im Jahre 1848, da verfaßte ein Münchner Student eine Schmähschrift gegen Lola Montez, die wegen ihrer Beziehungen zu König Ludwig I. bei den Münchnern sehr unbeliebt war. Er befestigte sie an der Residenz, so daß jeder, der dort vorüberkam, sie lesen konnte.

Der König war sehr erzürnt und versuchte mit allen Mitteln, »die unbekannten Täter« zu finden. Er ließ, ebenfalls an der Residenz, ein Plakat aufhängen, wo auf ihre Ergreifung eine hohe Belohnung ausgesetzt war.

Der Student aber ließ sich nicht einschüchtern. Er streichelte den Löwen vor der Residenz die Nasen und hoffte, daß er ungeschoren davonkommen würde. Und, weil ihm der Schalk im Nacken saß, wagte er sich des Nachts nochmals zur Residenz und hängte wieder ein Schriftstück dort auf. Darauf stand zu lesen:

»Unbekannte Täter? Es waren deren vier — ich, Tinte, Feder und Papier!«

Diese Kühnheit aber führte zu seiner Verhaftung. Der König zeigte jedoch Humor und erließ dem Sünder die Strafe, ja er schenkte ihm sogar die auf seinen Kopf ausgesetzte Belohnung, »weil er ja selbst seine Ergreifung herbeigeführt habe«.

Vielleicht haben die Löwen dem pfiffigen Studenten doch Glück gebracht, wie es die alte Sage behauptet.

## Die schwarze Frau der Wittelsbacher

In den Wittelsbacher Schlössern, vor allem in der Residenz, in Schleißheim und in Nymphenburg, erscheint von Zeit zu Zeit eine geheimnisvolle Geistergestalt aus dem Jenseits, die verstorbene Kurfürstin Maria Anna. Sie ist groß und schlank und ganz in schwarz gekleidet. Auch um den Kopf trägt sie einen schwarzen Schleier. Ihr Gewand ist oben am Hals mit etwas Pelz verziert. In der Hand trägt sie einen Apfel. Unhörbaren Schrittes wandelt sie jeweils durch die Räume, deren Schlösser und Türen sich von selbst öffnen und wieder schließen.

Das Erscheinen der schwarzen Frau kündigt immer den Tod eines Mitgliedes des Wittelsbacher Hauses an. Als Herr Hefner Alteneck der schwarzen Frau auf Schloß Aschaffenburg begegnete, starb kurz darauf, am 26. 10. 1854, Königin Therese. Auch auf dem Kostümball des Jahres 1864 am Faschingsdienstag in der Residenz, wurde die schwarze Frau gesehen. Anschließend folgten einander gleich drei Wittelsbacher in den Tod: am 10. 3. 1864 König Max, am 2. 4. 1864 Erzherzogin Hildegarde und am 26. 4. 1864 Prinz Luitpold.

Viele solche Beispiele über das Zusammentreffen des Erscheinens der schwarzen Frau und des Todes eines Wittelsbachers werden erzählt. Sogar noch heute soll sie die Mitglieder ihres Hauses in die Ewigkeit holen. Bei einer Teegesellschaft erzählte Prinz Adalbert von Bayern Prinzessin Pilar, daß er im Traum die schwarze Frau gesehen habe und überlegte, was das wohl zu bedeuten habe. Kurz darauf verunglückte sein Sohn Prinz Konstantin im Jahre 1969 bei einem Flugzeugabsturz tödlich.

## Die Geisterreiter am Schönen Turm

Früher stand an der Kaufingerstraße, dort, wo sie in die Neuhauser Straße überging, ein Torturm. Er hieß allerseits nur »der öde Turm«, weil er so vernachlässigt und baufällig war. 1479 wurde er zum Teil abgetragen und wieder neu aufgebaut. Er wurde mit vielen bunten Bildern verschönert. Auf der Seite zur Kaufingerstraße hin war Kaiser

Ludwig der Bayer mit seinen Fürsten und Feldherrn dargestellt, sowie ein pflügender Bauer, und viele Fahnenträger und Musikanten. Auch eine Uhr war zu sehen, auf der zwei Männer die Stunden schlugen, und eine Kugel, die das Wetter ansagte. Wenn sie ihre blaue Seite den Leuten zuwandte, dann bedeutete das Regen, zeigte sie aber die goldene Seite, so wurde es sonnig. Der neue Turm gefiel den Münchnern so gut, daß sie ihn bald nur noch den »Schönen Turm« nannten.

Im Jahre 1807 mußte er abgerissen werden, weil der Durchgang darunter gar zu eng wurde für den vielen Verkehr, der sich in dieser belebten Straße abspielte. In der Nacht aber wurden die Bewohner der umliegenden Häuser durch einen ungewöhnlichen Lärm aufgeschreckt. Es klang, als ziehe ein Kriegsheer durch die Straßen. Sie stürzten an ihre Fenster und schauten nach, was los war. Aber so sehr sie auch die Hälse reckten und die Köpfe wandten, sie konnten nichts sehen. Dennoch hörten alle ganz deutlich Hufgetrampel, das gebieterische Rufen von Stimmen, das Rasseln von Rüstungen und das Klirren von Waffen. Die unsichtbaren Geisterreiter zogen anscheinend durch das Tor ab. Da glaubten die Münchner, Kaiser Ludwig hätte mit seinen Getreuen die Stadt verlassen und hätte sich nach Fürstenfeldbruck auf die Kaiserwiese begeben. Dort, so meinten sie, wolle er Wache halten, bis sich das deutsche Volk endlich wieder einigen würde.

# Das Münchner Bier

Das weltberühmte Münchner Bier soll seinen echten, unverkennbaren Geschmack von der besonderen Beschaffenheit des Münchner Wassers haben, denn obwohl viele bayerische Brauer in die Fremde gingen und dort nach der in München erprobten Zusammensetzung Bier herstellten, gelang es ihnen nicht, dessen so viel gelobte Eigenart zu treffen. Wie die Sage berichtet, soll Fürst Bismarck, der das echte Münchner Bier kannte und schätzte, einmal, als ihm anderes Bier vorgesetzt wurde, gesagt haben:

»Es ist naß, aber es ist nicht *das*!«

Zur besonderen Güte des Münchner Bieres hat vielleicht auch die Art der Bierbeschau beigetragen, wie sie in früheren Zeiten durchgeführt wurde. Schmunzelnd lesen wir da bei Helene Raff:

»Die Bierbeschauer, ortsüblich ‚Bierkieser' genannt, mußten bei Ausübung ihres Amtes in hirschledernen Hosen im Hofbräuhaus erscheinen. Hier wurde ihnen eine hölzerne Bank hingestellt, die war über den Sitz mit ein paar Maß des zu prüfenden Bieres übergossen. Da hinauf setzten sich nun die Bierkieser mit ihren hirschledernen Hosen, hatten vor sich auf dem Tisch eine Sanduhr stehen und zechten nach dieser eine volle Stunde, ohne sich im geringsten vom Sitze zu rühren. War endlich die Stunde abgelaufen, so standen sie alle gleichzeitig auf. Wenn sie dann mit den Hosen an der Bank kleben blieben, so daß sie beim Aufstehen die Bank mit emporhoben — eine Lesart will, daß die Bank an ihnen hängenblieb, bis sie zur Türe kamen — so war das Bier gut, kräftig und seines Geldes Wert. Wenn es aber nicht klebte, dann wurde das Bier zu leicht befunden und über den Brauer Strafe verhängt.«

Dazu ist nur zu bemerken, was für ein erstrebenswerter Beruf für manche damals der des Bierbeschauers gewesen sein mag. Ja, das Bier ist schon »ein besonderer Saft«.

## Wie Brezen und Salzstangen entstanden sind

In früheren Tagen, als die Fastenzeit wirklich eine Zeit war, in der die Menschen auf allerlei Genüsse im Essen oder Trinken verzichteten, galt das Bier als erlaubte Labung. Da hatten pfiffige Klosterbrüder, denen die fleischlosen, mageren Tage gar zu hart ankamen, einen Einfall, für den ihnen die Nachwelt noch heute dankt. Sie brauten den edlen Gerstensaft so stark, daß diejenigen, die sich daran gütlich taten, den Hunger nicht mehr spürten. Da aber die alkoholische Wirkung des »flüssigen Brotes« nicht ausblieb, suchten die Mönche nach einer »frommen« Speise, die jene ein wenig dämpfen konnte und dennoch in der Fastenzeit erlaubt war. So erfanden sie die Brezel, oder »Breze« wie der Münchner sagt.

Sie legten eine dünne Teigrolle in die Form beim Gebet gekreuzter Arme, tauchten sie vor dem Backen in kochende Natronlauge und bestreuten das Ganze mit Salz. Die Breze sollte aber nicht nur das Gebet, sondern auch durch die Dreiteilung symbolisch die Heiligste Dreifaltigkeit darstellen. Gegen solch ein frommes Gebäck konnte natürlich kein Kirchenfürst irgendwelche Einwände erheben, und so wurde die Breze eine der beliebtesten Zuspeisen zum Bier überhaupt.

Die Salzstange versinnbildlicht das in früheren Zeiten gebräuchliche Kerbholz. Dieses führte der Hausherr im Mittelalter über das Verhalten seines Gesindes. Sowohl Knechte als auch Mägde hatten jeweils solch ein Kerbholz, auf dem jeder Fehler, jede Nachlässigkeit und auch sonst alles, was sich der oder die Betreffende im Lauf eines Jahres hatte zu Schulden kommen lassen, mit einem Schnitt vermerkt wurde. An Lichtmeß wurde dann abgerechnet.

Noch heute aber erinnern die Bäcker mit ihren Salzstangen an diesen alten Brauch, der durch die zunehmende Schulbildung aller Volksschichten und seit das Kerbholz durch das Zeugnis ersetzt wurde, nicht mehr vonnöten ist.

## Das Salvator-Bier

Alljährlich im Frühling versammeln sich geistliche und weltliche Würdenträger auf dem Nockherberg, um den Beginn der Starkbierzeit — der 5. Jahreszeit in München, wie humorvoll behauptet wird — zu feiern. Der »Salvator«, der dort ausgeschenkt wird, ist eines der traditionsreichsten Münchner Biere. Der Name leitet sich von dem Gruße her, mit dem Bruder Barnabas, der dem Bräuhaus des Paulaner-Klosters vorstand, alljährlich am 2. April den Kurfürsten und seinen Hof empfing:

»Salve, Pater patriae,
Bibas, princeps optime!«

Salve pater wurde zu Salvator.

Es war nämlich in der Zeit der Kurfürsten üblich, daß sich der Herrscher und sein gesamter Hofstaat am 2. April eines jeden Jahres zum Fest des Ordensstifters, des hl.

Franz von Paula, im Paulanerkloster zu einem feierlichen Hochamt einfanden. Anschließend wurden die hohen Herrschaften im Kloster bewirtet.

Das Volksfest, das sich in früheren Tagen dem Kirchenfest anschloß, hat sich, so scheint es, bis heute erhalten, wenn man die Menschen zählt und beobachtet, die auch in unserer Zeit alljährlich angepilgert kommen, wenn »der Berg ruft«.

## Der Zacherlgeist

Nach der Säkularisierung ging das berühmte Bräuhaus der Paulaner Mönche zuerst auf die Malteser über, später kaufte es der Brauer Franz Xaver Zacherl. Er vergrößerte es sehr stark und baute einen Keller an. Er war wegen seines Könnens in der Braukunst weit bekannt und hoch geschätzt. Nach seinem Tod aber sollen sich seltsame Dinge zugetragen haben.

In den heiligen Zeiten, besonders aber an den Salvatortagen, war es auf dem Nockherberg dann nicht mehr geheuer. Schlag zwölf Uhr Mitternacht öffnete sich das Tor des Kellers wie von Geisterhand, ein feuriges Brauereigespann, beladen mit rotglühenden Bierfässern und kutschiert von einem wild lachenden toten Zacherl, kam herausgefahren. Sobald der Wagen beim Krebsbauernhof vorüberratterte, rief eine hohle Geisterstimme fragend:

»Wohin Xaverl?«

Das feurige Gespenst auf dem Kutschbock schrie als Antwort »Wist und hott«, trieb seine Pferde mit der Peitsche an und jagte in einer höllischen Geschwindigkeit mit dem schweren Bierwagen den Berg hinunter. Am Eingang zum Gärkeller verschwand der Spuk im Berg. Doch noch lange konnte man geisterhafte Geräusche daraus vernehmen.

Manche der späten Zecher, die vom Nockherberg nach Hause wankten, schworen Stein und Bein, dem Zacherlgeist begegnet zu sein. Im Volksmund ist noch heute ein altes Lied über den Zacherl lebendig:

»Schrumdibum, schrumdibum,
beim Krebsbauern geht der Zacherl um!
Haut den Spund ins Muattafaß:
bis zum Neudeck spritzt das Naß.«

## Osterbräuche in München

Wie an allen hohen Kirchenfesten, so werden auch an Ostern in München, alte, teils sogar vorchristliche Bräuche lebendig. Die christlichen Riten und heidnische Gepflogenheiten stehen dabei nebeneinander, sind oftmals sogar miteinander vermengt, indem alten Bräuchen aus der Heidenzeit nachträglich ein christlicher Sinn untergeschoben wurde, um dem Volk liebgewonnene Überlieferungen nicht nehmen zu müssen.

»Am Vormittag des Gründonnerstages werden in der Kirche die heiligen Öle geweiht; den ‚Zwölf Aposteln' (ehrbaren, bedürftigen Greisen) wusch ehemals der König die Füße und beschenkte sie; das gleiche tut jetzt noch der Erzbischof, wie auch in allen Klöstern die Fußwaschung stattfindet. Daß am Gründonnerstag mittags eine grüne

Suppe (Kräutersuppe) verzehrt wird, ist wohl überall der Brauch!«

So schrieb Helene Raff vor mehr als fünfzig Jahren. Aber auch heute wird die Fußwaschung im Dom noch jedes Jahr vom Kardinal durchgeführt, in manchen Randgemeinden der Stadt vom jeweiligen Pfarrer. Die christliche Demut, sowie die Gleichheit aller Menschen vor Gott, ob sie nun auf Erden einen Rang bekleiden oder nicht, soll mit dieser Geste zum Ausdruck gebracht werden.

Am Karfreitag werden, um die Grabesruhe des Herrn nicht zu stören, keine Glocken geläutet. Die Meßbuben in der Kirche haben auch keine Glöckchen, sondern mißtönende Rasseln oder Ratschen, die sogenannten Karfreitagsratschen. Den Kindern erzählt man, daß die Glocken am Karfreitag nach Rom fliegen würden, um dort ihren Teil vom Ostersegen des Papstes zu bekommen. Am Ostersonntag würden sie dann wieder zurückkehren.

Am Karfreitag wird in St. Peter, und in vielen Randgemeinden Münchens, ein Heiliges Grab errichtet. Es ist jeweils mit Kerzen, Blumen und bunten Lampen geschmückt. Viele Gläubige beten vor diesen symbolischen Grabstätten des Herrn an diesem stillsten Tag des Kirchenjahres.

Am Karsamstag wurde früher auf den Friedhöfen das Osterfeuer angezündet. Wenn es erloschen war, sammelten die Leute die Asche auf. Die Bauern streuten es auf ihre Felder, um Dämonen und Hexen von ihnen fernzuhalten. Ebenso verfuhr man mit den Ställen, um auch das Vieh vor »Verspruch« und Hexenwerk zu schützen. Die Menschen glaubten ja damals, man könnte Hagel auf ihre Felder wünschen oder Krankheiten über ihre Tiere. Diese geweihte Asche wurde auch bei schweren Unwettern von den abergläubischen Leuten verwendet. Ähnlich ist der

Brauch, der früher in Menzing geübt wurde. Die Bauern vermengten in einem Gefäß angewärmten Weingeist mit Kohlen, zündeten diese Mischung an und trugen das Feuer dann durch das ganze Haus.

Am Ostersonntag wurden, und werden auch noch heute, von den Gläubigen Speisen, d.h. Ostereier, Brot, Salz und Schinken in die Kirche mitgenommen, um dafür zu danken und sie segnen zu lassen. Eines der Ostereier mußte früher an der Kirchentüre den Ministranten gegeben werden, die nach der Messe dort mit Körbchen standen und diese Gaben einsammelten.

Helene Raff erzählt noch von einigen Bräuchen, die früher üblich waren:

»Um die Vesperzeit wird, nachdem zuvor die ,Auferstehung der Glocken' in gleichzeitigem, weithallendem Geläut stattgefunden, die Auferstehung des Herrn gefeiert, wobei in früherer Zeit tatsächlich ein wächsernes oder hölzernes Heilandsbild, mit der roten Osterfahne in der Hand überm Altar emporgezogen ward.

Wer einem Nahestehenden eine Ostergabe reichen wollte, stand ehedem recht früh am Ostersonntag auf und brachte ein Körbchen voll leckerer Dinge in die Kirche, wo bei der ersten Messe die Speisen geweiht wurden. Von den geweihten Speisen (vom ,Geweichten' heißt es kurzweg) dürfen Reste und Abfälle nie weggeworfen werden: auf dem Herdfeuer werden sie verbrannt, damit der Segen beim Haus bleibe. Die Jugend ergibt sich mit Eifer dem Spiel des ,Eiers peckens', indem zwei Kinder je ein buntes Osterei in der Hand halten und diese gegeneinander klopfen: Wessen Ei dabei zerbricht, der hat verloren und muß es dem anderen abtreten.

So umgeben freundliche und neckische Bräuche das Hohe Auferstehungsfest. Sogar die Sonne soll nach altem

Glauben am Ostersonntag, wenn sie aufgeht, drei Freudensprünge tun. Das Wasser, das jemand an diesem Tag vor Sonnenaufgang in heiligem Schweigen aus einem Bach oder Fluß schöpft, gilt als heilsam.«

Einige dieser Bräuche haben sich bis in unsere Zeit erhalten.

## Vom Maibaum und vom Maibaumstehlen

Das Aufstellen eines Maibaumes ist ein alter Brauch, dessen Ursprünge noch in die vorchristliche Zeit zurückreichen. Er war ein Zeichen der Freude, die das Volk darüber empfand, daß der lange, harte Winter endlich vorbei und der ersehnte Frühling ins Land gezogen war. Neben den großen Maibäumen gab es noch die kleinen, welche die jungen Burschen von München dem Mädchen ihres Herzens am 1. Mai vor das Kammerfenster stellten. Über dieses offenkundige Zeichen der Wertschätzung war jede Schöne hocherfreut.

Den Maibaum zu besorgen, ist auch heute noch das Vorrecht der Jugend. Die Burschen ziehen in die Wälder und suchen eine hohe, tadellos gewachsene Fichte aus. Nach dem Fällen schälen sie den Stamm bis fast zur Spitze ab. Nur ganz oben lassen sie einige Äste stehen, die dann aussehen, wie ein kleines Christbäumchen.

Mit Hilfe der Mädchen wird der Baum daraufhin verziert. Er wird mit Kränzen, bunten Bändern und Girlanden geschmückt. Auf kleine Holzbrettchen oder Stangen, die zu beiden Seiten des Stammes angebracht werden, befestigen sie dann aus Holz gesägte oder geschnitzte und bemalte Bilder aus dem täglichen Leben. So wurde etwa der Bauer mit Pflug oder dem Heuwagen, der Handwerker mit dem ihn kennzeichnenden Gerät oder mit dem Ergebnis seiner Arbeit (der Schreiner mit dem Hobel, der Bäcker mit der Breze) dargestellt. Selbstverständlich sind auch alle wichtigen Gebäude auf dem Maibaum vertreten. Liebevoll werden Kirche, Schule, Feuerwehrhaus und einige Großbauernhöfe möglichst naturgetreu nachgebildet. Auch die wichtigen Gasthäuser fehlen nicht.

Der aufgeputzte Baum wird dann am Morgen des 1. Mai unter großer Anteilnahme der Bevölkerung aufgestellt. Lautstarke »Hau-ruck«-Rufe spornen die Burschen an, die ihn unter Aufbietung aller Kräfte in die Höhe ziehen. Wenn er endlich steht, tanzen alle ausgelassen um ihn herum. Anschließend geht es ins Wirtshaus, um sich auszuruhen und die durch das anstrengende »Hau-ruck«-Schreien ausgedörrten Kehlen wieder anzufeuchten. Am späten Nachmittag findet dann der Maitanz statt.

Wehe aber den Burschen, die ihren Maibaum vor dem Aufstellen nicht gehütet haben wir einen Augapfel! Sie können den 1. Mai nicht so fröhlich feiern. Für sie ist er ein Tag der Schmach und Schande, wenn es den jungen Männern eines anderen Ortes gelungen ist, den Maibaum in einem unbewachten Augenblick zu stehlen.

Die Bestohlenen müssen, sobald sie erfahren, wo sich ihr Baum befindet, kommen und ihn abholen. Unter Spott-und Hohngelächter müssen sie ihn dann bei den erfolgreichen Dieben mit der von diesen geforderten Biermenge wieder auslösen. Besonders die Jugend von Aubing und Obermenzing lag da in stetem Kampf miteinander. Einmal gelang es den einen, dann wieder den anderen, den Maibaum des Nachbarortes zu entführen. Der Maibaum der Münchner wurde in den letzten Jahren sogar regelmäßig gestohlen!

Die Obermenzinger waren und sind ja überhaupt berühmt für ihren schönen Maibaum. So schreibt Franz Schäehle im Jahre 1927:

»Schließlich verdient besondere Hervorhebung der Maibaum vor der Gastwirtschaft ‚Alter Wirt'. Er ist mit seinen prächtigen Darstellungen von Kirche, Schule, Schloßkapelle, Gewerbe (Wirt, Schuster, Bäcker, Bauer, Jäger, Schmied, Schreiner, Schneider), Post und Eisenbahn ein Kunstwerk zu nennen, das andere seiner Art weit in den Schatten stellt. Mit Recht hat er eine Beschreibung und Würdigung in den Vereinsheften für Volkskunst und Volkskunde erfahren.«

Heute wird der schöne alte Brauch des Maibaumaufstellens wieder mehr und mehr gepflegt und es werden in fast allen Stadtteilen Münchens eigene Maibäume aufgestellt und natürlich auch »gestohlen«.

## Der Pfingstlümmel und der Pfingstmontagsritt

Der Pfingstlümmel ist eine lebensgroße Strohpuppe, die von den Burschen angefertigt und in der Nacht von Pfingstsamstag auf Pfingstsonntag demjenigen auf das Hausdach gesetzt wurde, der sich aus irgendeinem Grund bei der Burschenschaft unbeliebt gemacht hatte.

Wenn etwa ein Mädchen die ortsansässigen jungen Männer besonders hochmütig behandelte und sich für alle zu gut dünkte, dann konnte es am Pfingsttag ein böses Erwachen geben.

»Wenn am Pfingstsonntag ein ausgestopfter Pfingstlümmel den Dachfirst ihres Hauses reitet, dann ist wohl manche Maid erbittert und erbost und grollt in ihrem Innern den bösen Burschen, die mit diesem schlimmen Zeichen auf dem Dache lauter und beredter gesprochen haben, als die bösesten Zungen des Dorfes es je vermocht hätten.« Dies schrieb Josef Steinbacher in seinem 1914 erschienenen Buch über Aubing.

»Jedoch nicht nur verletzter Burschenstolz oder ungestillte Liebeswerbung gaben den Menzinger Burschen Anlaß, ihren das ganze Jahr lang aufgespeicherten Groll zu entladen. Auch unberechtigte Einmischung in ihre ureigensten Privatangelegenheiten oder Hinundhertratschereien mochten sie nicht leiden. Auch dazu mußte als Zurechtweisung der Pfingstlümmel herhalten.

Und so geschah es, daß die Menzinger Burschen nicht einmal davor zurückschreckten, der ehr- und tugendsamen Schwester des hochwürdigen Herrn Pfarrer aus obengenannten Gründen den Pfingstlümmel auf's Dach zu setzen.« So schreibt Susi Roth in ihren Menzinger G'schichten, und sie fährt fort:

»Viel genützt hat allerdings der ,Wink mit dem Pfingstlümmel' nicht bei dem Fräulein Marie. Sie fühlte sich nach wie vor als der verlängerte Arm ihres hochwürdigen Herrn Bruders und schritt weiterhin in aller Strenge ein, wo sie es für notwenig hielt.«

Noch heute treiben die Burschen in der Pfingstsamstagsnacht allerhand Schabernack. So kann es geschehen, daß ein Bürger Münchens, der mit den alten Bräuchen nicht vertraut ist und im Laufe des Jahres die Burschen aus irgendeinem Grund geärgert hat, zu seiner größten Verwunderung und Empörung am Pfingstsonntag seine Gartentüre ausgehängt und auf dem Dach der Garage liegend vorfindet. Und nicht selten erfährt der wütende Mann erst auf der Polizeiwache von dem alten Burschenrecht und kann sich den Vorfall erklären. Mit viel Erfindungsgeist denkt sich die Jugend auch noch heute allerlei Streiche für den Pfingsttag aus, die fast immer, das muß man ihr zugute halten, harmloser und lustiger Natur sind, und nur in den seltensten Fällen bösartig oder gefährlich.

Ein weiterer Pfingstbrauch in München, der aber heute nicht mehr gepflegt wird, war der Pfingstmontagsritt. Besonders in Neuhausen wurde er abgehalten. Dabei waren Hänsel und Gretel, die von zwei Leuten aus dem Dorfe dargestellt wurden und liebevoll herausgeputzt waren, die Hauptpersonen, die den Zug anführten.

»Sie kamen ihrer Rede nach aus dem Paradies vom Rheine her, wo Weizen und Korn gedeiht. Ihnen gesellte sich zu der Wassermann mit einem Rad, das mit einer Puppe umflochten, ins Wasser gerollt wurde. Hänsel erzählte als Anführer der neun sogenannten Sandriegelbuben, er habe drei Pferde im Stall, eins mit Wimmern im Maul, eins ohne Zaum und eins blind«, berichtet uns Franz Schaehle über diesen Brauch.

Diese kranken Pferde, von denen die Rede war, sollten anscheinend beim Pfingstmontagsritt geheilt werden.

## Fronleichnam in München

Die Fronleichnamsprozession wurde früher in München mit dem größtmöglichen Prunk begangen. Die Häuser an den Straßen, durch die der Festzug kam, waren mit bunten Tüchern, mit Teppichen, Blumen und Kerzen geschmückt. Junge grüne Birken säumten den ganzen Weg. Der vom Bischof unter dem »Himmel« — den vier Männer trugen — gehaltenen Monstranz folgten außer der Geistlichkeit und den Honoratioren der Stadt auch die Studentenverbindungen, die Vereine und Bruderschaften, sowie die einzelnen Stände mit ihren Fahnen und Zunftzeichen. Neunzig kleine Kinder nahmen, als Engel verkleidet, an dem Zug teil, ebenso eine große Anzahl von Leuten aus allen Bevölkerungsschichten, die Figuren aus der Hl. Schrift, auch die Pharaonen und Römer, darstellten. Ihnen folgten viele Männer, Frauen und Kinder in ihren Sonntagsgewändern, die zu keiner der obengenannten Gruppen gehörten.

Diese farbenfrohe, prächtige Prozession, die sich singend und betend durch München wand, war ein Schauspiel, das weit über die Grenzen der Stadt hinaus berühmt war. Die Sage berichtet, daß sich einmal ein sehr reicher Kaufmann aus Bozen den Festzug angesehen habe. Dabei sei ihm ein wunderschönes Mädchen aufgefallen, das die Rebekka aus dem Alten Testament darstellt. Sie hieß Veronika und war sehr arm. Ihren Lebensunterhalt mußte sie sich als Köchin verdienen. Der Kaufmann war von ihrer Anmut und ihrem lieblichen Wesen so bezaubert, daß er sie vom Fleck weg heiratete, ohne den Standesunterschied, auf den in damaliger Zeit größter Wert gelegt wurde, zu beachten. Schon bald nachher zog die schöne Münchnerin mit ihm in seine sonnige Heimat. Mit dieser romantischen Erzählung wollten die Leute unterstreichen, wie herrlich jene anzuschauen gewesen seien, die an der Prozession teilgenommen hätten.

Man kann verstehen, daß die Veranstalter der Fronleichnamsprozession jedesmal zitterten, ob der Festzug, den sie mit soviel Mühe und Aufwand vorbereiteten, auch würde stattfinden können, denn das Wetter ist in München um Fronleichnam oft noch sehr wechselhaft.

Auch die Bauern wünschten sich an diesem Tag Sonnenschein, denn eine alte Regel sagt:

»Corpus Christi hell und klar,
deutet ein gutes, fruchtbares Jahr.«

Noch heute wird bei schönem Wetter in München die Fronleichnamsprozession abgehalten. Vom Dom aus zieht der Festzug hinter dem Allerheiligsten durch die Straßen, wenn auch nicht mehr so verschwenderisch und prachtvoll aufgeputzt, wie in früheren Jahrhunderten.

## Allerheiligen und die armen Seelen

Allerheiligen ist eigentlich ein hohes Freudenfest der katholischen Kirche, dennoch wird es für die meisten Menschen durch den etwas wehmütigen nachfolgenden Allerseelentag überschattet. Der Grund dafür liegt vielleicht darin, daß der Gang auf den Friedhof und die Gräbersegnung fast überall schon an Allerheiligen stattfindet, und nicht erst an Allerseelen.

Es ist ein schöner, alter Brauch, daß an diesen Tagen, wenn schon das erste Winterahnen durch die Natur zieht, die Menschen ihrer Toten gedenken. Dann trifft sich in München oft die gesamte Familie, vom jüngsten bis zum ältesten Mitglied, am Grabe eines lieben Verstorbenen.

Die Gräber werden besonders schön geschmückt und oft überreich mit Blumen, Kränzen und Lichtern beladen. Meist am Nachmittag von Allerheiligen geht dann der Priester durch den Friedhof und segnet jedes einzelne Grab, ob es nun von einem Kreis andächtiger Menschen eingerahmt ist oder ob es in stiller, kalter Einsamkeit daliegt.

Um dieses Fest der Heiligen und der Toten ranken sich viele alte Bräuche, die mit einer Menge Aberglauben vermischt sind. In München wurden früher sogenannte »Allerseelenzöpfe« gebacken, die manchen unserer älteren Mitbürger vielleicht noch im Gedächtnis sind. Auch stellte man in Bayern häufig kleine Nudeln aus Teig her, die man dann mit dem Spruch »für die armen Seelen« ins Feuer warf. Diese Bräuche sind Reste alter heidnischer Totenopfer.

Auch Helene Raff beschrieb uns vor einem halben Jahrhundert einige Dinge, die unsere Vorfahren mit dem Allerseelenfest in Verbindung brachten:

»Liegt viel Schnee, so sagte man ehemals, daß im kommenden Jahre viele Wöchnerinnen sterben würden. Der alte Aberglaube, daß der, welcher in der Allerseelennacht um zwölf Uhr sich auf den Friedhof oder auf einen Kreuzweg stellt, die Toten des künftigen Jahres vorbeiziehen sieht, ist bekannt. Altbayerischer Glaube ist außerdem: Die in der Fremde begraben liegen, kommen in der Nacht vor Allerseelen an ihren Heimatort geflogen, um am Libera und Segen auf dem heimischen Gottesacker ihren Anteil zu haben.

Noch eine alte Überlieferung erzählt von den nächtlichen Gottesdiensten der abgeschiedenen Seelen in Kirchen und Domen. Die Nacht vom 1. auf 2. November gibt alle Geister frei. Fährt der Wind heulend und mit unheimlicher Macht einher, so hören feine Ohren das Klagen der abgeschiedenen Seelen heraus.

In alten Zeiten war es Brauch, den armen Seelen Speise hinzustellen; wer ihnen diese wegaß, mußte noch im selben Jahre sterben, sofern er nicht durch eine besondere Guttat einer armen Seele aus dem Fegefeuer half. Besonders verdienstlich sind Gebete und Liebeswerke für das Heil der allerärmsten Seele, derer sonst niemand gedenkt.«

# Weissagungen in der Thomasnacht

Das Fest des hl. Thomas am 21. Dezember wird von jeher von einem geheimnisvollen Nimbus umgeben. Seltsame, abergläubische und unchristliche Gebräuche haben sich an diesem Tage teilweise bis in unsere heutige Zeit hinein erhalten.

So galt die Thomasnacht als »Losnacht«, in der ein Mädchen, das heiraten wollte, seinen zukünftigen Mann sehen konnte. Es mußte dazu völlig entkleidet von rückwärts in das Bett steigen oder es mit der großen Zehe kräftig anstoßen. Dabei mußte es den Spruch sagen:

»Bettstatt ich tritt dich,
Hl. Thomas, ich bitt' dich,
Zeig mir im Träumen
Den Herzliebsten meinen!«

Daraufhin würde sie im Traume ihren zukünftigen Mann sehen. Besonders gut sollte der Zauber wirken, wenn neben dem Bett zwei Kerzen brannten, weil dann kein »Teufelsspuk« die Fragende narren konnte.

Eine andere Art, wie man den zukünftigen Hochzeiter erblicken konnte, beschreibt Helene Raff so:

»Oft werfen die Mädchen in der Thomasnacht, entkleidet am Boden hockend und der Türe den Rücken zuwendend, ihren linken Schuh über den Kopf. Fällt er so, daß die Schuhspitze gegen die Türe weist, so bedeutet es, daß sie im Laufe des Jahres das Haus verlassen wird. Auch schaut die Liebende gerne in den Brunnen oder durch ein Stück Kirchenfensterglas, um die Gestalt des Ersehnten zu erblicken; in den Spiegel zu schauen soll den gleichen Erfolg haben. Doch soll es auch schon geschehen sein, daß die Neugierige anstatt eines schmucken Bräutigams den beinernen Tod sah und von ihm auch richtig im nächsten Jahre heimgeholt ward.«

Wenn auch die schwierigen Arten, in die Zukunft zu sehen, heute aus der Mode gekommen sind, in den Spiegel schauen um die zwölfte Stunde dieser magischen Nacht auch noch heute viele junge Münchnerinnen, denn, wer weiß, vielleicht ist doch etwas Wahres an dieser eigenartigen Überlieferung?

Derjenige, der in der Thomasnacht einen Schemel aus neunerlei Holz anfertigt, könne, so glaubte man früher, wenn er in der Christmette durch das Handloch desselben schaue, erkennen, wer in der Gemeinde eine Hexe sei. Er würde diese dann verkehrt in ihren Kirchenstühlen sitzen sehen. Bei der Herstellung des Wunderschemels muß er jedoch, so heißt es, streng darauf achten, daß er die richtigen Hölzer dazu verwendet. Diese sind Eibe, Lärche, Föhre, Fichte, Tanne, Latsche, Zirbelkiefer, Sandelholz und Wacholderholz. Das ist wichtig, sonst hat der Schemel nicht die gewünschte Wirkung. Auch darf bei seiner Herstellung nur mit der linken Hand gearbeitet werden. Außerdem müssen alle Hölzer in der berüchtigten Walpurgisnacht gesammelt worden sein.

## Weihnachtliche Sagen und Bräuche

Der Abend des letzten Donnerstages vor Weihnachten ist die sogenannte »Klöpfleinsnacht«. Da herrschte früher der Brauch, daß die Dienstmägde in den Geschäften, in denen sie das Jahr über eingekauft hatten, also beim Krämer, Bäcker oder Metzger, ein kleines Geschenk, Geld,

Süßigkeiten, Kletzenbrot, Schinken oder sonst etwas Gutes erhielten.

Die Münchner Lehrlinge pflegten an diesem Abend zu den Kunden ihrer Handwerksmeister zu gehen. Vor deren Häusern sangen sie dann das Klöpfleinslied:

»Holla, holla, klopf an,
D'Frau hot an scheanen Mann,
Geit mir d'Frau a Küchl zum Lohn
Daß i an Herrn gelobt hon;
A Küchl und an Zelten,
Da Peter wird's vagelten;
Da Peter is a heil'ga Mo
Der alle Ding' vagelten ko.«

Mit diesem Lied gaben sie zu verstehen, daß der hl. Petrus die Gaben einst an der Himmelstüre vergelten würde, indem er den Mildtätigen die Pforte zum Paradies öffnen würde. Nach solchen Versprechungen wurden die Lehrlinge natürlich reich belohnt.

Aber nicht nur in der Klöpfleinsnacht, sondern auch an den folgenden Tagen, oft bis nach Dreikönig, war das Klöpfeln oder Ansingen der Brauch. Da gingen die Kinder und die jungen Leute in kleinen Gruppen von Haus zu Haus und trugen die altüberlieferten, schönen Weihnachtslieder vor. In der Regel wurden sie reich mit Äpfeln, Nüssen oder Lebkuchen beschenkt. Wenn in einem Haus aber den ungeduldigen kleinen Sängern nicht gleich geöffnet wurde oder wenn sie irgendwo nichts bekamen, dann riefen sie strafend:

»Holla, Holla, Klöpfleinsnacht!
Wer nix gibt, der is nit brav!«

Die Phantasie der Münchner umgab das Weihnachtsfest mit zahlreichen Wundern. So behaupteten sie etwa, daß um Mitternacht an den kahlen Ästen der Obstbäume wunderschöne goldene und silberne Blüten aufspringen würden, und daß sich das gewöhnliche Wasser in den Brunnen in reinen Wein verwandeln würde. Eine Stunde würde der Zauber andauern, dann sei alles wieder vorüber.

Demjenigen aber, der, um sich davon überzeugen zu können, der Christmette fernbliebe, würde es so übel ergehen, wie einem Trunkenbold, der einst um Mitternacht, anstatt in die Kirche zu gehen, zum nächsten Brunnen eilte und dort das Wasser kostete. Wohl rief er, als er davon getrunken hatte, freudig aus:

»Ich schmeck' an Wein, ich schmeck' an Wein!«

Aber gleich darauf antwortete ihm der Leibhaftige, der dort schon auf ihn gelauert hatte:

»Und du bist mein!«

Mit diesen Worten packte er den Mann und fuhr schnurstracks mit ihm in die Hölle.

Am Weihnachtstag, um die zwölfte Stunde, so erzählen die Leute geheimnisvoll, können alle Tiere in menschlicher Sprache reden und einem die Zukunft voraussagen. Es ist aber nicht ratsam, deshalb die Mette zu versäumen, weil man gar oft sehr schlimme Dinge erfahre, so wie ein Bauer aus Aubing, dessen Geschichte später erzählt wird.

Am zweiten Weihnachtsfeiertag, dem Tag des hl. Stephanus, wurde der Stephansritt abgehalten. In München wurden die Pferde dreimal um die Stephanskirche am Alten Friedhof geritten oder zur Ader gelassen. Dieser Brauch ist noch älter als der bekanntere Leonhardiritt.

In manchen Gegenden, rund um München, wurden an diesem Tag auch große Pferderennen abgehalten, zu denen die Pferde von weither zusammenkamen. Dies war vor allem in Tutzing der Brauch.

# Die Rauhnächte

Die zwölf Nächte zwischen Weihnachten und Dreikönig werden die »Rauhnächte« oder »Rauchnächte« genannt. In München erzählt man sich, daß alles, was man in diesen Nächten träume, im entsprechenden Monat des kommenden Jahres in Erfüllung gehen würde. Was einem beispielsweise in der fünften Rauhnacht im Schlaf erscheine, das geschehe dann im Mai.

Die Rauhnächte sollen aber auch zum sogenannten »Lössln« sehr gut geeignet sein, wie die Leute behaupten. Dabei soll man das Schicksal von Menschen erfahren können, die weit entfernt sind, und von denen man lange nichts gehört hat. Besonders häufig wurde dieses Verfahren angewandt, um herauszubekommen, ob ein im Krieg Verschollener noch am Leben sei.

Das »Lössln« geht so vor sich:

Der Frager bindet in einer Rauhnacht einen Ring an einen Faden. Dann legt er ein Stück Brot und ein Häuflein Erde auf einen Tisch. Nun muß er sich genau in der Mitte davorstellen und den Faden mit dem Ring darüber halten. Dabei kommt der Ring ins Schwingen. Zeigt er auf die Seite des Brotes, so lebt der Vermißte, wendet er sich aber nach der anderen Seite, so ist er tot.

# Silvester und das neue Jahr

Der uralte Wunsch des Menschen, den Schleier, der über seinem Schicksal liegt, ein wenig zu lüften und einen

Blick in die Zukunft zu tun, ist um die Jahreswende besonders stark. Der heimliche Aberglaube, der auch in uns scheinbar so aufgeklärten Menschen oft noch tief verwurzelt ist, läßt die Nacht an der Schwelle eines neuen Jahres als besonders geeignet für solch eine Zukunftsbefragung erscheinen.

Da sitzen dann in der Silvesternacht die Familien mit ihren Freunden beim Bleigießen beisammen und versuchen, aus den eigenartigen Gebilden, die dabei entstehen, Hinweise auf ihr Schicksal im kommenden Jahr zu erkennen.

In München stellten sich früher am Neujahrsmorgen die Mädchen vor die Haustüren und schälten einen Apfel, den sie am Weihnachtsabend für diesen Zweck aufgehoben hatten. Sie warteten mit großer Neugierde auf den ersten Mann, der vorübergehen würde, denn dessen Standes würde ihr späterer Gatte sein. Kam also ein Schuster vorbei, so würde sie einen Schuster heiraten, kam ein Advokat, so würde sie die Frau eines Advokaten.

Noch heute glauben manche Leute, daß derjenige, dem sie am Neujahrsmorgen zuerst begegnen, ein Vorzeichen für das kommende Jahr bedeute. Kranke und alte Menschen gelten als Künder schlechter Zeiten, Kinder und junge, schöne Leute als Vorboten eines glücklichen Jahres.

Der Brauch des Neujahrsingens, der lange Zeit fast in Vergessenheit geraten zu sein schien, wird heute wieder mehr gepflegt. Früher sangen in München die Kinder da bei dieses Lied, das sicher noch manchem unserer älteren Mitbürger in Erinnerung ist:

»Wir treten einher ohn' alles Gefahr,
Wir wünschen euch allen ein glückseliges Neujahr,
Ein neues Jahr, eine gute Zeit,
Die uns Gott Vater vom Himmel geit.
Wir wünschen euch einen goldenen Tisch,

An jedem Eck einen gebackenen Fisch
Und in der Mitten ein Gläslein Wein,
Das soll euch wohl bekommen sein!
Wir wünschen euch zum neuen Jahr
Ein neugeborns Christkindl mit krausem Haar.
Wir wünschen Gesundheit für klein und groß,
Gott behüt' eure Truh'n, eure Rinder und Roß;
Und daß wir aufs Jahr wieder kommen gegangen,
Und daß wir uns alle mit Freuden empfangen.
Sprecht Amen, sprecht Amen, das werde wahr:
Gott führ' uns zusammen zur himmlischen Schar!«

## Die Wünschelrute an Dreikönig

An Dreikönig war es früher üblich, sich eine Wünschelrute zu schneiden. Der Schnitt mußte bei Sonnenaufgang geschehen. Am besten wählte man einen einjährigen Trieb einer Haselstaude aus, weil solch einer, laut Sage, die meiste Kraft besaß. Beim Schneiden mußte man sprechen:

»Ich schneide dich, liebe Ruten,
daß du mir mußt sagen,
um was ich dich tu fragen,
und dich so lang nit rühren,
bis du die Wahrheit tust spüren.«

Danach wurde die Wünschelrute nach dem Namen eines der drei hl. Könige benannt.

# St. Emmeram in Oberföhring

In Oberföhring stand lange Zeit am Ufer der Isar eine kleine Kapelle zu Ehren des hl. Emmeram. Ihre Gründung ging, laut Legende, auf folgende Begebenheit zurück:

Uta, die schöne Tochter des Bayernherzogs Theodor, der um die Mitte des siebten Jahrhunderts regierte, erwartete ein Kind von einem Ritter, dessen Namen sie nicht nennen konnte. Er wäre sonst von ihrem strengen Vater und von ihrem stolzen Bruder Lambert getötet worden, und das wollte sie um jeden Preis verhindern. In ihrer Not wußte sie bald nicht mehr, was sie tun sollte, denn ihr Zustand wurde immer offenkundiger.

Zu dieser Zeit begab sich Bischof Emmeram, der wegen seiner Frömmigkeit und Güte, sowie wegen seines heiligmäßigen Lebens im ganzen Volk hochverehrt wurde, auf eine Pilgerreise nach Pannonien, wo er den Heiden die Frohe Botschaft bringen wollte. Diesen Umstand machte sich Uta zunutze. Sie gab ihn als Vater ihres Kindes an, weil sie glaubte, er sei dadurch, daß er so weit entfernt sei, der Rache ihres Vaters und ihres Bruders entzogen. Die Empörung und der Zorn am Hofe des Herzogs nach ihrer Aussage, waren aber größer und schlimmer, als sie je geglaubt hatte. Der stolze Lambert schäumte vor Wut über die Schande, die Emmeram seiner Meinung nach über die Herrscherfamilie gebracht hatte. Er schwang sich unverzüglich auf sein Streitroß, rief seine Mannen zu sich und jagte dem Bischof nach, um sich an ihm zu rächen. Seine Schwester, die voller Reue und Verzweiflung sah, was sie angerichtet hatte, konnte ihn nicht daran hindern.

Bei Helfendorf holte Lambert den friedlich dahinziehenden, nichtsahnenden Pilger ein. Sofort stürzte er sich mit blankem Schwert auf ihn und metzelte ihn erbarmungslos nieder, ohne ihm Gelegenheit zu geben, auch nur ein Wort zu sagen. Dann ließ er ihn in seinem Blute liegen und kehrte nach Regensburg zurück.

Einige Bauern, die in der Nähe gearbeitet hatten, fanden den sterbenden Bischof. Sie hoben ihn auf, betteten ihn vorsichtig auf einen Karren, der von zwei Ochsen gezogen wurde, und brachten ihn nach Aschheim. Dort erlag der fromme Mann seinen schweren Verletzungen. Voll Trauer setzten ihn die Bauern in der St. Peters-Kirche des Ortes bei.

Da aber geschahen seltsame Dinge. Vierzehn Tage lang regnete es ohne Unterlaß. Die Menschen deuteten dies als ein Zeichen des Himmels, daß der Leichnam des Ermordeten woanders bestattet werden sollte. Ehrfürchtig holten sie ihn wieder aus der Gruft heraus, luden ihn abermals auf einen Ochsenkarren und überließen dann die Tiere sich selbst, daß der Verstorbene sie dorthin führen konnte, wo er begraben sein wollte.

Die Ochsen zogen den Wagen bis Oberföhring und blieben dort am Ufer der Isar stehen. Die Leute, die den Totenzug begleiteten, luden den Leichnam des heiligen Mannes auf ein kleines Schiff. Dieses fuhr, zum höchsten Erstaunen aller, ohne menschliche Hilfe die Isar abwärts bis zur Donau, und diese gegen den Strom hinauf bis nach Regensburg. Von den Kerzen, die um den Leichnam aufgestellt waren, verlöschte während der ganzen Fahrt nicht eine einzige.

Herzog Theodor, der inzwischen erfahren hatte, welch großes Unrecht seine beiden Kinder dem Bischof zugefügt hatten, ließ ihn mit höchsten Ehren in Regensburg zu Grabe tragen. An der Stelle in Oberföhring aber, wo die Ochsen mit dem Leichnam des heiligen Mannes stehen geblieben waren, wurde eine kleine Kirche errichtet. Sie steht jedoch heute nicht mehr.

## Das Gottesgericht

Einstmals, als sich Königin Uta, die Gemahlin König Arnulfs, auf dem königlichen Gutshof in Oberföhring aufhielt, verliebte sich ein Ritter in die schöne Frau. Sie aber hielt ihrem Gatten, der zu jener Zeit gerade ferne weilte, die Treue. Entrüstet wies sie den Verführer ab. Darüber geriet dieser in großen Zorn. Seine Liebe wandelte sich in Haß, und er sann auf finstere Rache.

Überall im Land verleumdete er von da an die Königin, streute Zweifel an ihrer Tugend aus und verbreitete das Gerücht, sie führe im Verborgenen ein lasterhaftes Liebesleben. Auch schloß er sich als Aufrührer den Feinden König Arnulfs an. Da ließ ihn dieser ergreifen und in den Kerker werfen. In seiner ungestillten Rachsucht, und weil er wußte, daß er sein Leben ohnehin verwirkt hatte, versuchte der Ritter nun, die Königin mit ins Verderben zu reißen. Er behauptete ohne Scham, er sei in Föhring der Liebhaber Utas gewesen.

Erzürnt ließ Arnulf daraufhin sofort seine Gemahlin verhaften und vor ein strenges Gericht stellen. Sie aber leugnete alle Schuld und beteuerte, ihrem Gatten immer treu gewesen zu sein.

»Könnt Ihr das vor dem Angesicht Gottes auf die Hl. Schrift beschwören?« forschten die Richter. Die Angeklagte bejahte dies mit großer Entschiedenheit. Da fragten sie auch den Verleumder, ob er seine Aussage beeiden könne, und der erklärte sich ebenfalls dazu bereit.

Nun wurde eine goldene Bibel herbeigebracht und vor ein schönes Kreuz im Saal gelegt. Darauf sollte die Königin ihre Unschuld beschwören. Sie hob ihre Augen zum Kreuz, betete eine Weile still und leistete den gewünschten Eid. Frech trat anschließend der Ritter heran, legte ohne zu Zögern ebenfalls seine Hand auf die Bibel und schwor, die Königin sei dem König mit ihm untreu gewesen. Doch kaum hatte er den Meineid geleistet, als er auch schon in tiefstem Schrecken einen lauten Schrei ausstieß. Die Hand, die er frevlerisch unter dem Kreuz auf die Bibel gelegt hatte, war plötzlich steif, desgleichen der ganze rechte Arm.

Ein ehrfürchtiges Staunen ging durch die Menge, die Zeuge dieses offensichtlichen Gottesgerichtes geworden war, mit dem die Unschuld der Königin kundgetan wurde.

König Arnulf schritt tief ergriffen zu seiner Gemahlin und bat sie vor allen Anwesenden um Verzeihung für den schlimmen Verdacht, den er gegen sie gehegt hatte. Mit großer Ehrerbietung wurde die edle Frau aus dem Saal geführt. Der Verleumder aber wurde noch in der selben Stunde abgeurteilt und später hingerichtet.

## Die neidischen Nachbarn

Bei der Schlacht auf dem Lechfeld im Jahre 955 waren zwei der Anführer, die später zu Rittern geschlagen wurden, erbitterte Rivalen. Sie hießen Niklas und Balthauser.

Jeder wollte besser sein, als der andere. Sie besaßen aneinandergrenzende Ländereien bei Milbertshofen. In ihrer neuen Würde steigerte sich ihr Bedürfnis, den anderen zu übertrumpfen noch gewaltig. Einer erwarb schönere Rosse, prächtigere Kleider und bessere Waffen als der andere. Mit Neid sah es Niklas, wenn sich der Nachbar ein schnelles Pferd kaufte; mit Mißgunst vermerkte es Balthauser, wenn jener einen neuen Stall baute.

Sie begannen einander so zu hassen, daß sie sich nicht einmal mehr sonntags in der Kirche begegnen wollten. Da baute jeder von ihnen auf seinem Grund und Boden ein eigenes Gotteshaus, Niklas das Niklaskirchlein, und Balthauser das Jakobskirchlein.

Ein dritter Nachbar, der auf der Georgenschwaige zu Milbertshofen saß, war so erbost über die ständige Angeberei der beiden Streithähne, daß er, nur um sie zu ärgern, aus der reichen Beute, die er in der Hunnenschlacht gemacht hatte, einen Pflug aus reinem Silber anfertigen ließ. Davor ließ er vier der herrlichsten Pferde spannen und nahm dann das Bild des silbernen Pfluges mit dem Gespann davor in sein Wappenschild auf.

## Das Mädchen und der Pestvogel

Den Schrecken des Dreißigjährigen Krieges, als rohe Kriegshorden mordend und brennend durch Bayern zogen und überall blutige Spuren hinterließen, folgte eine nicht weniger furchtbare Geißel des Volkes, der schwarze Tod.

Lautlos, doch unaufhaltsam, kroch der Giftatem der

heimtückischen Krankheit in die einzelnen Städte und Dörfer. In manchen Ortschaften erlag fast die gesamte Bevölkerung der verheerenden Seuche. Auch vor den Toren Münchens machte der schwarze Tod nicht halt. Ohne Rücksicht auf Stand oder Alter der Menschen forderte er seine Opfer von Arm und Reich, von Alt und Jung.

In jener Zeit, da das große Sterben durch das Land zog, lebte am Rand von München — in Fröttmaning — ein armes Mädchen. Es hatte schon früh Vater und Mutter verloren und wohnte daher ganz alleine in einer bescheidenen Hütte. Es war mit einem jungen Mann verlobt, doch auch der hatte es verlassen müssen, denn er war kurz vor der Hochzeit gezwungen worden, Soldat zu werden. Seither hatte ihn das Mädchen nicht mehr gesehen, denn er war noch immer nicht aus dem furchtbaren Krieg zurückgekehrt. Manchmal fürchtete es, daß es seinen Liebsten überhaupt nie mehr sehen würde. Trotzdem ertrug es sein schweres Schicksal geduldig und fromm und suchte Vergessen in der Arbeit.

Eines Morgens aber, als es aufstehen und sich wie gewohnt an sein Tagewerk machen wollte, fühlte es eine seltsame Schwäche in allen Gliedern. Es bereitete ihm große Mühe, auch nur einen Arm zu heben. Da kam dem Mädchen der furchtbare Verdacht, daß der Todeshauch der Pest es gestreift habe und unerbittlich das einzige von ihm fordere, was es noch besaß, sein junges Leben.

»Ich will nicht sterben, o Gott, ich will nicht sterben! Warum nur bin ich so alleine! Warum ist niemand da, der mir hilft?« klagte die Kranke verzweifelt.

Nach einer Weile erhob sie sich mühsam von ihrem Lager, schleppte sich vor das Haus und setzte sich dort unter ihren Lieblingsbaum.

»Wenn ich schon sterben muß, so will ich wenigstens in

der hellen, warmen Sonne sterben und noch ein letztes Mal die schönen Blumen anschauen und die Vögel zwitschern hören!« dachte sie.

Ganz still saß sie da, so, als könnte sie dadurch, daß sie sich nicht bewegte, die schreckliche Krankheit in ihr aufhalten und noch ein wenig länger am Leben bleiben. Plötzlich flog ein fremdartiger Vogel herbei und ließ sich auf dem Dach der Hütte nieder. Sie blickte verwundert auf, denn noch nie hatte sie einen ähnlichen Vogel gesehen: Sein ganzer Körper und seine Schwingen waren weiß, wie ein frischgewaschenes Leintuch, seine Füße und sein Schnabel waren schwarz wie der Tod. Zu ihrem höchsten Erstaunen begann er, nachdem er sie erst eine Weile mit seinen klugen schwarzen Augen gemustert hatte, in menschlicher Sprache zu singen:

»Eßt Kranewitt und Durmedill,
so werd' ihr bleiben mein Gesell!«

Bei diesen Worten ließ er vor die Füße des Mädchens ein Zweiglein fallen, das er im Schnabel gehalten hatte, und flog dann wieder davon. Die Verzweifelte faßte nun neuen Mut und rief:

»Habe Dank, fremder Vogel, ich will deinen Rat befolgen!«

Sie hob das Zweiglein auf, und als sie sah, das es Wacholder war, brach sie von einem Wacholderbaum, der im Garten stand, noch einige Ästchen ab. Diese zündete sie an und räucherte damit die kleine Hütte gründlich aus. Nachdem sie das getan hatte, sammelte sie ihre letzten Kräfte und ging hinaus auf die Wiesen, um das Kräutlein Tormentill, das ihr der gefiederte Freund genannt hatte, zu suchen. Als sie genügend davon gefunden hatte, braute sie sich einen starken Tee daraus und nahm sogleich einige Schlucke zu sich.

Da fühlte sie, wie gleichsam neues Leben sie durchrann und den Kampf mit der fürchterlichen Krankheit aufnahm. In den nächsten Tagen trank sie nur von diesem Tee und versuchte, so viel zu schlafen, wie sie nur konnte. Da endlich mußte der schwarze Tod, der sie schon fest in seinen Krallen gehabt hatte, weichen. Zusehends besserte sich ihr Zustand, und nach einigen Tagen war sie wieder ganz genesen.

Da lief sie voller Freude zu ihren Nachbarn und erzählte ihnen von dem seltsamen Vogel und dem Wundertee, die ihr geholfen hätten, die Pest zu überwinden. Viele glaubten ihren Worten und holten sich auch von den Wiesen das Kräutlein Tormentill. Alle aber, die den daraus gebrauten Tee tranken und ihr Haus, wie es ihnen das Mädchen geraten hatte, mit Wacholder ausräucherten, waren gegen den schwarzen Tod gefeit und fielen ihm nicht zum Opfer.

## Die kalte Herberge in Schwabing

In jenen Zeiten, als Schwabing noch nicht zu München gehörte, machten die Münchner Bürger oft ihre Sonntagsausflüge durch den »Türkengraben«, den Max Emanuel von gefangenen Türken hatte anlegen lassen, nach Schwabing. Ein beliebtes Ziel der Leute war ein Wirtshaus, das ein wenig außerhalb des damaligen Dorfes lag. Es hieß im Volksmund nur »die kalte Herberge«.

Dieser eigenartige Name ging auf ein hartnäckiges, wenn auch oft dementiertes Gerücht zurück, demzufolge das Wirtshaus einstmals eine unheimliche Mörderherberge gewesen sein sollte. Man erzählte sich, früher sei mancher reiche Kaufmann, der nichtsahnend dort genächtigt habe, auf unerklärliche Art und Weise verschwunden, und sei niemals mehr lebend gesehen worden.

Diese Schauergeschichten um die kalte Herberge hielten aber die Münchner nicht ab, sich des Sonntags dort zu vergnügen.

## Die Utahöhle bei Trudering

Uta, die Tochter Theodos von Bayern, war mit ihrem Bruder Lambert vom Hof zu Regensburg verbannt worden, weil die Geschwister den Tod Bischof Emmerams auf dem Gewissen hatten. In tiefer Reue lebte die Fürstin auf einem Schloß in Trudering. Zu Sühne für ihr großes Verschulden tat sie Gutes, wo immer sie konnte.

Nach ihrem Tod fiel, so berichtet die Sage, das Schloß an einen reichen und mächtigen Ritter. Er war das Gegenteil der gütigen und barmherzigen Schloßherrin, er war durch und durch schlecht. Seine Leibeigenen behandelte er mit einer Grausamkeit, die ihresgleichen im ganzen Lande suchte. Viele mußten unter seiner harten Herrschaft unschuldig ihr Leben lassen, weil er schlechte Laune hatte oder sich über irgendwen geärgert hatte. Das bekamen dann seine Leibeigenen zu spüren, denn sie waren in seinen Augen keine richtigen Menschen und darum war ihr Leben für ihn auch keinen Heller wert.

Seine Frau — auch Uta geheißen, wie ihre Vorgängerin — versuchte heimlich, das Unrecht, daß ihr Gatte ständig an seinen Untergebenen beging, ein wenig zu mildern. Oft schlich sie sich aus dem Schloß, trug Brot, Eier und Schinken, oder was die Leute sonst brauchten, zu den Kranken und Hungernden und verband die Wunden, die der Ritter oft in sinnloser Wut geschlagen hatte.

Als sie eines Tages, es war das heilige Pfingstfest, von solch einem barmherzigen Gang aus Trudering zurückkam, blieb ihr vor Schrecken fast das Herz stehen. Sie war nicht mehr weit vom Schloß entfernt, als plötzlich ein dumpfes Grollen ertönte. Gleichzeitig öffnete sich die Erde und verschlang das schöne Gebäude, samt seinem ruchlosen Herrn darin, ganz in sich hinab. Zurück blieb nur ein tiefes und breites Loch voller Geröll und Schutt, das noch lange Zeit zu sehen war. Der Ort, wo sich dies zugetragen hatte, lag neben der Landstraße von Trudering und hieß seither »Utahöhle«.

Nach dem Tod des Ritters, so berichtet die Sage weiter, zog Uta nach Trudering. Sie schenkte der Gemeinde Äcker, Wiesen und Wälder aus ihrem reichen Besitz. Sie versuchte, die Lage der Armen zu bessern und wirkte segensreich bis an ihr Ende. Lange noch wurden in Trudering Messen für die geliebte und verehrte Wohltäterin abgehalten.

## Das Geistergericht

Auf der großen, freien Wiesenfläche, die früher zwischen Ramersdorf und Zorneding lag, war es nicht geheuer. Zu gewissen Zeiten, in der Walpurgisnacht, der Allerseelennacht und den Rauhnächten, kamen die Verstorbenen aus den Gräbern der umliegenden Friedhöfe von Trudering, Ramersdorf, Perlach und Haidhausen. In ihre uralten Trachten gekleidet, stiegen sie auf einen Geisterwagen, fuhren auf die genannte Heide hinaus und setzten sich dort in einem weiten Kreis zusammen. Die gespenstischen Gestalten hielten strenges Gericht über den bösen Ritter von Trudering, von dem vorhin die Rede war. Er kniete als Angeklagter in ihrer Mitte. Neben ihm stand ein Geist in Henkerskleidung, das bloße Schwert in der Hand. Eine ganze Stunde lang, von zwölf Uhr Mitternacht bis ein Uhr, verhandelte die unheimliche Gesellschaft über das Schicksal des Ritters. Dann fällten die Geister das Urteil. Der Henker machte sich bereit und trennte mit dem Schwert den Kopf vom Rumpf des Angeklagten. Dies alles ging in völliger Lautlosigkeit vor sich. In dem Augenblick aber, in dem das Urteil vollzogen war, schlug die Uhr von Ramersdorf die erste Stunde. Da war der nächtliche Geisterspuk jeweils, wie vom Winde verweht, mit einem Mal verschwunden.

## Die Gründung des Keferloher Pferdemarktes

Am 10. August des Jahres 955 kämpfte Kaiser Otto auf dem Lechfeld gegen das Heer der Hunnen. Nach stundenlangem, blutigem Gemetzel neigte sich der Sieg den Eindringlingen aus dem Osten zu, weil sie sich mit ihren kleinen, ungemein schnellen Pferden jeweils so rasch von einer Stelle zurückziehen und an einer anderen neu formieren konnten, wie es den Deutschen nicht möglich war. Der Kaiser glaubte die Schlacht schon verloren und rief verzweifelt aus:

»Dawider vermögen die Menschen nichts, da muß Gott helfen!«

In dem Augenblick sah er, gleichsam als Erhörung seines Stoßgebetes, das Heer der Bayern anrücken. Mit dessen Hilfe gelang es ihm, die Hunnen vernichtend zu schlagen.

Aus Freude über den für das gesamte Abendland so wichtigen Sieg, erhob Kaiser Otto alle Anführer der Bayern, die durch ihre Tapferkeit das Blatt gewendet und den Erfolg gebracht hatten, in den Ritterstand, auch wenn es teilweise nur einfache Bauern waren. Außerdem ließ er bei Keferlohe ein großes Volksfest mit Wettrennen veranstalten und gründete dort einen Pferdemarkt, der durch Jahrhunderte hindurch berühmt war.

## Das versunkene Dorf Pachem

Früher soll es zwischen Riem und Berg am Laim einen Ort gegeben haben, der Bachheim oder Pachem hieß. Das Dorf wird tatsächlich in alten Urkunden aus dem 14. und 15. Jahrhundert erwähnt. Warum er aber Bachheim genannt wurde, weiß niemand zu sagen, denn dort floß weit und breit kein Bach.

Auch das gänzliche Verschwinden des Ortes ist schwer zu erklären. Wahrscheinlich wurde er in einem der vielen Kriege des 15. und 16. Jahrhunderts aus irgendeinem Grund völlig dem Erdboden gleichgemacht.

Die Sage aber weiß es anders zu berichten. Sie vermeldet, daß das Dorf Pachem eines Tages mit Mann und Maus, Kind und Kegel, Häusern und Ställen, Kirche und Wirtshaus, in der Erde versunken sei. Manchmal, an windstillen Tagen, sei dort, wenn man über die Felder geht, Wagenfahren, Peitschenknallen und Glockengeläut zu hören.

# Die zwei bösen Müller

Der Hachinger Bach ist ein sehr eigenwilliges Gewässer. Bei Deisenhofen ist er ein schmales Rinnsal, bei Oberhaching ein richtiger Bach und bei Taufkirchen sogar noch etwas breiter. Aber er fließt nicht, wie andere Bäche, einem größeren Fluß zu, sondern beginnt sich, etwa bei Unterhaching, wieder zu verengen, bei Unterbiberg ist er nur noch ein dünnes Wässerchen und hinter Perlach versiegt er ganz.

Die Sage erklärt den seltsamen Verlauf des Baches so:

Bei Perlach am Hachingerbach, der damals auch dort noch so breit war, daß er ohne Schwierigkeiten eine Mühle antreiben konnte, lebte einst ein Müller. Er war seiner Lebtag ein braver, rechtschaffener und fleißiger Mann gewesen und hatte es zu Wohlstand gebracht. Als er alt geworden war, und es ans Sterben ging, wußte er nicht, wem von seinen beiden Söhnen er die Mühle hinterlassen sollte, denn er wollte keinen von ihnen benachteiligen. Da entschloß er sich, jedem die Hälfte zu geben. Er glaubte, damit alles recht gemacht zu haben, und entschlief in Frieden.

Seine Söhne aber konnten sich nicht miteinander vertragen. Einer mißgönnte dem anderen das Erbteil und fürchtete, der könnte sich heimlich mehr nehmen, als ihm zustünde. So stritten sie Tag und Nacht erbittert miteinander.

»Du Taugenichts«, schrie oft der ältere Bruder den jüngeren an, »deine Faulheit wird uns noch an den Bettelstab bringen!«

»Du elender Geizkragen«, erwiderte dieser nicht weniger zornig, »deine Feilscherei um jeden Heller wird uns noch den letzten Kunden verscheuchen!«

So beschimpften sie sich gegenseitig. Jeder suchte beim anderen krampfhaft nach Fehlern, um sie ihm dann vorwerfen zu können. Darüber vernachlässigten sie schließlich gänzlich die Wirtschaft, und sie kam immer mehr herab.

Als sie es immer ärger trieben und oft sogar handgreiflich gegeneinander wurden, machte sich der Pfarrer von Perlach auf und kam in die Mühle, um dem feindlichen Brüderpaar ins Gewissen zu reden.

»Denkt doch an euren guten Vater«, mahnte er sie, »und vertragt euch um seinetwillen. Er würde sich im Grabe umdrehen, wenn er wüßte, wie mißgünstig ihr beide miteinander seid.«

Da kam er aber gerade an die Rechten. Obwohl sie sonst wie Hund und Katze aufeinander waren, fielen sie nun gemeinsam über ihn her, beschimpften ihn übel und jagten ihn zur Türe hinaus.

»Geht in Eure Kirche, wo ihr hingehört, und predigt dort«, riefen sie ihm höhnisch nach. »Wir brauchen Eure guten Ratschläge nicht. Wir wissen selbst, was wir zu tun haben. Laßt Euch bloß nicht mehr bei uns blicken!«

Traurig kehrte der Priester nach Perlach zurück. Die Brüder jedoch, kaum daß er außer Sicht war, fingen wieder an zu streiten, ärger als je zuvor.

Da aber war ihr Maß voll. Am nächsten Morgen war plötzlich der Hachingerbach, der ihre Mühle getrieben hatte, kurz vor ihrem Anwesen versiegt. Niemand konnte sich erklären, warum, aber alle sahen darin die Strafe Gottes für die spinnefeindlichen Brüder. Die beiden kamen auch an den Bettelstab, weil sie von nun an kein Mehl mehr mahlen konnten, und etwas anderes hatten sie nicht gelernt. Auch wollte sie nirgends ein Müller in Dienste nehmen, weil ihre Streitsucht überall bekannt war. Gottlos, wie sie waren, gedachten sie aber nicht ihrer eigenen Schuld, sondern schimpften nur auf die anderen, fluchten gegen Gott und die Welt. Als sie endlich keinen anderen Ausweg mehr sahen, gingen sie hin und erhängten sich beide an zwei alten Birnbäumen.

Seit der Zeit müssen ihre ruhelosen Seelen an dem Ort ihres Selbstmordes umgehen. Wenn der Mond sein fahles Licht des Nachts über die Felder gießt, kann man die beiden feindlichen Brüder manchmal umherwandern sehen. Sie finden so lange keinen Frieden, bis der Hachinger Bach wieder seinen ursprünglichen Verlauf hat.

## Der Kreuzpartikel in Ramersdorf

Markgraf Otto von Brandenburg, der Sohn Kaiser Ludwigs des Bayern, erbte von seinem Vater ein Teilchen des Kreuzes Christi. Wie jener trug er es immer an einem kleinen Kettchen auf der Brust.

Als er sich einst mit seinem Bruder Stephan und einigen anderen edlen Herrn auf einer Pilgerfahrt in Jerusalem befand, gerieten sie alle in große Gefahr. Die Türken, von denen zur damaligen Zeit die Heilige Stadt besetzt war, fanden nämlich bald heraus, daß die fremden Wallfahrer hohe Fürstensöhne des Abendlandes waren. Sie beschlossen, die Pilger aus Bayern zu überfallen, sie gefangenzusetzen und ein reiches Lösegeld für ihre Freilassung zu erpressen.

Einem Juden, namens Aaron, kam dieser Plan zu Ohren. Er hatte lange Zeit in München gelebt, und es war ihm dort von einem vornehmen Manne, der Ligsalz hieß, viel Gutes getan worden. Auch dieser Ligsalz befand sich in Begleitung der Fürsten auf der Pilgerfahrt. Aus Dankbarkeit für ihn beschloß Aaron, obwohl es für ihn gefährlich war, die Bayern zu retten. Er schlich sich bei Nacht in das Haus der Bedrohten und warnte sie vor dem Anschlag.

Die Münchner berieten kurz, was zu tun sei, zögerten aber nicht lange, weil sie wußten, was ihnen, sollten sie wirklich in die Gefangenschaft der Türken geraten, für ein schlimmes Schicksal blühte. Sie beschlossen, sofort, und nur mit dem Nötigsten bepackt, einzeln die Stadt zu verlassen, weil so die Flucht leichter glücken würde. An einem bestimmten Ort, weit draußen, wollten sie sich wieder zusammenfinden. Wie sie es abgemacht hatten, so führten sie es auch durch. Allen gelang es auf diese Weise unbemerkt aus Jerusalem herauszukommen.

Als die Türken noch in der gleichen Nacht das Haus, das die Münchner bewohnt hatten, überfielen, fanden sie zu ihrer maßlosen Enttäuschung niemanden mehr vor. Aber sie gaben nicht auf und machten sich sogleich an die Verfolgung der Entflohenen.

Diese hatten wohl einen Vorsprung vor den Feinden, waren aber mit Pferden nicht so gut ausgerüstet, wie diese. So mußten sie befürchten, bald eingeholt zu werden. In ihrer Not wandten sie sich an die himmlische Mutter. Markgraf Otto legte ein feierliches Gelübde ab, und versprach, seinen Kreuzpartikel der Kirche von Ramersdorf zu stiften und ihn dort dem Bild Mariens umzuhängen, wenn er mit seinen Freunden wieder glücklich nach Bayern gelangen würde. Und die Liebe Gottesmutter half.

Wie durch ein Wunder entdeckten die Türken, die auf schnellen Rossen die ganze Gegend durchschwärmten, die Flüchtigen nicht, so daß es ihnen gelang, den Meeresstrand zu erreichen. Dort lag ein Schiff vor Anker, das gerade in See stechen wollte. Es nahm die Fürsten mit ihrem ganzen Gefolge auf und fuhr sodann aufs Meer hinaus.

Als sie schon ein ganzes Stück vom Land entfernt waren, langten die Verfolger am Ufer an. Schäumend vor Wut, weil ihnen die Bayern zu Lande entronnen waren, bestiegen sie ein schnelles Schiff und setzten ihnen nach. Doch wie schon zu Lande, so erging es ihnen nun auch zu Wasser. Obwohl das Schiff der Fliehenden kleiner und langsamer war, gelang es den Türken nicht, es zu erreichen. Immer wenn sie glaubten, es endlich eingeholt zu haben, kam ein seltsamer Wind auf und trieb sie in eine andere Richtung. Zähneknirschend mußten sie zuletzt die Verfolgung aufgeben.

Die bayerischen Pilger aber gelangten glücklich wieder in ihre Heimat. Sie dankten Gott aus voller Seele für ihre Rettung. Markgraf Otto vergaß sein Gelübde nicht und übergab, wie er es versprochen hatte, den Kreuzpartikel der Madonna in der Kirche von Ramersdorf.

## Die Votivtafeln der Geiseln in Ramersdorf

Im Jahre 1632 wurden während der Besetzung der Stadt zweiundvierzig Münchner Bürger aus den verschiedensten Ständen, auch aus der Geistlichkeit, von den Schweden weggeführt. Sie sollten so lange in der Gewalt der Feinde bleiben, bis die Münchner die Summe von 300000 Talern aufgebracht hätten. König Gustav Adolf hatte sich nämlich auf folgenden Handel mit den Stadtvätern eingelassen: Für 300000 Talern wollte er die Stadt nicht in Schutt und Asche legen lassen. Bis zur Tilgung der Schuld aber mußten zweiundvierzig angesehene Münchner Bürger als Geiseln mit den Schweden weiterziehen.

Die Stadt konnte trotz größter Anstrengungen die hohe Geldsumme nur teilweise aufbringen. So begann ein langer Leidensweg für die Geiseln. Immer wieder schickten die Schweden Boten nach München, um den Rest der Summe zu fordern, es war umsonst. Die von dem langen Krieg ausgeblutete Stadt war bankrott. Als einmal eine Abordnung der Geiseln in dieser Angelegenheit gegen Ehrenwort nach München gesandt worden war und zwei von ihnen nicht mehr in die Gefangenschaft zurückgekehrt waren, gerieten die Schweden in großen Zorn, den die vierzig noch verbliebenen Geiseln zu spüren bekamen. Sie wurden von nun an gefesselt, sehr hart behandelt und des öfteren mit dem Tode bedroht.

In ihrer Not wandten sich die Gefangenen an die Himmelsmutter. Sie baten sie inständig um ihre Hilfe und machten das Gelübde, sie würden einen Dankgottesdienst und eine Prozession zu ihrem Gnadenbild nach Ramersdorf abhalten und dort eine »ewige Lobtafel« aufhängen, wenn sie wieder in ihre Heimatstadt zurückkehren dürften.

Nicht lange danach ließen sich die Schweden noch einmal bereden und schickten abermals einige der Geiseln als Abgeordnete nach München. Die anderen mußten mit Leib und Leben dafür haften, daß die Unterhändler auch tatsächlich zurückkehren würden. In zähen Verhandlungen ließen sich die Schweden darauf ein, statt der ganzen restlichen Geldsumme, die der Stadt unmöglich war, aufzubingen, einen Teil davon in Salzlieferungen anzunehmen. Einige reiche Augsburger Handelshäuser taten sich zusammen und streckten den Münchnern das dann noch fehlende Geld vor. Auch viele Münchner Bürger spendeten, was sie nur entbehren konnten, um die Geiseln zu befreien.

Leider kamen die Geldsummen und Salzlieferungen in den Kriegswirren verspätet bei den Schweden an und so dauerte es noch geraume Zeit, bis die Geiseln in ihre Heimat zurückkehren konnten. Drei Jahre nach ihrer Gefangennahme, im Jahre 1635 sahen sie München endlich wieder, bis auf vier Männer, die gestorben waren.

Voller Dankbarkeit, daß sie lebend zu ihren Familien hatten heimkommen dürfen, zogen sie bald danach in einer feierlichen Prozession nach Ramersdorf, hielten dort ihren Dankgottesdienst ab und brachten eine Votivtafel, auf der das Geschehene im Bild festgehalten ist, in der Kirche an. So erfüllten sie das Gelübde, das sie in der Zeit ihrer Not getan hatten.

Die Münchner aber bewahrten das Angedenken an die Männer, die drei Jahre ihres Lebens für die Unversehrtheit der Stadt hatten hingeben müssen, und ehrten sie, indem sie später mehrere Straßen der Stadt nach ihnen benannten.

## Der ewige Jude in Haidhausen

Am 22. Juli des Jahres 1721 stand ein seltsamer Mann vor dem Isartor und wollte in die Stadt hinein. Er schien uralt zu sein, und hatte ein Gesicht, wie gebräuntes Pergament, knittrig und von unzähligen Falten und Fältchen durchzogen. Auf die Frage des Wächters, wer er denn sei, antwortete er:

»Ich bin Ahasversus, der ewige Jude.«

Der Wächter wußte nicht, wie er sich verhalten sollte, weil der Fremde keine Ausweispapiere besaß. Er fragte im Magistrat nach und erhielt dort die Auskunft, daß dem ewigen Juden der Einlaß in die Stadt zu verwehren sei.

Da begab sich der Abgewiesene nach Haidhausen, wo ihm Unterkunft gewährt wurde. Er trieb dort eine Zeitlang einen schwunghaften Handel mit Gold, Silber und edlem Gestein. Überall erzählte er, daß er ewige Jude sei. Als Schuster in Jerusalem zur Zeit Christi, habe er den Herrn verspottet und ihm eine kurze Rast auf der Steinbank vor seinem Haus verwehrt. Zur Strafe könne er nun nicht sterben und müsse bis zum Jüngsten Tag ruhe- und heimatlos durch die Welt ziehen. Siebenmal schon habe er alle Länder der Erde durchwandert.

Die Geschichte des ewigen Juden verbreitete sich in Windeseile in der ganzen Stadt. Alles lief hinaus nach Haidhausen, um den merkwürdigen Mann zu sehen und seinen Erzählungen über fremde, unbekannte Länder zu lauschen.

Er berichtete von sehr eigenartigen Dingen, die ihm auf seinen Wanderungen begegnet seien, erzählte von Christus und den Aposteln, die er, wie er behauptete, sehr gut gekannt habe und erklärte dem staunenden Volk, daß bei denjenigen Juden und ihren Nachkommen, die den Herrn geschlagen hätten, zur Strafe die rechte Hand zweimal länger sei als die linke. Auch würden diejenigen, die ihn angespieen hätten, samt ihrem ganzen Geschlecht, beim Ausspucken jedesmal sich selbst treffen und besudeln.

Er mochte noch so wunderliche Sachen verbreiten, alles wurde ihm von dem leichtgläubigen Volk für bare Münze abgenommen. Dabei machte er sehr gute Geschäfte, denn die Leute, die eigens zu ihm nach Haidhausen gekommen waren, wollten alle einen Gegenstand als Andenken an den »ewigen Juden« haben.

Von dem Kreuz auf dem Gasteighügel behauptete Ahasversus, es sei das einzige wahre Abbild Christi, so wie er ihn gekannt habe, und er betete vor allen Leuten in andächtiger Pose davor.

So plötzlich, wie er gekommen war, so plötzlich verließ er München auch wieder. Man hörte nur, er sei später mit der gleichen Geschichte auch in Bamberg, Würzburg und anderen Städten des Frankenlandes aufgetaucht. Überall wurde er jedoch ausgewiesen, und so verschwand er eines schönen Tages auf Nimmerwiedersehen, kein Mensch konnte sagen, wohin.

## Das blutende Kreuz von Forstenried

In der Heilig-Kreuz-Kirche in Forstenried befindet sich auf einem barocken Altar das berühmte wundertätige Kreuz aus dem Andechser Schatz. Wie es dahin gekommen ist, berichtet uns die Legende:

König Philip II. von Frankreich verliebte sich einst in die schöne Agnes, die Tochter des Grafen von Andechs. Er hielt um ihre Hand an, verschwieg dabei aber, daß er schon eine Gemahlin, Ingelberga mit Namen, besaß. Diese hatte er verstoßen, um Agnes heiraten zu können.

Die junge, ehrgeizige Gräfin hatte davon keine Ahnung. Sie fühlte sich hochgeehrt und wünschte nichts sehnlicher, als Königin von Frankreich zu werden. Um die Erfüllung dieses Wunsches betete sie oft vor einem Kruzifix in der Burgkapelle von Andechs. Es war von dem Mönch Alaunus geschnitzt worden, nachdem Jerusalem im Jahre 1187 von den Sarazenen eingenommen worden war. Er wollte durch sein Werk die Schändung sühnen, die dem Kreuze Christi dabei zugefügt worden war.

Als die schöne Agnes wieder einmal vor diesem Kruzifix kniete, sank sie mit einem Mal in tiefen Schlaf. Im Traume war es ihr, als blicke sie der Gekreuzigte ernst an und spreche zu ihr:

»Wenn du die erbetenen Gnaden erlangen willst, so kröne mich mit der Dornenkrone, mit der ich in meinem Leiden gekrönt war.«

Nicht lange nach diesem Ereignis wurde Agnes, im Jahre 1196, mit dem König von Frankreich vermählt und damit Herrscherin über das fremde Land. Als sie so ihren Wunsch erfüllt sah, erinnerte sie sich des seltsamen Traumes, den sie vor dem Kruzifix in Andechs gehabt hatte. In Frankreich wurde damals der größte Teil der Dornenkrone Christi aufbewahrt, die der hl. Germanus im 6. Jahrhundert dorthin gebracht hatte. Agnes bat ihren Mann, ein Stück der Dornenkrone nach Andechs schicken zu dürfen. Großzügig gewährte ihr der König den Wunsch. Da ließ sie sieben Zweige der Reliquie durch den Benediktinermönch Isaak aus Seeon, der sie in die Fremde begleitet hatte, nach Hause in ihre elterliche Burg bringen.

Die so sehr erstrebte Krone Frankreichs aber brachte Agnes kein Glück. Kurze Zeit später mußte sie das Land verlassen. Der Papst hatte ihre Ehe mit Philipp für ungültig erklärt und diesen solange mit dem Kirchenbann belegt, bis er wieder seine rechtmäßige Gemahlin Ingelberga zu sich genommen hatte.

Gebrochenen Herzens kehrte die junge Frau, die den König in gutem Glauben, daß er frei wäre, geheiratet hatte, zu ihrer Familie zurück. Schon ein Jahr später starb

sie aus Gram über die Trennung von dem geliebten Mann.

Der Sohn ihres Bruders, Heinrich Markgraf von Istrien, pflegte, gleich seiner unglücklichen Tante, oft vor dem Kreuz in Andechs zu beten. Eines Tages, als er ganz in Andacht versunken war, bemerkte er plötzlich, wie von der Stirne Christi mit einem Mal dicke Blutstropfen fielen. Er glaubte erst, seine Sinne würden ihn trügen, aber als sich das seltsame Schauspiel acht Tage hindurch wiederholte, erfaßte ihn eine tiefe Furcht. Er konnte sich dieses Wunder nicht anders als ein warnendes Vorzeichen für sein Leben deuten. Wie recht er mit dieser Annahme hatte, zeigte sein weiteres Schicksal.

In den Wirren um die Ermordung Kaiser Philipps im Jahre 1208 fiel der Verdacht, an der ruchlosen Tat beteiligt gewesen zu sein, auch auf Heinrich. Wenige Wochen, nachdem er das Kreuz hatte bluten sehen, mußte er aus seiner Heimat fliehen und geächtet außer Landes gehen. Später begab er sich auf eine Pilgerfahrt ins Heilige Land, von wo er erst zurückkehrte, als seine Unschuld bewiesen war.

Nach seiner Flucht aber wurde die Andechser Burg von den Kriegern Herzog Ludwigs I. zerstört. Vorsorglich hatten die Mönche, die den kostbaren Reliquienschatz hüteten, diesen an unbekannter Stelle vergraben, ehe sie das Kloster den Feinden überließen. Das blutschwitzende Kreuz nahmen sie mit, um es in ihr Benediktinerkloster nach Seeon zu bringen. Als sie bis Forstenried bei München gekommen waren, wurde das Kreuz mit einem Mal so schwer, daß es die sechs Pferde vor dem Wagen, auf dem es befördert wurde, trotz aller Anstrengungen nicht mehr ziehen konnten. Auch die Männer brachten es nicht mehr von der Stelle. Die Mönche deuteten dieses seltsame Geschehen als ein Zeichen des Herrn, sein Bild an jenem Ort zu belassen.

Isaak, der die Zweige der Dornenkrone aus Frankreich gebracht hatte, und sein Mitbruder Bertold blieben in Forstenried zurück, als die anderen Mönche ohne das Kreuz nach Seeon weiterzogen. Sie erbauten eine Kirche und stellten das Kreuz hinein. »Heilig Kreuz« in Forstenried war von da an durch das ganze Mittelalter hindurch bis in unsere heutige Zeit ein bekannter Wallfahrtsort.

## Die eiserne Kette

Nach uraltem Glauben war die Stadt München, gleichsam als eine heilige Stadt, mit einer unsichtbaren Kette umgeben. Die war so stark und dick wie die an einem Bräuwagen. Jeder Neuankömmling, der die Stadt zum ersten Mal betreten wollte, mußte diese Zauberkette durchbeißen, abreißen oder sonst irgendwie entzweibringen. Nur dann war es ihm möglich, nach München hineinzukommen.

An der Floßlände stand früher ein weitbekanntes Gasthaus, das »Zum Ketterl« hieß, wohl in Erinnerung an diese alte Sage.

## Die Kreuzkapelle in der Au

Vor mehr als tausend Jahren war die Isar ein wilder, reißender Strom, der immer wieder über die Ufer trat und große Verwüstungen anrichtete. Dort, wo heute die Au ist, befand sich im 12. Jahrhundert nur eine kleine Jägerhütte. Im 15. Jahrhundert wurde die Kreuzkirche erbaut, über deren Entstehung Willi Rett folgende Legende erzählt:

»So gingen viele Jahrhunderte durch das Land, bis im Jahre 1463 die Isar in noch nie bemerkter Gewalt aus ihren Ufern trat. Wild stürmten die brausenden Fluten dahin und drohten Hab und Gut der Fischer, Jäger und anderen wenigen Ansiedler zu zerstören. Die Bewohner der Gegend sammelten sich und erflehten in lautem Gebet Rettung aus der drohenden Gefahr; aber immer höher schwollen die Fluten. Als die Gefahr aufs höchste stieg, begannen die Leute wiederum laut zu beten. Dabei bemerkten sie ein Kruzifix, das auf der Isar herunterschwamm und auf einer Sandbank liegen blieb. Nun gelobten die Leute für den Fall der Abwendung der Gefahr, an dieser Stelle ein Kirchlein zu errichten und das herabgeschwommene Kreuz auf den Altar zu setzen. Die Fluten gingen auch wirklich zurück.

Bald wurde das Kirchlein erbaut und bereits im Jahre 1466 dank der Hilfe frommer Wohltäter vollendet. Im selben Jahre weihte es Bischof Johann von Freising zu Ehren des heiligen Kreuzes ein. Nicht lange, dann erbauten in nächster Nähe des Kirchleins wohlhabende Münchner Patrizier schöne Landhäuser, die Herzöge Wilhelm IV. und Wilhelm V. errichteten das Jagdschloß Neudeck, auch Gewerbetreibende siedelten sich an und so entstand, nachdem durch Wehranlagen bei Harlaching auch die Überschwemmungsgefahr der Isar verringert war, alsbald eine stattliche Siedlung, die heutige Au.«

Bis zum 17. Jahrhundert stand die Kreuzkirche dort, wo sich jetzt der Mariahilfsplatz befindet. 1632—1639 wurde daneben die alte Mariahilf-Kapelle errichtet, die später zu der heutigen Pfarrkirche erweitert wurde.

# Die Gründung von Thalkirchen

In den achtziger Jahren des 14. Jahrhunderts lag Herzog Stephan in blutiger Fehde mit den freien Reichsstädten. Besonders gegen Augsburg kämpfte er erbittert. Zwei seiner treuesten Bundesgenossen waren dabei die beiden Brüder Christian und Wilhelm von Frauenberg, die den Augsburgern auch noch aus privaten Gründen Rache geschworen hatten. Die zwei tapferen Grafen fügten der Nachbarstadt Münchens viel Schaden zu.

Bei einem Gefecht, bei dem Christian mit seinen Leuten blutige Ernte unter den Augsburgern gehalten hatte, wurde er deshalb plötzlich von einer großen Zahl wütender Feinde angegriffen. Gegen diese Übermacht blieb ihm nur die Flucht, wollte er nicht unnötig sein Leben aufs Spiel setzen. Als er mit seinem Gefolge in der Höhe des jetzigen Thalkirchens an die Isar kam, versperrte ihm der reißende Fluß den weiteren Fluchtweg. Die herannahenden Feinde waren ihnen schon dicht auf den Fersen. Da gelobte der Graf in seiner Not, an dieser Stelle eine Kirche und ein Kloster zu Ehren der Gottesmutter zu bauen, wenn es ihm und seinen Leuten gelingen würde, den Verfolgern zu entkommen.

Mutig stürzten sich die Kämpfer daraufhin, denn es blieb ihnen ja keine andere Wahl, in die wilden Fluten. Wunderbarerweise kamen sie alle samt ihren Pferden unversehrt am anderen Ufer an. Die nachsetzenden Augsburger aber ertranken.

Darauf ließ Graf Christian, getreu seinem Gelöbnis, an der Stelle eine Kirche bauen und ein Gemälde mit der Aufschrift anbringen, die den Grund für die Errichtung des Gotteshauses erklären sollte:

»Dies Gotteshaus im schönsten Flor
Stieg 1372 hier empor
Durch Grafen von Frauenberg, als er hier war
Mit seinen Kriegern in Gefahr.
Es wurde erbaut zur Muttergottes Ehr,
Weil sie mit Sieg gekrönt des bayerisch Kriegsheer.«

Wie die Legende berichtet, konnte der Graf aber den Klosterbau nicht mehr durchführen, weil er 1396 in der Schlacht bei Nikropolis fiel.

## Die Anna-Kirche in Harlaching

Am Ufer der Isar steht auf einer Anhöhe die kleine Wallfahrtskirche von Harlaching. Sie ist uralt, auch wenn die genaue Zeit ihrer Erbauung nicht bekannt ist. Der Sage nach geht ihre Gründung auf folgende Begebenheit zurück:

Einst verliebte sich ein reicher adeliger Herr aus München in ein schönes junges Mädchen aus dem dortigen Judenviertel. Durch Schmeicheleien und durch die Beteuerung seiner großen Liebe zu ihr, gelang es ihm sie zu überreden, zu ihm auf seinen herrlichen Landsitz nach Thalkirchen zu ziehen. Die schöne Jüdin folgte ihm, weil sie seinen Versprechungen vertraute und an seine ehrlichen Absichten ihr gegenüber glaubte. Er aber hatte nicht im Sinn, sie zu heiraten; er wollte sich nur mit ihr vergnügen, denn eine Jüdin wäre für ihn als Patrizier keine standesgemäße Gattin gewesen. Bald darauf verließ er sie wieder und wandte sich einer neuen Liebe zu.

Dem armen Mädchen brach darüber das Herz und sie

verzweifelte am Leben. Sie hatte ja niemanden und nichts mehr, wohin sie sich hätte wenden können. Entehrt, wie sie war, wagte sie es nicht, zu ihrer Familie zurückzukehren.

Kurze Zeit später fand man die Leiche der schönen Jüdin in der Isar, in die sich die Unglückliche gestürzt hatte. Als der Patrizier von dem tragischen Tod seiner ehemaligen Geliebten erfuhr, war er zutiefst getroffen, und sein Gewissen, das ihn an ihrem Tode schuldig sprach, ließ ihm keine Ruhe mehr. Zur Sühne für seine schlechte Handlungsweise, die das Mädchen in die Isar getrieben hatte, ließ er die kleine Kirche von Harlaching bauen.

Die Seele der armen Selbstmörderin aber, so wird berichtet, soll noch heute bei der »Marienklause« als zartes blaues Irrlichtlein umgehen.

## Der Harlachinger Ablaß

Einst verirrte sich ein Graf aus Bayern in der Nähe von Grünwald in den damals noch wilden und unwegsamen Wäldern an der Isar. Es war tiefster Winter und ein eisiger Schneesturm raubte ihm die Sicht, so daß er zuletzt gar nicht mehr wußte, wo er hingehen sollte, um der schrecklichen weißen Hölle ringsum zu entrinnen. Wohin er sich auch immer wandte, er konnte keinen Weg finden. Da wurde er von großer Angst ergriffen. Er fürchtete, in der schneidenden Kälte erfrieren zu müssen, wenn er nicht bald eine Unterkunft fände.

»Heilige Muttergottes, steh' mir bei in dieser Not und hilf mir!« So betete er inbrünstig wie nie zuvor in seinem

Leben. Er gelobte, das nächstgelegene Marienkirchlein reich zu beschenken, wenn er glücklich heimkommen würde.

Gleichsam als Antwort auf sein Flehen, hörte er plötzlich in der Nähe ein Glöcklein klingen.

»Dort müssen Menschen sein!« durchfuhr es ihn freudig. Er raffte nochmals seine Kräfte, die ihn schon zu verlassen drohten, zusammen und schleppte sich in die Richtung, aus der das Geläute kam. Bald erreichte er den Ort Harlaching. Da waren alle Leute auf den Beinen und starrten verwundert zu der Glocke der kleinen Kirche dort hinauf. Sie hatte nämlich zu läuten begonnen, ohne daß irgendjemand sie in Bewegung gesetzt hatte.

Der dankbare Graf hielt das Versprechen, das er in der Stunde der Not gegeben hatte. Er stiftete, unterstützt von zahlreichen Bürgern, ein jährliches Kirchenfest, das »Harlachinger Ablaßfest«, das sich großer Beliebtheit erfreute.

Soweit die Sage. In Wirklichkeit geht der Harlachinger Ablaß aber auf die verheerende Pest um 1680 zurück, wo von München aus viele Prozessionen nach Harlaching zogen, um den Himmel zu bitten, doch dem schrecklichen schwarzen Tod endlich Einhalt zu gebieten.

## Die Isarnixe

Wenn sich die langen warmen Sommertage langsam ihrem Ende zuneigen, und sich der Herbst über das Land senkt, dann kann der Wanderer in den Isarauen zwischen Harlaching und Thalkirchen oft einen eigenartigen Lockruf vernehmen, der ihn überrascht und bezaubert den Schritt verhalten und lauschen läßt:

»Tutli - i - i, Tutli - i - i!«

Seltsam fesselnd und geheimnisvoll klingt diese sanfte Stimme, und jeder ist versucht, ihr nachzugehen, um ihre Urheberin zu erblicken. Es ist nicht der Ruf eines seltenen Wasservogels — wie phantasielose Leute behaupten — es ist der liebliche Gesang der Isarnixe, des verwunschenen Burgfräuleins von Grünwald.

Es war vor etwa 500 Jahren — um 1487 —, da vermählte sich der Bayernherzog Albrecht IV. mit Kunigunde, der Schwester des nachmaligen Kaisers Maximilian I. Die Großen und Mächtigen des ganzen Landes kamen aus diesem Anlaß in München zusammen und nahmen an der glanzvollen Hochzeit, die viele Tage lang gefeiert wurde, teil. Von überall her reisten berühmte Künstler, Spielleute und fahrende Sänger an, um der erlauchten Gesellschaft zum Tanze aufzuspielen und die Gastmähler mit ihrer Musik zu verschönern.

Unter ihnen war ein junger Mann von edlem Geblüt, der es wie kein anderer verstand, der Sackpfeife die lieblichsten Melodien zu entlocken. Er konnte auch die verschiedensten Tier- und Vogelstimmen täuschend ähnlich nachmachen. Jeden Tag war er von begeisterten Zuhörern umringt, die sich an seiner Kunst erfreuten. Unter ihnen befand sich oftmals auch das Edelfräulein von der Burg Grünwald. Wenn der junge Spielmann das schöne Mädchen erblickte, musizierte er besonders gerne, denn er hatte vom ersten Augenblick an, da er sie gesehen, sein Herz an sie verloren.

Eines Tages, als der Herzog eine Jagd bei Grünwald veranstaltete, fand er endlich Gelegenheit, dem heimlich verehrten Fräulein seine Liebe zu gestehen. Die edle Dame fühlte sich zwar geschmeichelt, hielt sich aber für zu gut für den Musiker. Daher antwortete sie hochmütig:

»Ich will nur einem Manne gehören, der bereit ist, sein Leben für mich zu wagen!«

»Mein Leben ist Euer«, rief der Spielmann feurig, »ich will tun, was immer Ihr auch von mir verlangt!«

Da riß sie, einer plötzlichen Eingebung folgend, ihr kostbares Geschmeide vom Hals und warf es lachend in die Isar, die an dieser Stelle besonders reißend und gefährlich war.

»So bringt mir meine goldene Kette wieder«, verlangte sie spöttisch, »und ich will Euren Liebesschwüren Glauben schenken und Euch erhören!«

Ohne sich auch nur einen Augenblick zu besinnen, sprang der Spielmann in die Fluten und tauchte tollkühn nach dem Schmuck des Edelfräuleins. Aber weder er noch das Geschmeide kamen jemals wieder aus den wilden Strudeln des Flussen zum Vorschein. Vergebens harrte das herzlose Mädchen auf die Rückkehr des unglücklichen jungen Mannes, den es mutwillig in den Tod geschickt hatte.

Doch die edle Dame entging der gerechten Strafe nicht. Drei Tage nach dem Vorfall war sie mit einem Mal verschwunden, so spurlos, als hatte sich der Erdboden geöffnet und sie verschlungen. Von Stund an aber war an der Isar der geisterhafte Lockruf »Tutli - i - i« zu hören, manchmal ganz nah und verführerisch aus dem Schilf, manchmal fern und unwirklich von der anderen Seite des Flusses her.

»Das Tutli-Pfeiferl«, raunten sich dann die Einheimischen zu, wenn sie diese Stimme vernahmen, »das verwunschene Burgfräulein sucht wieder ein Opfer!«

Und sie bekreuzigten sich schaudernd, wenn sie an den Unglücklichen dachten, den die schöne Nixe durch ihren zauberhaften Gesang in ihre Netze und damit in den nassen Tod lockte.

»Sie ist wunderschön«, erzählten sie, »mit ihren großen grünen Augen und den langen grünen Haaren, die funkeln, als seien sie mit Sonnenstäubchen vergoldet. Manchmal trägt sie Schleier, so fein und durchscheinend wie silbriger Nebel im Mondlicht. Sie wohnt in der Nixenhöhle bei Großhesselohe, zusammen mit ihrem Gemahl, dem Wassermann.«

Die Flößer, die früher aus den Bergen die Isar herabfuhren, kamen von jeher ungern durch das Gebiet der Wassernixe. Nach altem Glauben war nämlich derjenige, der die Stimme des zauberhaften Wesens hörte, bei seiner nächsten Floßfahrt zum Tode geweiht und mußte elendiglich

ertrinken. Noch zu Beginn des 19. Jahrhunderts standen am Wehr bei der Marienklause verschiedene Marterl, die an das unglückliche Schicksal vieler Flößer mahnten, denen die Schönheit und der Gesang der Nixe zum Verhängnis geworden war.

Nur einem jungen Flößer aus Lenggries gelang es einmal, ihrer Macht zu entrinnen. Sie erschien ihm in Gestalt seiner Braut, er aber durchschaute den höllischen Spuk zur rechten Zeit und konnte dadurch in letzter Minute sein Leben retten.

Die Flößer schützten sich vor dem Zauber der grünäugigen Sirene, indem sie geweihte Gegenstände mit sich trugen oder sich bei der gefährlichen Stelle die Ohren verstopften, sich bekreuzigten oder laut beteten, um die Lockrufe zu übertönen.

Doch immer wieder forderte der reißende Fluß gerade an dieser Stelle besonders viele Opfer.

# Der feurige Reiter bei der Menterschweige

In den Höhlen am Ufer der Isar, nahe der heutigen Menterschweige, hatten früher wilde und gottlose Gesellen ihre Schlupfwinkel. Sie machten von dort aus Überfälle und Raubzüge und verbargen ihre Beute in den weitläufigen unterirdischen Gängen.

In diesen Höhlen hauste einst ein Räuberhauptmann, der weder Tod noch Teufel fürchtete und es schlimmer trieb, als alle anderen vor ihm. Er plünderte mit seinen Kumpanen die Gehöfte in der Umgebung und brachte dabei manche Bauern in einer Nacht um den Ertrag der mühseligen Arbeit eines ganzen Jahres. Reisenden Kaufleuten, die auf dem Weg in die Stadt München waren, nahm er oft ihre gesamte Habe ab. Und die Beraubten konnten sich noch glücklich schätzen, wenn er ihnen das nackte Leben ließ. Auch die Flößer hatten arg unter ihm zu leiden. Manch ein vollbeladenes Floß, das sie die Isar herabgefahren hatten, erleichterte er um seine Last.

Wohl wurden die Räuber von den Leuten gehaßt wie die Pest, aber niemand wagte es, gegen sie vorzugehen, denn sie waren sehr zahlreich. Außerdem kannten sie die Höhlen so gut, daß sie bei jedem Kampfe darin, auch gegen eine Übermacht, im Vorteil waren.

An einem heißen Sommersonntag saßen einige der Wegelagerer mit ihrem Anführer beisammen und zechten, was das Zeug hielt. Sie leerten Becher um Becher, gröhlten dabei schmutzige Lieder und erzählten sich prahlend ihre jüngsten Schandtaten. Plötzlich sprang der Hauptmann auf, packte seine Waffen und schwang sich auf sein Roß.

»He, was ist los? Wo willst du denn hin?« wollten seine Kumpane verdutzt wissen.

»Freunde, mich hält es nicht länger beim Bier«, lachte dieser dröhnend, »ich muß mir erst neuen Durst holen. Ich werde noch einen von den reichen Dickwänsten ausnehmen, die heute zum Fest in die Stadt wollen. Erst wenn ich solch einen fetten Bürger um seinen Geldsack erleichtert habe, kann ich heute Nacht ruhig schlafen!«

»Na, dann viel Glück und gute Beute!« brüllten ihm die anderen nach, als er davongaloppierte.

Der Räuber war noch nicht lange geritten, als er plötzlich im Westen eine schwarze Wolkenwand bemerkte. Drohend stieg sie höher und höher und hatte in kürzester Zeit den ganzen Himmel überzogen.

»Das wird ein schönes Gewitterchen geben«, grinste der Hauptmann, »doch davon läßt sich ein Kerl, wie ich es bin, nicht aufhalten!«

Er gab seinem Pferd die Sporen und trieb es weiter, obwohl es zitterte und unruhig schnaubte. Bald fielen die ersten Tropfen, und es dauerte nicht lange, da brach ein Unwetter von solcher Urgewalt über die Gegend herein, wie seit Menschengedenken keines gewesen war. Der Tag verwandelte sich in finstere Nacht, pausenlos zischten grelle Blitze zur Erde, gefolgt von ohrenbetäubenden Donnerschlägen. Sintflutartige Regenfälle wechselten mit vernichtendem Hagelschlag.

Gnade Gott den Lebewesen, die jetzt kein schützendes Dach über dem Kopf hatten!

Bis in die halbe Nacht hinein hielt das Unwetter mit unverminderter Stärke an, erst dann beruhigten sich die Naturgewalten nach und nach. In den Höhlen an der Isar aber warteten die Räuber vergebens auf die Rückkehr ihres Hauptmannes.

Am nächsten Morgen, als es wieder aufgeklart hatte und die Luft frisch und rein war, ging ein Bauer voller Sorge

auf seine Felder. Er wollte den Schaden besehen, den das schreckliche Gewitter dort angerichtet hatte. Plötzlich entdeckte er im nassen Gras eine menschliche Gestalt.

»Oh Gott, wer ist das? Hier ist sicher ein Unglück geschehen!« dachte er erschrocken. Er lief eilends heran, um zu schauen, ob noch Hilfe möglich wäre. Da erkannte er in dem Mann, der kalt und ohne Leben vor ihm auf dem Boden lag, den gefürchteten Räuberhauptmann.

»Gott hat ihn gerichtet!« murmelte der Bauer entsetzt und schlug das Kreuz, als er sah, in welchem Zustand der Tote war. Er war von Kopf bis Fuß kohlschwarz, gleichsam als hätte die schwarze Seele, als sie dem Körper des Verfluchten entfloh, diesem ihre Schwärze sichtbar hinterlassen. Von Grauen geschüttelt machte der Bauer auf dem Absatz kehrt, lief ins Dorf zurück und erzählte allen, was geschehen war. Die Leute freuten sich, als sie erfuhren, daß der Bösewicht endlich sein verruchtes Leben ausgehaucht hatte und daß sie ihn von nun an nicht mehr zu fürchten brauchten.

Von Stund an aber war es nicht mehr geheuer bei der Menterschweige. Der Geist des unseligen Räubers konnte im Jenseits keinen Frieden finden. In den Nächten, in denen die Dämonen vom Schlund der Hölle losgekettet werden, besonders in der Walpurgisnacht und in der Allerseelennacht, jagte er als feuriger Reiter zu den Höhlen an der Isar. Er war unheimlich anzusehen auf seinem kohlschwarzen Roß und mit einer seltsamen blauen Flammenfeder am Hut. Bei seinem ehemaligen Schlupfwinkel stieß er jedesmal einen wilden, gellenden Schrei aus, der jedem, der ihn vernahm, Mark und Bein erzittern ließ, und verschwand in den schwarzen Tiefen der Höhlen.

# Das Wisperl und das Pfeiferl

In den Isarauen läßt sich zu den heiligen Zeiten des Jahres, besonders aber an Allerseelen, ein kleines Geistlein hören. Es zirpt mit hohem, feinem Stimmchen wie eine Grille und ist bald hier, bald dort, bald nah, bald fern zu vernehmen. Im Volksmund wird es nur das »Wisperl« genannt. Es ist harmlos und gutmütig und hat noch nie einem Menschen ein Leid zugefügt.

Anders verhält es sich mit dem »Pfeiferl«, das in der gleichen Gegend sein Unwesen treibt. Es ist ein ausgesprochen bösartiger Geist. Auf der Suche nach Opfern pfeift er des Abends schrill und durchdringend auf den Fingern. Aber wehe dem Vorwitzigen, der es wagt, auf die gleiche Weise Antwort zu geben. Ehe er sich versieht, steht der rabenschwarze Dämon auch schon vor ihm und es ist nicht gut, dem Pfeiferl leibhaftig zu begegnen, denn es bringt Unglück, Krankheit und Tod. Darum ist es am besten, sich ganz still zu halten, das Kreuzzeichen zu machen oder rasch einige Stoßgebete zu verrichten, wenn man den unheimlichen Pfiff vernimmt. Dann kann einem nichts geschehen und man kann nach einer Weile getrost seinen Weg fortsetzen.

Da ging einmal ein Mann zur Allerseelenzeit durch die Isarauen. Es war schon spät, die Dämmerung war bereits angebrochen. Nach und nach verstummten die Vogelstimmen. Abendliche Stille breitete sich über das Land. Plötzlich durchschnitt ein grelles, mißtönendes Pfeifen diese beschauliche Ruhe.

»Das wird wohl das Pfeiferl sein, von dem immer geredet wird«, vermutete schmunzelnd der Mann, der nicht an Gespenster glaubte, »das würde ich doch zu gerne einmal sehen. Es würde mich freuen, wenn es käme!«

Unerschrocken steckte er die Finger in den Mund und ahmte den Pfiff nach. Im gleichen Augenblick stand auch schon, wie aus dem Boden gestampft, eine unheimliche schwarze Gestalt vor ihm. Verblüfft wich der Mann einige Schritte zurück, ließ sich aber nicht einschüchtern. Blitzschnell riß er sein Messer heraus, hielt es drohend gegen den Widersacher und schrie:

»Komm' bloß nicht näher her zu mir, sonst geht es dir schlecht!«

Da aber schwoll das Gespenst mit einem Mal an, wurde immer dicker und mächtiger, bis es schließlich dreimal so groß war wie der Mann. Nun packte selbst diesen Furchtlosen das Grauen. Er drehte sich um und lief davon, so schnell, wie er noch nie in seinem Leben gelaufen war. Seinem Unglück aber, das er mit dem Pfeiferl heraufbeschworen hatte, konnte er nicht davonlaufen. Wohl erreichte er sein schützendes Haus, aber nicht lange nach dieser unheimlichen Begegnung wurde er zu Grabe getragen.

## Das Schnarchermanndl an der Isar

In den Höhlen an den Uferhängen der Isar, zwischen Menterschweige und Großhesselohe, ist es nicht geheuer. Weitverzweigte, niedrige Gänge ziehen sich von Höhle zu Höhle. In der tiefen Dunkelheit in ihrem Innern liegen schaurige, klapperdürre Menschengerippe. Sie umklammern mit ihren beinernen Fingern verrostete, altertümliche Waffen. Neben ihnen sitzen riesige Kröten und halten Wacht.

Manch ein kühner Mann, der durch diese unterirdische Welt gekrochen ist, hat diese unheimlichen Toten gesehen und von ihnen berichtet. In eine der Höhlen aber darf man sich trotz allen Mutes nicht wagen. Aus ihr ist an manchen Tagen ein wildes, geisterhaftes Kampfgetümmel zu vernehmen. Die Alten, die es ja wissen müssen, behaupten:

»Dort streiten sich zwei Kaiser um ihren Bart!«

Wer aber diese Kaiser sind und warum sie wegen einer solchen Geringfügigkeit streiten, das kann niemand mehr sagen. Natürlich haben schon einige kecke Burschen die Warnungen der Alten in den Wind geschlagen und haben trotz des Verbotes versucht, in diese Höhle zu gelangen. Sie mußten ihren Vorwitz jedoch rasch büßen, denn ihnen ist das Schnarchermanndl begegnet. Das ist ein bösartiger Höhlenkobold, der den Menschen alles andere als wohlgesonnen ist. Wenn er wütend wird, dann gibt er laute Schnarchtöne von sich, nach denen er auch benannt ist.

Vor dem Schnarchermanndl konnten sich die Neugierigen oft nur mit knapper Not retten, sei es durch die Schnelligkeit ihrer Beine oder durch die Hilfe eines mitleidigen Holzfräuleins (kleine gutmütige Geister). Dabei durften sie noch froh sein, so leichten Kaufes davongekommen zu sein, denn mit dem Schnarchermanndl ist nicht zu spaßen. Es fügt jedem Eindringling in sein Reich, den es fassen kann, großes Leid zu.

## Der Herrgott in der Rast

Kaum hatte sich die Bevölkerung von den Schrecken und Leiden des Dreißigjährigen Krieges erholt, brach neuerliches Elend über Bayern herein: Der Schwarze Tod hielt seinen grausigen Einzug. Auch Giesing, der kleine Ort auf der bewaldeten Höhe am Perlacher Forst, wurde nicht verschont. Willi Rett schreibt darüber:

»In jenen schweren Tagen, so meldet die Sage, stand draußen am Giesinger Waldrand der Roßtalerhof. Er gehörte dem Jörg, einem wohlhabenden freien Bauern, und zählte zu den schönsten Höfen des Ortes. In jedem Jahr lag Segen über seinen Feldern und keine Krankheit störte das häusliche Glück. Als sogar die ersten Pestjahre den Hof verschonten, ging der Roßtaler Jörg nach München hinein, ließ sich von einem guten Schnitzer eine lebensgroße Statue, die den in Ketten gelegten Christus darstellte, fertigen und stellte sie nach ihrer Vollendung in der Hergottsecke seines Anwesens auf. Jeden Tag kniete er vor dem Christusbild und dankte Gott für die Erhaltung seiner Lieben.

Die schweren Zeiten waren aber noch lange nicht zu Ende, denn nach wenigen Jahren trat die Pest abermals in der Umgebung auf und schonte diesmal weder arm noch reich. Auch in den Roßtalerhof drang der Pesthauch. Knechte und Mägde fielen hin, und in einer stürmischen Nacht holte man auch des Roßtalers Weib.

‚Herrgott, Herrgott, laß mir wenigstens meine Kinder!' schrie da verzweifelt der Roßtaler und fiel vor dem Christusbild in die Knie. Doch alles war umsonst. Kind um Kind starb, und als man sein letztes auf den Pestacker gebracht, da stürzte sich Jörg, seiner Sinne nicht mehr mächtig, auf die Christusstatue und schleuderte sie vor das Haus. Noch am selben Tag nahm die Pestilenz zu und am andern Abend war auch der Roßtaler tot.

Die verzweifelten Giesinger und Auer wußten nun nimmer Rat. Sie glaubten, daß die Zunahme der Pest durch das gotteslästerliche Tun des toten Jörg verursacht worden sei und brachten deshalb die Christusstatue in das Giesinger Bergkirchlein. Nach einigen Wochen wallfahrteten die Bewohner von Giesing und der Au mit dem ,Herrgott in der Rast' (so wurde später die Christusstatue genannt) nach Ramersdorf, um in der dortigen Gnadenkirche das Verschwinden der Pest zu erflehen.

Von dieser Zeit an nahm die Seuche allmählich wieder ab. Der mit einem roten Mantel bemalte ,Herrgott in der Rast' blieb fortan in der Giesinger Kirche und wurde sehr verehrt. Als 1889 die alte Giesinger Kirche abgebrochen wurde, kam der mit einem Mantel aus blauer Seide behängte ,Herrgott in der Rast' in den Giesinger Pest-Gottesacker, wo er bis zum Jahre 1894 zu sehen war.«

Soweit die Legende von Willi Rett.

Später wurde auf dem ehemaligen Pestacker der Giesinger Pfarrhof erbaut. Da wurde der »Herrgott in der Rast« in das Kloster der Armen Schulschwestern in Obergiesing gebracht und dort aufbewahrt. Auch die Pestsäule, die bis Mitte des vorigen Jahrhunderts auf dem Weg von Giesing nach Ramersdorf noch an die verheerende Seuche gemahnte, ist heute, wo wir den Schwarzen Tod nicht mehr furchten müssen, entfernt worden.

## Die Geister auf dem Pestfriedhof

Die Pest hauste im 17. Jahrhundert so verheerend in Giesing, daß der Friedhof des kleinen Dorfes für die vielen Opfer der Seuche nicht ausreichte. Die überlebenden Bewohner waren gezwungen, einen eigenen »Pestacker« anzulegen, um alle Toten bestatten zu können.

Um diesen Pestfriedhof rankten sich, solange er bestand, schaurige Geschichten. Die Giesinger vermieden es, ihm während der Nachtzeit zu nahe zu kommen, denn dann war es dort nicht geheuer. Wer aber dennoch an dem verrufenen Ort vorüberging, sobald die Dunkelheit hereingebrochen war, der hörte geisterhafte Stimmen, die versuchten, ihn hereinzulocken, oder seltsam schaurige Töne, wie sie entstehen, wenn dumpf die Erde auf den Sarg in einem offenen Grab geworfen wird. Eilends floh der Unvorsichtige daraufhin von dem gespenstischen Ort.

Um Mitternacht konnte man oft zwölf eisgraue Männlein erblicken, die lautlos von der ehemaligen Bäckergasse den Giesinger Berg heraufwandelten und dort den alten Pestfriedhof feierlich umschritten. Anschließend verschwanden sie in der alten Dorfkirche, wo man sie noch lange mit monotonem Gemurmel beten hörte. Diese gespenstische nächtliche Erscheinung war der Grund dafür, daß der Giesinger Berg von den Einheimischen auch »Manndlberg« oder »Mannderberg« genannt wurde.

Als um die Jahrhundertwende auf dem Gebiet des Pestackers das Giesinger Pfarrhaus errichtet wurde, fand dieser unheimliche Spuk sein Ende.

## Der mutige Jäger

Der Forstenrieder Park reichte in früheren Zeiten vom jetzigen Hirschgarten im Norden bis zum Starnberger See im Süden. Er war eines der beliebtesten Jagdreviere der bayerischen Herzöge und Kurfürsten. So eine Jagd war eine kostspielige Angelegenheit, und nur sehr reiche Adelige konnten sich dieses Vergnügen leisten. Man benötigte oft bis zu 1200 Treiber, 270 berittene Jäger, 120 dressierte Hunde und eine ganze Menge von Hilfsmitteln, wie Netz-, Feder- und Schirmwagen sowie Hirschkästen und Bagagewagen. Feierlicher Abschluß einer Jagd im Forstenrieder Park war dann immer ein Festessen auf einem der umliegenden Schlösser, in Leutstetten etwa oder in Fürstenried.

Solche Jagdveranstaltungen waren große gesellschaftliche Ereignisse, an denen der ganze Hof teilnahm, und es gibt viele Anekdoten darüber zu erzählen. Eine Geschichte, bei der Kurfürst Karl Albrecht im Jahre 1774 fast ums Leben gekommen wäre, soll hier berichtet werden. Die Kammerzofe seiner Gemahlin schrieb sie in ihrem Tagebuch auf und daher ist sie uns heute bekannt.

Kurfürst Karl Albrecht war ein leidenschaftlicher und guter Jäger. Bei einer Herbstjagd verfolgte er einen Keiler so hitzig, daß er dabei alle seine Leute weit hinter sich ließ. Bald war nur noch er alleine hinter dem Tier her. Er hatte es schon fast erreicht und in die Enge getrieben, da stürzte es sich in höchster Not in die Würm und schwamm auf die andere Seite.

Der Kurfürst aber gab nicht auf, setzte mit seinem Pferd hinterdrein und durchquerte ebenfalls den Fluß. Das andere Ufer konnte er jedoch nicht erklimmen, weil es zu steil war. Da saß er ab und jagte sein Roß alleine die Böschung hinauf. Er selbst wollte sich an einem Ast hochschwingen. Der aber war morsch, brach ab, und der Kurfürst stürzte in das eiskalte Wasser der Würm.

Der Fluß war an dieser Stelle ziemlich tief und reißend, so daß der edle Herr große Mühe hatte, sich über Wasser zu halten. Erschwert wurde es ihm auch durch die gewichtigen Reitstiefel und die enge Jagdkleidung. Nur unter höchsten Anstrengungen gelang es ihm, das rettende Ufer zu erreichen. Völlig erschöpft und pudelnaß mußte der Kurfürst nun durch den Wald marschieren, weil sein Pferd vor Schrecken davongerannt war.

Von Zeit zu Zeit stieß er einen lauten Jagdruf aus, in der Hoffnung, von seinen Leuten gehört zu werden. Endlich traf er auf einige seiner Jäger, die ihn schon gesucht hatten. Sie waren ganz erstaunt, ihren Herrn allein und in einem so jämmerlichen Aufzug anzutreffen. Einer von ihnen hängte dem vor Kälte schlotternden Kurfürsten seinen Mantel über. Dann brachten sie ihn auf dem schnellsten Wege zur Grubmühle.

Dort entledigte sich der Kurfürst seiner nassen Kleider und wärmte sich auf. Da sein Jagdgewand nicht mehr rechtzeitig trocken wurde, behalf er sich mit einem Anzug des Müllers, der sich hochgeehrt fühlte.

So fand diese abenteuerliche Jagd noch ein glückliches Ende für die Hauptbeteiligten. Der Kurfürst konnte das Erlebnis noch lange auf Gesellschaften zum Besten geben, natürlich mit Jägerlatein gehörig ausgeschmückt — und der gehetzte Keiler war noch einmal mit dem Leben davongekommen.

## Der Winthirbrunnen in Neuhausen

Nahe dem heutigen Rotkreuzplatz erinnert ein Brunnendenkmal, das den frommen Pilger mit seinem Saumtier darstellt, an die Geschichte vom seligen Winthir. Franz Trautmann erzählt sie uns so:

Der lebte vor vielen hundert Jahren auf einem schönen Schlosse in Bayern als der Sohn eines mächtigen Grafen — in Reichtum und Freude. Da kam zu ihnen der hl. Korbinian, um auch sie für die Lehren des Christentums zu gewinnen. Sie aber wiesen ihn hart ab, und Winthir sagte: »Wir wollen nicht durch dich aus Kraft in Schwäche geraten und wollen nicht verspottet und verfolgt sein von den Gewaltigen ringsum, die bis jetzt Ehrfurcht vor uns hegten!«

Darauf antwortete der hl. Korbinian:

»Weil du meinst, der Glaub' bring' dir Spott, so soll dir der Unglaube Verfolgung bringen und dich von deiner Höhe herabstürzen. Und weil du meinst, dir stehe nichts an, als dem Mächtigsten zu gebieten, so sollst du froh sein, wenn dir ein armes Bäuerlein Recht gibt — und wie du nun aberhundert Felder hast und großen Überfluß, so wirst du dereinst mit Freuden eine harte Krume Brotes essen, und der du gewohnt bist, dich auf stolzen Rossen zu brüsten, wirst einst in tiefster Demut einem armen, schmächtigen Saumtiere das Geleit geben!«

Was der Heilige gesagt, traf nicht viel später ein. Winthirs Vater wurde im Krieg erschlagen, er selbst aber gefangen und in den Kerker geworfen. Dort schmachtete er viele Jahre und hatte Zeit, sein früheres Leben zu überdenken. Auch die Worte Korbinians kamen ihm da gar oft in den Sinn und so wurde es allgemach heller und heller in seiner Seele, so daß er innerlich schon ganz zum Christentum hielt. Als er schon nicht mehr daran dachte, je wieder aus seinem Gefängnis befreit zu werden, entstand draußen ein neuer Krieg unter seinen früheren Feinden. Der Sieger öffnete den Kerker und gab Winthir die Freiheit und all sein Eigentum wieder zurück. Dieser aber nahm nur ein rauhes Pilgergewand, einen Stab und ein Saumroß und machte sich auf, zu wallen, bis das Wort ganz wahr geworden, welches ihm St. Korbinian dereinst gesagt. So wanderte er fort und fort, und ihm zur Seite schritt sein Saumrößlein. Auf das legte er, was ihm der oder jener schenkte, und wo er einen fand, der noch ärmer war als er, da schenkt' er's ihm wieder. Also zog er immer weiter und kam seiner Zeit bis ins heilige Land und an das Grab seines Erlösers.

Da träumte ihm einst und er sah eine grüne Ebene in deutschen Landen. Auf der Ebene waren etliche Hütten und Bäume. Drauf meint' er einen kleinen Hügel und näherher ein Weiherlein zu erblicken — und unweit davon sah er einen großen alten Baum, an dem war ein rotes Kreuz. Unter dem, meint' er, steh' einer im rauhen Gewand wie ein Ackersmann und der wink' und nicke ihm zu. So bedünkt' ihm. Darüber erwachte er, war über diesen Traum ganz erfreut und hielt das Ganze für eine Mahnung des Himmels. Er ließ demnach vom Entschluß, in Palästina zu bleiben, wieder ab, belud sein armes Saumrößlein mit Heiligengebein, geweihten Kerzen und etlichen frommen Bildern; dazu fügt' er auch einen guten Sack voll Erde des Bodens, darauf der Heiland gewandelt — dann verstrich nur kurze Zeit und da war er schon auf der Heimkehr begriffen. Er zog von Land zu Land und von Gau zu Gau, bei heißem Sonnenschein und in Sturm, Regen oder Schneegestöber — bis er seiner Zeit auf bayrisch Erdreich gelangte. Da war er ganz froh und freudig; denn er meinte — wußte aber selbst nicht, weshalb —, in Bayern müsse sich sein Traum bewahrheiten.

Und als er endlich mit seinem Saumtier am Ufer der Isar durch Wald, Busch und Gestrüpp dahinzog, da sah er mit einem Mal — als er wieder aus dem Dunkel eines Waldes heraustrat — das vor sich, was ihm dazumal in heiligen Landen so lebendig geträumt hatte. Da stand er auf einer

grünen Ebene, sah etliche Hütten und Bäume, drüben weiter einen Hügel, näherher war das kleine Weiherlein, an einem Baume sah er das rote Kreuz und an dem Baum stand einer in rauher Ackersmanntracht. Der sah gerade so aus, wie derselbige im Traum — nur daß er noch nicht winkte und nickte, aber freundlich herüberschaute. Über all dies fuhr große Freude in das Herz des Winthirus, so daß er sich auf die Knie warf und die Arme gegen Himmel dehnte. Da sah der andere stets fester her; denn er meinte, da sei einer, den das Unglück in die weite Welt gestoßen habe. Das regt' ihm sein ganzes Erbarmen auf, so daß er die Hand erhob und dem Winthirus ein Zeichen gab, heranzukommen; auch nickte er mit dem Haupt, als sage er:

»Zaudere doch nicht länger und vertrau, da widerfährt dir nichts.«

Nun konnte sich Winthirus nimmer halten. Er erhob sich, schritt auf jenen zu und sagte:

»Was winkst du mir so freundlich; weißt du denn, was mich zu dir treibt?«

Sagte der andere: »Möcht's wohl erkennen. Gram, Furcht und Hunger. Denn ich sehe deine Freude, daß dir mit deinem mageren Saumtier etwa geholfen werde. Das soll wohl sein, das will der Herr, den wir anbeten, ich und ihrer noch fünf. Die sollen dir nichts zu leid tun, sondern Gutes; denn wir sind sämtlich Christen.«

Tiefgerührt ging nun Winthirus mit dem Alten, und der führte ihn auf die Hütten der Seinigen zu. Unterwegs lauschte das Bäuerlein den Worten des frommen Pilgers und da es dabei viel Heiliges vernahm, was es im Herzen längst empfunden, so nickt' es ihm gar oft in stiller Seligkeit zu. So war auch des Korbinian prophetisches Wort vom selben Bäuerlein recht getroffen.

Über all dies kamen sie zu den Hütten. Der Winthirus

ward mit Freud' und Ehrfurcht aufgenommen; was er an Reliquien auf seinem Saumrößlein mitführte, benebst demselben Sack voll Erde von Jerusalem, das alles lud er ab und teilte dem und jenem unviel später davon mit. Ein Weniges davon streute er dort und dahin, wo das Land am fruchtbarsten war. Das andere aber behielt er für sich auf künftige Zeit, siedelte sich auf dem grünen Hügel an, den er im Traume gesehen hatte; drauf lebt' und lehrte er noch viele, viele Jahre, legte schier alle zur Erde, die ihn gastlich aufgenommen und sorgte für ihrer Nachkommen Heil — bis einst auch seine Zeit herankam und er in Gott von hinnen schied. Da trugen die Engel seine Seel' gen Himmel. Sein Irdisches legte man auf den Rest selb heiliger Erde und begrub ihn weinend im Kirchlein auf dem grünen Hügel. Das hatte er gar schlicht auferbaut mit jenen ersten Christen, zu denen er auf wunderbaren Wegen geführet worden dar. — Das ist die Kunde vom Winthirus.

Diese Legende erzählte Franz Trautmann 1893.

Im Jahre 1600 wurde bei den Grabungen, die wegen der Vergrößerung der Neuhauser Kirche notwendig geworden waren, der Steinsarg mit den Gebeinen des Winthirus gefunden. Voller Freude darüber wurde das neue Gotteshaus daraufhin so erweitert, daß der Altar über der Gruft des frommen Pilgers zu stehen kam.

Noch bis in die Anfänge des 19. Jahrhunderts hielten die Bewohner von Neuhausen feierliche Prozessionen zu Ehren ihres geliebten Heiligen ab.

# Der Geizhals und die Winthirsäule

Durch Jahrhunderte hindurch erinnerte die sogenannte Winthirsäule an der ehemaligen Wendlstraße an das Leben des Heiligen. Sie bezeichnete, wie die Legende zu berichten wußte, genau jene Stelle, wo der fromme Mann einst seine armselige Klause errichtet hatte. Die Säule stand bei den Bürgern des Münchner Westens in hohem Ansehen.

Hierher kamen sie, wenn sie vor Sorgen nicht mehr aus und ein wußten und baten ihren geliebten Heiligen um Fürsprache für ihre Anliegen. Wenn schlimme Unwetter die Gegend bedrohten, dann flehten die Bauern zu Winthir um Schutz, denn er galt von alters her als zuverlässiger Helfer gegen die verheerenden Wetterschäden auf den Feldern. Daher fand jedes Jahr am zweiten Sonntag nach Fronleichnam eine feierliche Prozession von Neuhausen nach Nymphenburg statt, dem Winthir zu Ehren. Manchmal beteiligte sich sogar der Kurfürst daran.

Da geschah es einmal, daß die Ernte eines reichen, aber als böse und hartherzig bekannten Bauern trotz seines Gebetes zum hl. Winthir vom Hagelschlag völlig vernichtet wurde. Der Geizhals konnte darüber nicht hinwegkommen. Er wurde von einem solchen Grimm erfaßt, daß er meinte, daran ersticken zu müssen. Ohne sich zu besinnen, packte er eine Axt, stürzte aus seinem Haus heraus und rannte, ungeachtet des noch tobenden Unwetters, zur Winthirsäule. Unter gotteslästerlichem Fluchen hackte er auf den Stein ein und versuchte, ihn umzustürzen.

»Du elender Betrüger du«, schrie er dabei wie von Sinnen, »du unnützer Heiliger! So einen wie dich können wir nicht brauchen! Wenn du nicht helfen willst, dann soll dein Gedenkstein auch nicht hier stehen!«

Blind vor Wut schlug er immer und immer wieder auf die Säule ein. Da durchzuckte plötzlich ein gleißender Strahl die Dunkelheit. Gleich einem flammenden Schwert fuhr ein Blitz auf den fluchenden Mann nieder und brachte ihn für immer zum Schweigen. Mausetot fanden Nachbarn den gottlosen Frevler am nächsten Morgen vor der beschädigten Säule.

Noch lange Jahre aber stand die Winthirsäule an der Wendlstraße. 1873 wurde sie sogar noch einmal erneuert. Als der Verkehr in Neuhausen jedoch gerade an dieser Stelle ständig wuchs, mußte sie weichen. Sie wurde weggenommen und an die westliche Mauer des Friedhofes versetzt.

## Das Magdalenenkirchlein in Nymphenburg

Als der lebenslustige Kurfürst Max Emanuel alt wurde, plagte ihn von Zeit zu Zeit die Reue über gewisse Taten aus seinen jüngeren Tagen. Da erbaute er im Nymphenburger Park ein Kirchlein, das der heiligen Büßerin Magdalena geweiht wurde. Die Heilige, eine Gestalt aus weißem Marmor, steht dort in einer herrlichen Grotte aus Tuffstein und Muscheln. In der Grotte befindet sich auch ein kleines Brünnlein.

Wenn ihn nun sein Gewissen wieder einmal plagte, zog sich der Kurfürst in die Eremitage — einige einfache Zimmer neben der Kapelle — zurück, um Buße zu tun.

Einmal im Jahr, am Fest der hl. Magdalena am 21. Juli, ließ er das Kirchlein für das ganze Volk öffnen. In großen Scharen strömten die Münchner an diesem Tag nach Nymphenburg hinaus. Viele brachten ein Fläschchen oder sonst ein verschließbares Gefäß mit und fingen damit ein wenig von dem Wasser des Brünnleins in der Grotte auf. Es galt nämlich als heilkräftig gegen Augenleiden, der vielen Tränen wegen, die von der frommen Büßerin einst vergossen worden waren.

Den Abschluß des Magdalenenfestes bildete bei den lebensfrohen Münchnern — wie könnte es anders sein — ein Besuch in einer der Wirtschaften des Rondells zu beiden Seiten des Schlosses. Besonders beliebt war der »Controlor«, eine von Kurfürst Karl Albrecht und seiner Frau gegründete Taferne, die das erste Haus zu einer »Karlsstadt« bilden sollte, die jener Kurfürst zwischen München und Nymphenburg gründen wollte und die wegen des Österreichischen Erbfolgekrieges nicht zur Ausführung kam.

## Geheimnisvolle Schritte in Nymphenburg

Der vielgeliebte und vielbetrauerte König Ludwig II. wurde am Geburts- und Namenstag seines Großvaters Ludwig I., am 25. August 1845, im Schloß Nymphenburg geboren. Um die Gestalt dieses unglücklichen Monarchen, dessen Leben in den Tiefen des Starnberger Sees auf tragische Weise ein Ende fand, rankt sich im Zusammenhang mit seinem Geburtstag folgende Sage:

Geheimnisvolle Schritte und Stimmen von Menschen, die nicht zu sehen sind, kann der Besucher der großen Galerie über dem Eingangskorridor im oberen Stockwerk des Schlosses deutlich vernehmen, wenn er sich still verhält und lauscht. »Das ist der König Ludwig«, behaupten manche steif und fest und glauben, daß der König noch immer von Zeit zu Zeit unsichtbar in diesem Schlosse weile.

# Das seltsame Rad aus Sand

Frau S. aus München erzählte mir von einer eigenartigen Beobachtung, die sie im Spätsommer des Jahres 1976 im Nymphenburger Park gemacht hatte.

Zusammen mit ihrem Mann spazierte sie damals am Nachmittag den rechten Hauptweg entlang, der vom Schloß zur Brücke über den Kanal führt. Es war leicht windig. Plötzlich wurde sie durch ein starkes Windgeräusch aufmerksam und suchte die Ursache. Da erblickte sie auf dem schmalen, von Blumenrabatten eingesäumten Weg links vom Hauptweg ein Rad, das aus Sand zu bestehen schien. Es war gut einen Meter hoch und drehte sich genau auf dem Weg in Richtung Schloß. Es wich, wie es für ein vom Wind getriebenes Rad nur natürlich gewesen wäre, weder in die Blumenrabatten noch in den Rasen ab und behielt immer die gleiche Größe bei. Frau S. und ihr Mann verfolgten das Rad, das sehr rasch auf das Schloß zurollte.

Kurz vor dem Schloß bog es in einem stumpfen Winkel — wiederum ohne zusammenzufallen oder die Größe zu verändern — auf den kleinen Vorgarten des Traktes zu, in dem einst Prinz Ferdinand gewohnt hatte.

Durch das eigentümliche und unnatürliche Verhalten des Sandrades überrascht, folgten ihm die beiden Beobachter weiter. Sie konnten sehen, wie es über den Vorgarten, der leicht abschüssig ist, zum Gebäude hinablief — wieder ohne Veränderung der Größe —, auf die Mauer neben einem der Kellerfenster zurollte und dort zerschellte.

Das Ehepaar ging zu der Stelle, wo das Rad zusammengefallen war, konnte aber dort zu seinem höchsten Erstaunen keinen Sand entdecken.

Bei der Bayerischen Verwaltung der Staatlichen Schlösser, Gärten und Seen war man, dazu befragt, der Meinung, daß im Nymphenburger Park durchaus eine Windhose in Form eines Rades entstehen könne. Das seltsame Verhalten des Sandrades konnte man sich bei der Behörde aber nicht erklären, genausowenig, wie die Zeugen des eigenartigen Vorfalles.

## Das Aha-Bergerl

Ganz am Ende des Nymphenburger Schloßparkes erhebt sich neben dem sogenannten »Durchblick«, an dem die Mauer, der besseren Sicht nach Blutenburg wegen, versenkt und mit einem breiten Graben versehen ist, ein kleiner Hügel. Der überdachte, pilzförmige Platz auf seinem »Gipfel« dient im Sommer den Rentnern als Rast-und Ratschplatz. Dort füttern sie die Vögel, schlummern ein wenig und erinnern sich an die gute alte Zeit, in der der Prinzregent auch noch ein Wörtchen mitzureden gehabt hat.

Für die Kinder des östlichen Obermenzing und natürlich für die von Hartmannshofen und Nymphenburg ist dieses Bergerl ein beliebter Schlittenhang. Kein Auto stört sie dort, und so können sie sich in Ruhe auf die nächsten olympischen Winterspiele vorbereiten.

Alle, die diesen Hügel kennen und lieben, nennen ihn nur den »Aha«. Wie nun kommt er zu diesem merkwürdigen Namen?

Vor mehr als 200 Jahren sollte einmal ein Menzinger Bauer eine Fuhre Holz ins Nymphenburger Schloß bringen. Es war ein grausam kalter Winter, und der Kurfürst und sein Gefolge wollten es in ihren Gemächern warm haben. Dem Bauern nun schien der Weg auf der Straße nach Nymphenburg unnötig weit.

»I bin ja net bled«, vertraute er seinem Freunde an, »i fahr do net den weitn Umweg! I fahr glei hintn beim Park eini und da spar i ma mindestens a Stund!«

Gesagt, getan. Hurtig fuhr der Bauer über die Felder von Obermenzing geradewegs zum Durchblick. Als er an dem kleinen Berg angelangt war und den Graben neben der versenkten Mauer erblickte, da war er ganz verdutzt. Er kratzte sich am Kopf und sagte in nachträglichem Verstehen nur das eine Wort: »Aha!«

Seit der Zeit heißt das Bergerl nur noch »Der Aha«.

## Das feurige Gespenst

In manchen Nächten, so wird erzählt, kann man am Ortsrand von Pasing einen riesigen, feurigen Mann durch den Wald in Richtung Lochham laufen sehen.

Wer sich nicht fürchtet, sich im Gebüsch versteckt und ihn beobachtet, der kann zuschauen, wie das Gespenst in wilden Sprüngen über die alten Hünengräber hinwegsetzt, die sich dort befinden. Manchmal läßt es sich auch auf einem Baumstumpf nieder und rastet sich aus. Aber nicht lange, dann hetzt es schon wieder weiter, läuft über die Würm, wobei es nicht im geringsten naß wird, und verschwindet daraufhin plötzlich am Kreuzweg.

Das seltsame Gespenst ist aber nun schon lange nicht mehr gesehen worden, seit so viele Eigenheime in dieser Gegend gebaut werden.

# Frau Holle in Pasing

Ebenso, wie in vielen anderen Gegenden Bayerns, so erzählt man sich auch in Pasing von einer weißen Frau, die zu gewissen Zeiten im Ort erschienen und umgegangen sein soll. Besonders oft wurde sie gesehen, wenn ein Fest gefeiert oder Tanzmusik gespielt wurde.

Diese weiße Frau von Pasing, auch Frau Holle genannt, war aber keineswegs ein böser Geist. Sie wird vielmehr als eine gütige alte Dame beschrieben, die vor allem den Kindern sehr zugetan war. So wurden, laut Sage, die Pasinger Kinder früher am 6. Dezember statt vom Nikolaus von der Frau Holle beschenkt, die ihnen goldene Sägespäne vor die Türen legte.

# Das Marterl am Weg

Eine alte Bäuerin aus Pasing erzählte folgendes Erlebnis, das sie in ihrer Jugendzeit hatte.

An einem Tag im November wurde sie einmal in die Stadt München geschickt, um dort auf dem Markt Milch zu verkaufen. Weil der Weg aber recht weit war, fuhr sie bereits in der Nacht los, um am Morgen da zu sein.

Sie war schon einige Zeit unterwegs, als sie an einer Straßenkreuzung vorbei kam, an der ein Marterl stand. Als sie es näher anblickte, erschrak sie bis ins Herz, ein so seltsames Schauspiel bot sich ihr dort.

Wie ein Wirbelwind stürmte ein kleines Weiblein hinter dem Kreuz hervor. Es hatte einen funkensprühenden, rotglühenden Mantel um die Schultern und starrte die vor Furcht wie versteinerte Bäuerin aus tellergroßen, feurigen Augen an. Dann begann es sich plötzlich wie ein Kreisel zu drehen, immer schneller und schneller. Es fegte tanzend über Felder und Wiesen hinweg, wie ein brennender Ball, bis es endlich in der Ferne von der Dunkelheit verschluckt wurde.

Seit dieser Begebenheit wagte sich die Erzählerin nie mehr bei Nacht an dem Marterl vorbei und überließ es anderen, die Milch in die Stadt zu bringen.

Fuhrleute, die zwischen Pasing und Laim zu tun hatten, berichteten ebenfalls von gespenstischen Begegnungen. Bei Nacht wurden sie häufig von wilden, feurigen Pferden verfolgt, denen sie oft nur mit Mühe entkommen konnten.

Auch sollen in dieser Gegend, die früher an ausgedehnten, dunklen Wäldern reich war, um Mitternacht des öfteren zwei riesengroße, schwarze Ochsen auf der Straße gestanden sein und sie versperrt haben.

## Die Spiegelwiese von Pasing

»Spiegelwiese« hieß früher ein freies Feld in Pasing, das im Norden vom heutigen Bahnhof, im Süden von der Straße nach Landsberg, im Osten von der Bäckerstraße und im Westen von der Würm begrenzt wurde.

Diese Wiese hatte einen unheimlichen Ruf. Niemand wagte es, bei Dunkelheit darüber zu gehen. Man munkelte, daß dann die Hexen dort tanzten und ihre gottlosen Späße trieben. Wer sie dabei störe, der werde nimmermehr froh, wenn er überhaupt mit dem Leben davonkomme.

In manchen Nächten, so wird berichtet, schritten drei uralte, schwarzverschleierte Frauen über die Wiese, die von drei riesigen, grauen Gespensterhunden begleitet wurden. Ihr Erscheinen war für die Pasinger immer ein untrügliches Zeichen, daß das Wetter schlecht wurde.

Die drei weiblichen Geister waren auch häufig an der Würm zu sehen, dort, wo der Fluß eine Schleife bildet und wo früher das Schloß stand. Sie schwebten an dieser Stelle mit ihren übergroßen Hunden über das Wasser und lösten sich dann auf geheimnisvolle Weise in der Dunkelheit auf.

Heute ist die Spiegelwiese mit hohen Wohnblocks bebaut, die nichts Gespenstisches mehr an sich haben. Seither ist der Spuk verschwunden und die Pasinger müssen sich wieder auf andere Wetterpropheten verlassen und nicht mehr auf die schwarzen Frauen mit den Hunden.

## Das Spitzdach der Pasinger Kirche

Die alte Pasinger Pfarrkirche Maria Geburt steht in einem idyllischen Winkel zwischen Stadtpark, Klostergarten und Würm. Sie ist die älteste noch erhaltene Kirche Pasings, nachdem die Holzkirche der Gemeinde 1422 bei einer Schlacht zwischen den Herzögen von München und dem Herzog von Ingolstadt in Flammen aufging.

An ihrer Stelle wurde dann der Bau aus Stein errichtet, der teilweise noch heute erhalten ist. 1588 fiel der Turm der Kirche ein, weil er so schlecht gebaut gewesen war, wie es in alten Chroniken heißt. Unter großen Opfern stellten ihn die Pasinger wieder auf und versahen ihn, wie es damals üblich war, mit einem Zwiebelturm.

Lange Zeit nun stand das Pasinger Kircherl mit seinem Zwiebelturm friedlich an der Würm, so lange, bis der Hochwürdige Herr Wörnzhofer Pfarrer der Gemeinde wurde. Der war ein herzensguter Seelenhirt und Mensch und liebte seine Arbeit in der Pfarrei.

Nur eines war dem stammesbewußten Bayern jedesmal wieder ein Dorn im Auge, nämlich der Turm seiner Kirche. Der Zwiebelturm erinnerte ihn so sehr an die »preußischen Pickelhauben«, daß er ihn gar nicht mehr ansehen konnte, ohne sich zu ärgern. Da ließ er eines schönen Tages kurzerhand die Kuppel abheben und durch ein Spitzdach ersetzen. Seitdem hat die alte Pasinger Pfarrkirche ein Spitzdach, und der Hochwürdige Herr Wörnzhofer seinen Frieden.

## Die Pippinger Glocke

Mitte des 15. Jahrhunderts holten sich die Bauern von Pipping einmal eine schöne, neue Glocke für ihre Kirche aus der nahen Münchnerstadt. So eine Glockenweihe war immer ein großes Fest für die ganze Gegend. Auch Herzog Sigismund, der die Kirche hatte bauen lassen, und Herzog Christoph begleiteten mit ihrem Gefolge den feierlichen Zug.

Es war nicht mehr weit zur Kirche, da geschah das Unglück. Ein Rad des Fuhrwerks, auf dem die geschmückte Glocke befördert wurde, brach in zwei Stücke. Mit einem dumpfen Tönen polterte diese herab und rollte in die Wiese. Alle waren ganz erschrocken und schrien durcheinander. Nur Herzog Christoph, der bekanntlich den Beinamen »der Starke« führte, sprang hurtig von seinem Pferd und wuchtete sich die Glocke auf seine Schultern. Er trug die schwere Last ohne abzusetzen bis zum Kirchturm, wo das Gerüst für die Glocke bereitstand.

Da jubelten alle und wußten sich nicht zu fassen vor Verwunderung darüber, wie ein Mensch diese Leistung vollbringen konnte. Der Herzog aber sprach bescheiden:

»Gilt es Gottes Lob und frommes Ding, wird mir das Schwerste leicht und g'ring!«

## Der Bilwißschneider

In Pasing soll, der Sage nach, oft der Bilwißschneider die Felder der Bauern heimgesucht haben. Er wird als ein dürres, klappriges Gespenst beschrieben, das so scheußlich anzusehen war, daß jeder, der es erblickte, schleunigst das Weite suchte. Um die Schultern hing ihm ein Bocksfell und an den Füßen sollen Sicheln gesteckt sein. Mit diesen durchwatete der schaurige Geist um Mitternacht die wogenden Getreidefelder, zerschnitt die Halme und verdarb die Ernte.

Natürlich sannen die Bauern auf Abhilfe gegen den Bilwißschneider. So sollen ihn gesegnete Palmzweige, die an allen vier Ecken eines Feldes in die Erde gesteckt wurden, abgehalten haben. Auch Zaubersprüche oder ein Schuß, den der Bauer am Pfingsttag vor dem Aufgang der Sonne über seine Äcker abgeben mußte, sollen ein wirksamer Schutz gegen den bösartigen Geist gewesen sein.

# Der Glasenbartel mit dem Stein

Der Glasenbartel war ein Bauer, der einst in der Pippinger Gegend lebte. Er war ein reicher und angesehener Mann. Aber, je mehr einer hat, desto mehr will er haben. Der Glasenbartel jedenfalls hatte niemals genug. Er wollte seinen Reichtum vergrößern, ohne sich besonders anstrengen zu müssen. Und er hatte auch, wie ihm schien, einen guten Einfall. Jedes Jahr ging er einmal in einer stockdunklen Nacht hinaus auf seine Felder, grub die Grenzsteine aus und setzte sie ein Stückchen weiter drüben im Acker seines Nachbarn wieder ein.

Anfangs verrückte er die Steine nur um Handbreite. Dann aber, als es niemand bemerkte, wurde er dreister und grub sie eine Elle, zwei Ellen und schließlich sogar fünf Ellen weiter im angrenzenden Besitz ein. Das war nun doch zu viel, und der geschädigte Nachbar bemerkte den Betrug. Er stellte den Glasenbartel zur Rede, der aber leugnete alles ab. Da wandte sich der Nachbar an den Richter, klagte den Bartel an und forderte Gerechtigkeit.

Es fand eine lange Untersuchung statt, bei der die Felder neu vermessen wurden. Nun half dem Bartel alles Lügen nichts mehr. Sein Diebstahl kam ans Tageslicht, und er mußte das unrecht erworbene Gut zurückerstatten. Außerdem erhielt er eine harte Geldstrafe und wurde für einige Zeit ins Gefängnis gesperrt.

Aber damit war es noch nicht abgetan. Als nämlich der Glasenbartel lange Jahre nachher starb, konnte er in seinem Grabe keine Ruhe finden. Ein Stein, den er versetzt hatte, war niemals entdeckt worden und er hatte ihn auch nicht angegeben. Das lastete nun schwer auf seiner Seele. Nacht für Nacht erhob er sich aus seinem Grab, um über die Felder zu irren. Er schleppte den schweren Stein in seinen knochigen Händen und rief mit dumpfer, gequälter Stimme:

»Wo soll ich ihn hinsetzen? Wo soll ich ihn hinsetzen?«

Bald wagte sich niemand mehr bei Dunkelheit auf diese Wege, weil er sicher sein konnte, dem schaurigen Geist zu begegnen. Wenn die Pippinger des Nachts ihre Fenster offen ließen, hörten sie aus der Ferne die verzweifelte Frage des Glasenbartels herüberhallen:

»Wo soll ich ihn hinsetzen? Wo soll ich ihn hinsetzen?«

Eines Abends nun, es war schon weit nach dem elften Glockenschlag, da machten sich drei Pippinger Bauernsöhne, vom Alten Wirt in Obermenzing kommend, auf den Heimweg. Weil es so spät war und ihnen das reichlich genossene Bier den Weg schwer machte, entschlossen sie sich, die Abkürzung über die Felder zu gehen. Als es von der Obermenzinger Kirche her zwölf Uhr schlug, vernahmen sie plötzlich ganz in der Nähe den Ruf des Glasenbartels:

»Wo soll ich ihn hinsetzen? Wo soll ich ihn hinsetzen?«

Zweien von den Bauernburschen lief es vor Schrecken eiskalt den Rücken hinunter. Ihre Haare sträubten sich vor Entsetzen. So schnell sie konnten, liefen sie über die Felder davon, die klagende Stimme des Gespenstes noch in den Ohren. Sie hielten nicht eher inne, als bis sie im Schutz ihrer Höfe angelangt waren.

Der dritte Bursch aber hatte so viel getrunken, daß er sich nicht einmal mehr vor Geistern fürchtete. Als der Glasenbartel wieder mit schauriger Stimme fragte. »Wo soll ich ihn hinsetzen? Wo soll ich ihn hinsetzen?« lallte er mit schwerer Zunge:

»Se-setze ihn wie-wieder dort hin, wo d-du ihn hergenommen ha-hast!«

Da tat es einen dumpfen Knall und der Glasenbartel war

verschwunden. Der Bauernbursch schüttelte nur verwundert den Kopf und wankte dann gemächlich nach Hause.

Seit diesem Tag ist der Glasenbartel nie mehr gesehen worden.

## Der schlaue Hofnarr

Kaum jemand weiß, daß die Prangerlstraße in Obermenzing nach dem letzten Hofnarren Münchens benannt ist. Dieser Prangerl lebte unter Kurfürst Maximilian, dem späteren König Max I., am Hof. Er hatte durch seine Dienste beim Kurfürsten sein geregeltes Einkommen, aber er gab doch immer mehr aus, als er sich hätte erlauben dürfen. Als er sich wieder einmal tief in Schulden verstrickt hatte, kam ihm der Gedanke, sich mit Hilfe seines sprechenden Stares aus dieser mißlichen Lage zu befreien. Von nun an erzählte er dem Kurfürsten jeden Tag von seinem, ach so klugen und gelehrigen »Pepperl«, bis der hohe Herr neugierig wurde und das Wundertier zu sehen wünschte. Da führte ihn der listige Narr zum Käfig.

»So Pepperl, jetzt zeig', was du kannst!« ermunterte er seinen Staren. Der aber war gut abgerichtet und gab keinen Laut von sich. Er schielte nur vorwurfsvoll zu seinem leeren Futternäpfchen.

»Vielleicht hat er Hunger«, vermutete da der Kurfürst.

»Das kann schon sein, er hat seit heute früh nichts mehr gehabt«, antwortete der Prangerl.

»Dann gebe Er ihm etwas!« befahl der Kurfürst.

Da holte der Hofnarr eine Büchse und gab dem Vogel einen dicken Mehlwurm. Gnädig fraß ihn der Pepperl, hüllte sich aber nach wie vor in Schweigen.

»Ein Wurm ist ihm zu wenig! Sei Er doch kein solcher Geizkragen!« rief Seine Durchlaucht ungehalten. Heimlich schmunzelnd hielt der Prangerl dem Staren die ganze Dose mit den Mehlwürmern hin. Und siehe da, der Vogel fing sofort an zu krächzen:

»Maxl, Maxl, der Prangerl braucht a Geld, der Prangerl braucht a Geld!«

Verdutzt schaute der Kurfürst erst den Staren, dann den Prangerl an und sagte:

»Auf diese Art will Er also Geld von mir bekommen. Da täuscht Er sich aber ganz gewaltig, Herr Hofnarr!«

Und er wandte sich zur Tür. Dort kam ihm dann doch das Lachen aus, als er den Prangerl wie einen begossenen Pudel neben seinem Vogel stehen sah.

»Da«, rief er und warf ihm ein Säckchen mit Goldstücken zu, »aber mach Er mit mir nicht mehr solche Sachen!«

So ist also der Prangerl doch noch zu seinem Geld gekommen.

## Die Hexe von Menzing

Es ist schon ein paar hundert Jahre her, da war einmal ein Bursche aus Aubing mit einem Mädchen versprochen, das in Menzing an der Würm wohnte. Eines Tages, es war gerade Sommersonnenwende, wollte er sie überraschen und ganz unvermutet besuchen. Am Abend, nachdem er seine Arbeit verrichtet hatte, zog er seine besten Kleider an und machte sich auf den Weg nach Menzing. Er freute sich schon auf das glückliche Gesicht seiner Verlobten, wenn er so unerwartet vor sie hintreten würde.

Als er näher an das Haus gekommen war, in dem sie wohnte, bemerkte er, daß in ihrem Zimmer noch Licht brannte. Das wunderte ihn, denn es war schon sehr spät und er hatte geglaubt, sie schlafe schon. Jählings wurde er von Eifersucht gepackt und schlich sich ganz vorsichtig zum Fenster, um zu sehen, ob vielleicht ein anderer Mann bei ihr wäre. Doch zu seiner Erleichterung gewahrte er, daß sie alleine war.

Sie saß am Tisch und richtete einen großen Bund Stroh zusammen. Diesen verzierte sie mit schönen, bunten Bändern und behängte ihn mit allerlei Flitterwerk. Der Bursche sah dem seltsamen Treiben seiner Verlobten eine Weile befremdet zu. Dann, nach einigem Zögern, klopfte er leise an das Fenster. Das Mädchen erschrak sichtlich und warf den Bund Stroh rasch unter den Tisch. Daraufhin schaute sie heraus.

»Ach du bist es«, sagte sie, als sie seiner ansichtig wurde, ganz erleichtert und ließ ihn ein.

»Was machst du denn da mit dem Stroh«, fragte der Bursche, nachdem sie sich begrüßt hatten. Sie gab zur Antwort:

»Ich mache eine weite Reise. Wenn du genug Mut hast, kannst du mit mir kommen.«

»Wohin denn«, wollte der Bursche wissen.

»Frag nicht so viel«, sagte da seine Geliebte ungehalten, »wenn du mitfahren willst, dann setz dich hinter mich auf den Strohbuschen und halte dich fest. Eines aber mußt du mir versprechen: Du darfst unter keinen Umständen, was auch immer geschieht, auf der Reise auch nur ein Wort sprechen. Sonst wird es dir übel ergehen.«

Dem Burschen wurde bei dieser Rede ganz eigenartig

und ein wenig unheimlich zumute. Aber er war doch neugierig und wollte erfahren, was seine Verlobte vorhatte. Daher antwortete er:

»Natürlich will ich mitkommen. Daß ich verschwiegen bin, das weißt du doch!«

Da holte das Mädchen ganz hinten aus ihrem Schrank eine kleine alte Dose mit einer seltsamen Inschrift hervor, die er noch nie bei ihr gesehen hatte. Als sie diese öffnete, erblickte er eine rote Salbe darin. Seine Geliebte nahm etwas davon und machte ihm ein Zeichen auf die Stirne. Dabei murmelte sie einige Worte, die er jedoch nicht verstand. Dann, nachdem sie sich selbst das gleiche Zeichen gemacht hatte, schwang sie sich auf den Strohbuschen und nahm ihn wie ein Roß zwischen die Beine. Und sie befahl ihm, es ebenso zu machen und hinter ihr Platz zu nehmen. Nochmals ermahnte sie ihn ernsthaft, nur ja kein Wort mehr zu sprechen.

Der Bursche tat, wie sie ihn geheißen hatte. Noch ehe er sich versah, erhob sich das seltsame Pferd und schoß mit seinen beiden Reitern zum Kamin hinaus. Mit unheimlicher Geschwindigkeit pfiff es über das Dorf und den Kirchturm hinweg, von dem die Glocke gerade dumpf die Mitternacht ankündigte. Da packte ihn die Angst und legte sich wie ein stählerner Panzer um seine Brust, so daß er kaum zu atmen vermochte.

Er sah die Dörfer, Felder und Wälder so schnell unter sich vorbeisausen, daß er bald nicht mehr wußte, wo er war, so weit waren sie schon geflogen. Er schloß die Augen und klammerte sich angstvoll an seine Braut. Die aber lachte nur schrill und eigenartig böse auf, so wie er es gar nicht an ihr kannte.

Und langsam begann ihn vor ihr zu grausen.

Als er die Augen wieder öffnete, sah er zu seinem

Schrecken einen anderen Strohbuschen, mit einer alten Frau darauf, vorbeiwischen. Diese hatte rotglühende Augen und wirre graue Haare. Sie rief etwas herüber. Er verstand es aber nicht. Vor Entsetzen hätte er fast sein seltsames Reittier losgelassen und hatte nun alle Mühe, sich wieder richtig hinzusetzen. Er zitterte am ganzen Körper vor Furcht, weil er nun wußte, daß seine Geliebte eine Hexe war. Verzweifelt krallte er sich an ein paar Strohhalmen fest, denn er wollte nicht mehr mit ihr in Berührung kommen.

Sie aber kümmerte sich nicht um ihn und hatte großen Spaß an dieser Luftfahrt. Einmal lenkte sie das Hexenpferd hoch in den Himmel, dann wieder streifte sie beinahe den Boden. Dem armen Burschen schwanden fast die Sinne. Sie flogen gerade ganz tief über eine Stadt, als ihnen aus einem Weinkeller ein paar junge Leute entgegenkamen. Sie trugen brennende Fackeln in ihren Händen. Wie ein Wirbelwind fegte die Hexe dicht über ihre Köpfe hinweg. Der Bursche glaubte, das Strohbündel, auf dem sie saßen, würde Feuer fangen und schrie laut vor Entsetzen:

»Vorsicht, paß doch auf!«

Kaum aber hatte er diese Worte gesprochen, da wurde er von einer unwiderstehlichen Gewalt hochgerissen und dann zu Boden geschleudert, daß er meinte, alle Knochen seien ihm gebrochen. Bevor er die Besinnung verlor, sah er noch seine Verlobte, wie sie, ohne sich auch nur im geringsten um ihn zu kümmern, mit wehenden Haaren durch die Luft davonbrauste.

Erst nach langer Zeit erwachte der Unglückliche aus seiner Betäubung. Er schaute sich um und bemerkte, daß er vor dem Weinkeller lag, aus dem die jungen Leute gekommen waren. Mühsam rappelte er sich auf und ging hinein, um zu fragen, wo er sich befinde. Bei der wilden Fahrt hatte er nämlich jegliche Orientierung verloren.

Die Menschen sahen ihn verwundert an und sagten:

»Du bist in der Kaiserstadt Wien. Aber wie kommt es, daß du das nicht weißt? Und warum bist du auf der Stirn blutig? Bist du etwa Räubern in die Hände gefallen?«

Erschrocken wischte sich der Bursche mit einem Tuch das Gesicht ab und erkannte, daß es wirklich Blut war, womit ihm die Hexe das Zeichen gemacht hatte und nicht, wie er geglaubt hatte, eine Salbe. Es schüttelte ihn vor Grauen.

»Ja, was machst denn du bei uns in Wien«, rief da plötzlich eine fröhliche Stimme hinter ihm. Er wandte sich um und sah den Sprecher an. Es war der Wirt des Weinkellers. Zu seiner unaussprechlichen Freude erkannte er in ihm einen alten Freund aus München. Der war vor Jahren nach Wien gegangen, um dort die Tochter des ehemaligen Wirtes, eine entfernte Verwandte, zu heiraten.

Der Bursche erzählte ihm, er sei auf der Wanderschaft, sei unter die Räuber gefallen und habe daher nichts anderes mehr, als was er auf dem Leib trüge. Er schämte sich nämlich, die wahre Geschichte zu berichten. Da hieß ihn sein Freund in seinem Hause willkommen und versprach, ihm auch weiter behilflich zu sein und ihm die Heimreise zu ermöglichen.

Und er hielt sein Wort. Am anderen Tag reiste der Bursche, mit Geld und Proviant versehen, wieder in Richtung München ab. Viele, viele Tage mußte er wandern, bis er endlich wieder zu Hause war. Seine Leute hatten ihn schon vermißt und bestürmten ihn mit Fragen, wo er denn so lange gewesen sei. Er aber schwieg und wollte nichts sagen.

Er ging wieder nach Menzing. Dort traf er seine Braut, wie sie fleißig auf dem Felde arbeitete, als wäre nichts geschehen. Er machte ihr Vorwürfe und verlangte eine Erklärung für ihr Verhalten. Sie aber lachte ihn nur aus und sagte:

»Was willst du denn? Du bist doch selbst schuld, daß alles so gekommen ist. Ich hatte dir verboten, zu reden. Hättest du geschwiegen, dann wäre dir nichts geschehen und wir hätten am Blocksberg lustig tanzen können. Ich bin am nächsten Morgen schon wieder hier gewesen, während du den langen Weg machen mußtest.«

Da antwortete der Bursche nichts mehr und ließ die Hexe stehen. Dann sagte er ihr die Verlobung auf und mied sie, so gut er konnte. Nach einiger Zeit verschwand sie aus Menzing und wurde nie mehr gesehen. Der Bursche aber heiratete ein anderes Mädchen und war froh, daß er noch einmal so gut davongekommen war.

## Der Geist Bleistein

Die Bleisteinstraße in Untermenzing ist nach dem Geist Bleistein benannt, der in Ober- und Untermenzing sowie in Allach sein Unwesen getrieben haben soll. Er war, so wird berichtet, ein Poltergeist, der mit Vorliebe die Menschen durch allerlei Schabernack in Furcht und Schrecken versetzte. Einmal schlich er sich in ein Haus und warf von einem Podest eine sehr wertvolle alte Vase herunter, daß sie in tausend Stücke zerbrach. Die Leute, die sehr traurig über den Verlust des Erbstückes waren, baten den Pfarrer des Ortes um Hilfe gegen den frechen Geist.

Da beschwor dieser den Geist Bleistein und bannte ihn. Seither hat man nie mehr etwas von ihm gehört, und die Untermenzinger haben wieder ihre Ruhe.

# Das Gespenst am Weg

In Langwied trieb vor langer, langer Zeit ein riesengroßer schwarzer Mann seinen nächtlichen Spuk. Er lauerte bei Dunkelheit den Wanderern, die zu dem Ort wollten, auf und vertrat ihnen dann plötzlich den Weg. Die meisten bekamen einen solchen Schrecken, wenn sie die lange, zaundürre Gestalt daherschwanken sahen mit dem schwarzen Stab in der knochigen Totenhand, daß sie Hals über Kopf das Weite suchten und diese Straße nie mehr bei Nacht betraten. Etwas mutigere Leute, denen das Gespenst begegnet war, wußten zu berichten, daß es ihnen den langen Stock hingehalten habe und mit dumpfer, schauriger Stimme gefragt habe:

»Wo muß ich ihn hintun?«

Einst ging ein braver Bürgersmann aus Aubing diesen Weg am Abend noch nach Hause. Und natürlich erschien ihm an einer besonders dunklen Stelle der Geist, streckte ihm den Stab entgegen und stellte die übliche Frage:

»Wo muß ich ihn hintun?«

Der Bürger aber war ein sehr couragierter Mann, der sich nicht so leicht einschüchtern ließ. Er antwortete daher in höflichem Ton:

»Nun, selbstverständlich dorthin, wo du ihn hergenommen hast.«

Da stieß das Gespenst den Stab in den Boden und zerfloß in der Dunkelheit. Der Bann war gebrochen und der unheimliche Geselle erschien, zur Freude der Leute von Langwied, nie wieder.

Aber auch den Stab konnte man nicht mehr finden, obwohl der Bürgersmann die Stelle, wo ihn der Geist in die Erde gerammt hatte, genau bezeichnen konnte. Er war, ebenso wie sein Besitzer, von dieser Nacht an auf Nimmerwiedersehen verschwunden.

## Der Türk von Aubing

Ein eigenartiger Brauch, der auf einen sagenhaften Ursprung zurückzuführen war, wurde bis zur Jahrhundertwende in Aubing gepflegt. Josef Steinbacher beschrieb ihn so:

»Die ältesten Leute Aubings erinnern sich und konnten schon von ihren Eltern und Großeltern erzählen hören, daß am Aschermittwoch der Türk in unserem Orte sein Unwesen trieb. Ein junger Bursche war mit Stroh umkleidet, auf dem Rücken war ihm ein Sack befestigt, der fünf bis sechs Ziegelsteine enthielt, schwere, mehrere Meter lange Ketten schleppte er nach, und so wurde er von den Burschen des Ortes getrieben. Mit großen Prügeln, zuweilen von der Größe eines kleinen Wiesenbaumes, schlugen sie auf den Sack des Türken, der wiederum auf alle, die ihm begegneten, speziell auf Frauen und Mädchen sich stürzte, sie zu Boden warf und drückte. Es war dies ein rohes, widerliches und aller guten Sitte Hohn sprechendes Gebaren, von dem nur das eine auffallend erscheint, daß es sich Jahrhunderte hindurch zu halten vermochte.

Niemand getraute sich während der Zeit dieses Unfuges auf die Straße und viele versperrten ihre Häuser, um dieser rohen Behandlung zu entgehen. Aber die meisten wagten nicht, diesem alten Burschenrechte, dem die Bevölkerung einen ansehnlichen Tribut an Eiern, Schmalz und Mehl zu entrichten hatte, entgegenzutreten.

Der Türk trank an solchen Tagen nicht selten 50 Stück

rohe Eier aus und wurde durch Abhetzung, Schläge und andere grobsinnliche Exzesse oft in einen Zustand versetzt, der ihm einen dauernden Nachteil für seine Gesundheit eintrug. Während der Türk seine Heldentaten vollzog, sammelten die Burschen die Opfer an Geld und Naturalien ein, die von der geängstigten Bevölkerung meist an einem bestimmten Punkte der Stube oder des Hauses hinterlegt wurden, um persönlichen Belästigungen sich nicht aussetzen zu müssen.

Ein Franziskanerpater, der einmal Zeuge dieser rohen Volksbelustigung war, konnte seinen Unwillen nicht unterdrücken über diese unwürdige Einleitung der Heiligen Fastenzeit und er brachte es zuwege, daß dieser nichts weniger als schöne Brauch auf den Fastnachtsdienstag verlegt wurde, bis anno 1902 seinem überflüssigen Dasein auf Grund polizeilichen Verbots ein Ende gemacht wurde.

Wenn wir dem Ursprung dieser höchst eigentümlichen Sitte nachgehen, so werden wir wohl in jene Zeit gelangen, wo das kirchliche Leben dem ungebildeten Volke auf möglichst dramatische Weise eröffnet zu werden pflegte. Als die Christenheit durch die Eroberungszüge der Türken in Angst und Schrecken versetzt wurde, haben wohl auch bei uns die Geistlichen ihren Gläubigen den Christenfeind in seiner ganzen Furchtbarkeit mit den sattesten Farben gemalt.«

Ein weit friedlicherer Faschingsbrauch als der, den uns Josef Steinbacher von Aubing erzählt, wurde in dem Nachbarort Pasing geübt. Bis kurz nach der Jahrhundertwende wurde dort ein Fasnachtsumritt abgehalten. Er fand auf der als Hexenwiese verrufenen Spiegelwiese statt. Sechs Reiter, mit Schärpen geziert, eröffneten den Zug. Ihnen folgten Bläser, Rennbuben und dann die Leiterwagen, auf denen die lustig markierten Leute saßen.

# Das sprechende Pferd

Es ist schon lange her, da hockten einmal ein paar Bauern im Wirtshaus von Aubing beisammen und unterhielten sich über Gott und die Welt. Sie kamen auch auf die seltsamen Dinge zu sprechen, die sich oft zwischen Himmel und Erde ereignen und die über des Menschen Verstand gehen. Da erhob sich mühsam ein alter Mann und berichtete mit geheimnisvoll gedämpfter Stimme:

»Wißt ihr, daß in der Christnacht, just um die zwölfte Stunde, alle Pferde in menschlicher Sprache reden können? Man muß sich nur unter den Barren legen und sie belauschen, dann erfährt man von ihnen seine Zukunft.«

Ungläubig lachten da die anderen den Greis aus. Nur einem von den Bauern wollte das Gesagte nicht mehr aus dem Kopf. Am nächsten Weihnachtsabend, als seine Familie mit dem Gesinde in der Mette war, schlich er sich in seinen Pferdestall und legte sich unter die Tiere.

Lange wartete er voller Spannung, doch es ereignete sich nichts. Er glaubte schon, auf einen Schwindel hereingefallen zu sein und wollte sich eben beschämt wieder erheben, als die Glocken der Kirche die hl. Wandlung einzuläuten begannen. Mit einem Mal ging ein eigentümliches Raunen durch den Stall. Die Tiere wurden unruhig, stampften mit den Hufen und klirrten mit den Ketten. Der neugierige Lauscher hörte, wie sein Lieblingshengst schnaubte und dann traurig zu dem neben ihm stehenden Pferd sprach:

»Ja, ja, heute übers Jahr ist unser guter Herr auch schon begraben.«

Der Bauer erschrak fast zu Tode über diese Worte. Die Haare sträubten sich ihm vor Entsetzen einzeln auf dem Kopf. In wilder Flucht verließ er den Stall. Und er nahm sich vor, niemandem zu sagen, was geschehen war.

Ganz verstört schlich er einige Tage herum, bis er sich dann doch seiner Frau anvertraute. Auch sie erschrak sehr, faßte sich aber schnell und tröstete ihren Mann. Sie erklärte, daß alles nur ein unchristlicher Geisterspuk gewesen sei, der ihm für seine Neugier einen Denkzettel verpassen sollte. Da beruhigte sich der Geängstigte ein wenig.

Es war aber noch kein Jahr vergangen, da wurde er ganz plötzlich krank und war innerhalb von wenigen Tagen eine Leiche. Die Pferde hatten also doch die Wahrheit gesprochen.

## Die Feuermänner

In früheren Zeiten galt es als sehr gefährlich, nach dem Abendläuten den Bannkreis seines Dorfes zu verlassen. Die Leute glaubten, daß außerhalb eines bestimmten Bezirkes, der durch das Gotteshaus geschützt würde, die bösen Geister Macht hätten, den Menschen zu schaden. Die geringe Bildung weiter Schichten des Volkes und der tiefverwurzelte Aberglaube verstärkten diese Angst vor den Schrecken der Nacht noch zusätzlich.

Zwischen Aubing und den angrenzenden Orten, wie Pasing, Obermenzing oder Lochhausen, sollen sich nach Einbruch der Dunkelheit außerhalb der Bannmeilen feurige Männer herumgetrieben haben. Besonders ein gewisses Feldkreuz zwischen den Dörfern wurde dann von den Menschen gemieden. Dort nämlich, so lautet die Sage, sei der Mittelpunkt des nächtlichen Geisterspukes gewesen. An diesem Platz sollen die feurigen Männer ihr Unwesen

noch schlimmer als sonstwo getrieben haben. Sie tanzten, wie es heißt, stundenlang um das einsame Kreuz und warteten auf verspätete Wanderer. Dann, beim ersten Hahnschrei, mußten sie wieder in das dunkle Reich zurückkehren, aus dem sie gekommen waren.

Einst wollte ein junger Bursch aus Aubing sein Mädchen, das im Nachbarort wohnte, des Abends noch besuchen. Frohen Sinnes machte er sich auf den Weg. Doch als er in die Nähe des Feldkreuzes kam, wurde ihm mit einem Mal ganz merkwürdig zumute. Er begann zu laufen, um möglichst rasch an der unheimlichen Wegstelle vorbeizukommen.

Aber es war zu spät. Plötzlich sah er vor sich die feurigen Männer herumtanzen und ihm den Weg versperren. Entsetzt prallte er zurück und wollte schleunigst umkehren. Das war jedoch nicht mehr möglich, denn auch hinter ihm und zu beiden Seiten waren die schrecklichen Geister bereits und hielten ihn gefangen.

Es währte nicht lange, da sprangen einige von ihnen auf seine Schultern oder hängten sich an seine Arme. Verzweifelt wollte er sie abschütteln. Aber es waren ihrer zu viele und sie zwangen ihn mit Schlägen, sich trotz dieser Last weiterzuschleppen, bis er zusammenbrach. Dann zwickten, brannten und mißhandelten sie den am Boden Liegenden auf jede erdenkliche Weise. Als er sich in seiner Not nicht mehr zu helfen wußte, stammelte er mit letzter Kraft ein kurzes Stoßgebet.

Da war der höllische Spuk mit einem Mal wie weggefegt, und der arme Bursche war seiner Peiniger ledig. Zerschunden, wie er war, und mit zerrissenen Kleidern, rannte er so schnell er konnte in sein Heimatdorf zurück. Doch er wagte sich lange Zeit des Abends nicht mehr aus dem Haus.

# Der gefesselte Geist

In Aubing, so erzählen die Alten, trieb vor vielen, vielen Jahren ein seltsamer Spuk sein Unwesen. In gewissen Nächten konnte man einen Mann gewahren, der von Kopf bis Fuß in weite Gewänder gehüllt war. Er hatte ein aschfahles Totengesicht und starrte blicklos vor sich hin. Von seiner rechten Hand hing eine schwere Kette herab, mit der er an einen riesigen Hund mit feurigen Augen gefesselt war.

Müden, schlurfenden Schrittes schleppte sich der Unheimliche jedesmal vom Gemeindehaus aus durch das ganze Dorf. Am Ende des Ortes verschwand er dann und niemand konnte sagen, wohin. Die Bewohner der Häuser aber, an denen er auf seinem Weg vorbeikam, verschlossen fest die Türen und wagten sich nicht heraus, denn keiner wollte dem schaurigen Gesellen begegnen.

Wer dieser Geist war und warum er dazu verdammt war, umzugehen, weiß niemand. Doch ist er nun schon seit langer Zeit nicht mehr gesehen worden. Vielleicht hat der Unglückliche endlich Ruhe in seinem Grab gefunden.

# Das Seelenlichtlein

In Langwied lebte bei einem reichen Bauern einmal eine Magd. Eines Abends, als sie wie üblich ihre Stallarbeit verrichtete, brach ein Schwein aus seinem Verschlag aus und lief durch die Türe davon. Ärgerlich rannte die Magd hinterdrein. Doch es ist nicht so leicht, ein Schwein zu fangen, das sich nicht erwischen lassen will. Jeder, der es schon einmal versucht hat, wird dies bestätigen können. Die Magd geriet ganz außer Atem, als sie vergeblich versuchte, des widerspenstigen Borstentieres habhaft zu werden. Da blieb sie stehen und fing an fürchterlich zu schimpfen und zu fluchen. Sie steigerte sich in eine immer größere Wut hinein und gebrauchte zum Schluß derart gotteslästerliche Ausdrücke, daß es nicht möglich ist, sie wiederzugeben.

Plötzlich empfand sie fast körperlich eine drohende Gefahr und es war ihr, als griffe eine eiskalte Hand nach ihrem Herzen. Vor Schreck blieb sie stehen und der letzte Fluch blieb ihr buchstäblich in der Kehle stecken. Sie sah über dem Giebel des Bauernhauses eine eigentümlich flackernde blaue Flamme. Unheilverkündend und mahnend strahlte diese ein so sonderbares Licht aus, daß die Magd vor Grauen rasch die Augen schloß. Sie hoffte, sich getäuscht zu haben, doch als sie wieder schaute, stand der seltsame Schein noch immer wie ein schlimmes Omen auf dem gleichen Ort wie zuvor.

Da wurde die Magd von einer so panischen Angst ergriffen, daß sie das Schwein Schwein sein ließ und wie von Furien gehetzt in das Haus zurückrannte. Das blaue Licht dünkte ihr eine Strafe für ihr unchristliches Verhalten zu sein.

Sie erzählte niemandem von diesem gespenstischen Erlebnis. Doch aus ihrem Denken konnte sie es nicht verbannen, und Tag und Nacht, im Wachen und im Träumen, verfolgte sie die unheimliche Drohung der geisterhaften Flamme. Es währte kaum acht Tage, da lag die Magd im Sterbezimmer des Hauses, und neben ihr brannte flackernd das Totenlicht.

# Das Schloß im Teufelsberg

In der Aubinger Lohe erhebt sich ein flacher Hügel, den die Einheimischen nur den »Teufelsberg« nennen. Daneben breitet sich ein großes Moor aus. Von dessen Entstehung weiß die Sage zu berichten:

Auf dem Teufelsberg stand einmal ein wunderschönes Schloß. Es war ganz aus weißen Steinen erbaut und hatte ein Tor aus purem Gold. Reichverzierte Türmchen schauten weit über das Land. In diesem Märchenschloß lebte ein junger Graf mit seiner Gemahlin. Die Gräfin war die schönste Frau, die man sich vorstellen kann. Sie hatte ein Gesicht wie ein Engel, und die langen, rotbraunen Haare reichten ihr, wenn sie sie löste, bis auf den Boden hinab. Die beiden Eheleute waren einander von ganzem Herzen zugetan und einer konnte ohne den anderen nicht sein.

Eines schönen, oder besser gesagt, eines unseligen Tages mußte der Graf auf die Jagd gehen. Liebevoll verabschiedete er sich von seiner Gattin und versprach ihr, bald wiederzukommen. Dann zog er mit seinen Hunden zum Tor hinaus. Ungeduldig wartete die junge Frau auf seine Rückkehr. Als die Sonne sank und die Dämmerung hereinbrach, stieg sie auf den höchsten Turm des Schlosses und hielt Ausschau nach ihrem Liebsten. Aber Stunde um Stunde verrann, und kein Zeichen deutete seine Heimkehr an. Da wurde sie von einer großen Angst ergriffen und sandte alle Diener aus, um ihn zu suchen. Doch sie fanden keine Spur von ihm und kehrten unverrichteter Dinge zurück.

Nun stieg die Gräfin abermals auf den Turm hinauf und blickte unverwandt in die schwarze Nacht hinaus, in der Hoffnung, ihren Gatten heimkommen zu sehen. Sie ließ alle Lichter im Schloß anzünden, damit er, wenn er sich verirrt hätte, gleich den Weg nach Hause wiedererkennen würde. Doch alles war umsonst, der Graf kam nicht zurück.

Plötzlich, es war schon weit nach Mitternacht, vernahm sie ein leises, klägliches Winseln vor dem Tor. Rasch befahl sie den Dienern, zu öffnen und erkannte zu ihrer Freude den Lieblingshund ihres Mannes, ein anhängliches und kluges Tier. Sie glaubte nicht anders, als daß dieser ihn zu ihr geschickt habe, um sie zu beruhigen und ihr seine Verspätung zu erklären. Und sie bückte sich, um den treuen Hund zu streicheln.

Da bemerkte sie zu ihrem Entsetzen, daß er aus dem Maul blutete. Als sie genauer hinblickte, sah sie, daß er eine abgehauene Hand zwischen den Zähnen trug. Zu Tode erschrocken erkannte sie an dem goldenen Reif, der einen der Finger zierte, die Hand ihres unglücklichen Gatten. Es war der Ring, den sie ihm an ihrem Hochzeitstage angesteckt hatte und den er seither nicht ein einziges Mal abgelegt hatte. Nun wußte sie, daß er niemals mehr zu ihr zurückkehren würde. Alle Farbe wich aus ihrem Gesicht und sie stürzte besinnungslos zu Boden.

Die Diener aber bewaffneten sich und folgten dem Hund durch den Wald, bis sie an einer versteckten Stelle ihren ermordeten Herrn fanden. Er war auf der Jagd von Räubern überfallen, beraubt und erschlagen worden. Im Kampf war ihm die rechte Hand abgehauen worden, die das treue Tier zum Schloß gebracht hatte.

Als die Gräfin aus ihrer Ohnmacht erwachte, waren ihre herrlichen Haare schneeweiß geworden. Doch sie weinte keine Träne. Sie legte lange, schwarze Gewänder an und ließ ihren Gatten aufs Prachtvollste bestatten. Unbeweglich, mit steinernem Gesicht wohnte sie der Zeremonie bei. Dann rief sie alle Diener und Dienerinnen zusammen, ent-

lohnte sie reichlich und befahl ihnen, unverzüglich das Schloß zu verlassen. Als sie gegangen waren, nahm sie den goldenen Ring ihres Mannes und trat durch das goldene Portal hinaus. Sie wandte sich um, streckte die Hände mit dem Ring weit aus und verfluchte das Schloß, in dem sie einst so glücklich gewesen war und das sie nun nie mehr sehen wollte.

Da öffnete sich der Teufelsberg, und langsam sank das herrliche Bauwerk mit all seinen Reichtümern in die Tiefe. Und der Berg schloß sich darüber, als wäre es niemals dagewesen. Die Gräfin drehte sich um und verfluchte auch den Wald, der das Schloß umgeben hatte und in dem die mörderischen Räuber hausten. Da tat sich der Boden auf und verschlang den Wald mit allem, was sich darin befand und verwandelte sich in ein undurchdringliches Moor. Nachdem dies geschehen war, nahm die Gräfin ihren Ring, wanderte fort aus dieser Gegend und wurde niemals mehr gesehen.

Noch heute aber, so erzählen sich die Moorbauern, kann man beim Torfgraben die Stümpfe abgehauener Bäume finden, an denen deutlich Axthiebe zu erkennen sind. Das sei, wie sie sagen, der Beweis, daß das Moor früher einmal ein Wald gewesen sei.

## Die Schatzgräber

Der Teufelsberg in der Aubinger Lohe mit seinem versunkenen Schloß war in den vergangenen Jahrhunderten ein beliebtes Ziel für viele Abenteurer, die versuchten, den Schatz zu heben und so auf leichte Art und Weise zu Geld zu kommen. Doch niemand hat je etwas gefunden.

Da kam einmal vor mehr als zweihundert Jahren ein fremder Mann nach Aubing. Er hatte langes schwarzes Haar, einen dichten schwarzen Bart und war ganz in Schwarz gekleidet. Er sah überhaupt etwas furchterregend aus. Er mietete sich im Wirtshaus ein und verbrachte zwei Wochen in dem Ort, ohne daß jemand erfahren hätte, welche Geschäfte ihn hierher gerufen hatten. Nicht einmal der neugierige Wirt hatte es herausfinden können. Abend für Abend setzte sich der Unbekannte in die Gaststube, trank sein Bier und hörte den Gesprächen der Bauern zu.

Einmal klagten sie einander wieder gegenseitig ihr Leid über die harten Zeiten, die schwere Arbeit und den niedrigen Lohn. Ein grobschlächtiger junger Knecht stand auf und sagte:

»Unsere Not hätte bald ein Ende, wenn wir endlich den Schatz im Teufelsberg finden könnten. Dann hätten wir ausgesorgt für unser ganzes Leben.«

Die anderen Bauern nickten beifällig mit den Köpfen. Der seltsame Fremde hatte diesen Worten aufmerksam gelauscht. Nun mischte er sich in das Gespräch und fragte, was es mit dem Teufelsberg für eine Bewandtnis habe. Da erzählten sie ihm von dem Schloß, das der Sage nach mit allen seinen Reichtümern versunken sei und das noch niemand habe finden können. Und der Unbekannte sprach, als sie geendet hatten:

»Es trifft sich gut, daß ich gerade in eurem Ort weile. Ich habe viele Bücher über die Kunst, Schätze zu finden und zu heben, gelesen. Ich will euch gerne behilflich sein. Ihr braucht nicht zu fürchten, daß es mir nur um Geld geht oder daß eine Betrügerei dahintersteckt. Ich tue es aus Liebe zur Wissenschaft und weil ich sehen möchte, ob nicht vielleicht mir gelingt, was bisher noch keiner fertiggebracht hat. Natürlich bräuchte ich etwas Geld, um mir die nötigen Geräte und was ich sonst noch brauche, zu beschaffen. Ihr wißt ja, der Pickel muß aus neun verschiedenen Hölzern zusammengesetzt sein und darf noch nie benützt worden sein. Solche seltene Dinge sind aber sehr teuer. Darum bräuchte ich etwa zwanzig Gulden, um alles zu besorgen.«

Voll Freude hörten die Bauern diese Worte. Die geforderte Summe schien ihnen, im Vergleich zur Größe des zu erwartenden Schatzes, gering und sie bezahlten sie auf der Stelle. Dann vereinbarten sie mit dem Fremden einen bestimmten Ort, an dem sie am nächsten Tag um Mitternacht zusammenkommen wollten. Er sollte die zur Schatzsuche nötigen Geräte besorgen und mitbringen.

Zur genannten Stunde stellten sich alle Bauern am verabredeten Platze ein und warteten auf den Fremden. Dieser erschien alsbald mit einer Schaufel und einem Pickel über der Schulter. Er begrüßte sie und sprach dann mit geheimnisvoll gedämpfter Stimme:

»Ich habe ein Zaubermittel, mit dem ich den Wächter des Schatzes aus dem Berg locken werde. Ihr dürft euch aber nicht fürchten, wenn ihr den schauerlichen Geist in seiner kohlschwarzen Gestalt erscheinen seht und seine schreckliche Stimme vernehmt. Ihr müßt vielmehr sofort an der Stelle zu graben anfangen, die ich euch bezeichnen werde.«

Als die Bauern hörten, was sie erwartete, blickten sie einander furchtsam an und hätten das Ganze am liebsten wieder abgeblasen. Doch da schlug die Glocke Mitternacht und der Fremde mahnte sie, mit ihm zu kommen, wenn sie den Schatz wollten, sonst würde es zu spät. Da siegte noch einmal die Besitzgier über die Angst, und sie folgten ihm zum Teufelsberg. Der Weg über die nachtdunklen Wiesen, begleitet von den schaurigen Rufen der Käuzchen, war nicht dazu angetan, ihren Mut zu heben. Und keiner wollte als erster bei dem Geisterhügel im Wald sein, darum stießen und schubsten sie einander vorwärts, bis es dem Fremden auffiel. Als sie am Berg angelangt waren, sagte er deshalb:

»Ich sehe schon, daß ihr solche Dinge nicht gewöhnt seid. Stellt euch darum ein klein wenig weiter zurück. Dort könnt ihr alles sehen und hören, was geschieht. Doch hütet euch, auch nur ein Wörtchen zu reden, sonst stehe ich für nichts ein!«

Da gingen die Bauern zu dem Ort, den er ihnen anwies. Er selbst aber stellte sich vor den Hügel und rief mit lauter Stimme einige Worte in unverständlicher Sprache. Mit einem Mal stand eine riesige schwarze Gestalt oben auf dem Berg. Unter beschwörenden Gesten fragte der Fremde:

»Sag an, oh Geist des Schatzes, was bewachst du in diesem Berg?«

Da zog die Gestalt eine schwarze Tafel aus ihrem wallenden Gewand und warf sie dem Fremden zu. Dieser zeigte sie den Bauern, die in ehrfürchtigem Erstaunen die hohe Summe der Schätze lasen, die darauf angegeben war. Leise sagte der Fremde zu ihnen:

»Nun müssen wir nur noch diesen Geist fortjagen, dann können wir mit dem Graben beginnen.«

Er trat wieder zum Hügel und befahl der Gestalt mit energischer Stimme, zu verschwinden. Sie aber gehorchte nicht und fing an, derartig schaurig zu lachen, daß es im ganzen Wald widerhallte. Da rief er noch lauter und gebieterischer. Doch die Gestalt verschwand nicht. Sie richtete sich im Gegenteil noch höher auf, nahm eine drohende Haltung ein und kam langsam den Hügel heruntergestelzt, gerade auf die Bauern zu.

Das war zu viel für sie, die sie ihrer Furcht bisher ohnehin nur mit Mühe Herr geworden waren. Wie aufgescheuchte Hühner rannten sie Hals über Kopf davon und blickten sich in ihrer wilden Flucht nicht ein einziges Mal um.

So sahen sie auch nicht, wie der Fremde in aller Ruhe die schwarze Gestalt — seinen Komplizen — vom Schatzhügel herunterholte und mit ihm und dem Geld der Bauern auf Nimmerwiedersehen verschwand.

## Die sprechende Katze

In Aubing lebte vor sehr langer Zeit einmal eine junge Magd namens Rosa. Sie diente treu und brav ihren Bauersleuten, hatte aber eine ganz absonderliche Vorliebe für Katzen. In ihrer Kammer beherbergte sie nicht weniger als sieben dieser Tiere, drei weiße, drei gefleckte und ein schwarzes. Sie behandelte sie wie kleine Kinder, steckte ihnen alle Leckerbissen zu, derer sie habhaft werden konnte und verwöhnte sie überhaupt auf jegliche Art und Weise. So schlief sie zum Beispiel selber auf dem harten Fußboden, damit die Katzen in ihrem Bett liegen konnten und es warm hatten.

Wohl lachten die anderen Knechte und Mägde über sie, doch sie kümmerte sich nicht darum. Auch die Bauersleute ließen sie gewähren und duldeten ihr seltsames Tun, weil sie sonst gutmütig war und ihre Arbeit immer fleißig verrichtete.

Eines Abends streichelte sie gerade wieder das schwarze Kätzchen, das ihr besonderer Liebling war, und goß Milch in sein Näpfchen. Da reckte und streckte sich das kleine Tier mit einem Mal, sein Fell sträubte sich und seine Augen begannen wie glühende Kohlen zu funkeln. Und es fuhr sich mit den Pfoten über das Maul und fing an zu sprechen:

»Rosa«, sagte es, »Rosa, gehe durch die Türe des Stalles!« Darauf schwieg es wieder und war wie zuvor.

Die Magd erschrak so heftig, als das Kätzchen plötzlich redete, daß sie die ganze Milch verschüttete. Erst wollte sie nicht tun, was ihr die Katze geboten hatte, denn das Ganze kam ihr doch ziemlich ungeheuerlich vor, doch dann siegte die Neugier über die Furcht. Sie dachte:

»Vielleicht ist dort etwas Schönes versteckt, und das Tierchen hat es gefunden und will es mir schenken.«

Sie öffnete leise die Türe und schlich durch die Dunkelheit zum Stall hinüber. Doch als sie nur noch etwa zwanzig Schritte davon entfernt war, erschrak sie fast zu Tode. Vor dem Eingang standen zwei riesenhafte feurige Männer und hielten Wacht. Sie hatten schwarze Flügel auf dem Rücken und blickten die Magd aus tellergroßen, rotglühenden Augen an.

Heulend vor Furcht lief sie ins Haus zurück. Die Haare standen ihr zu Berge und sie zitterte an allen Gliedern. Stammelnd erzählte sie, was ihr zugestoßen war. Da versuchten die Leute sie zu beruhigen und gingen miteinander zur Stalltüre. Doch außer ihr sah niemand die feurigen Männer. Alle glaubten, sie hätte es sich eingebildet und sei ein bißchen wirr im Kopf.

Sie aber wagte sich zwei Tage und zwei Nächte nicht mehr in die Nähe des Stalles. Doch jeden Abend, zur selben Stunde wie das erste Mal, sagte die kleine schwarze Katze:

»Rosa, gehe durch die Türe des Stalles!«

Dann, beim dritten Mal, zog eine innere Macht, der sie nicht zu widerstehen vermochte, die Magd zum Stall. Sie mußte gehen, ob sie wollte oder nicht. Und sie überschritt die Schwelle, die sie so fürchtete.

Was sie dort gesehen hat, werden wir nie erfahren, denn sie stürzte mitten im Stall besinnungslos zu Boden und war nach drei Tagen eine Leiche.

## Die weiße Frau von Seeholzen

Die Hofmark Seeholzen zwischen Pasing und Gräfelfing besaß einstmals einen schönen Herrensitz, der schon um 1116 in alten Urkunden erwähnt wurde. Heute ist nichts mehr davon übrig, nur der Seeholzenweg in Pasing und die gleichnamige Straße in Gräfelfing erinnern daran. An seiner Stelle steht das Altersheim St. Gisela.

Das alte Schloß wurde im 18. Jahrhundert abgetragen, weil es baufällig war. Damals hauste nur noch ein greiser herrschaftlicher Holzhauer als Wärter in dem verfallenden Gebäude. Er hatte sich notdürftig einen Raum im Erdgeschoß bewohnbar gemacht.

Von dieser Ruine erzählt man, daß dort des nachts oft eine geisterhafte Frau gesehen worden sei. Der alte Wärter will ihr häufig begegnet sein. Sie war von Kopf bis Fuß in weiße Schleier, wie in ein Leichentuch, gehüllt und irrte wehklagend durch das verwahrloste Gemäuer. Dabei benahm sie sich ganz absonderlich und erschreckte zufällige Besucher des Schlosses durch seltsame Gebärden. Viele, die sie getroffen hatten, wurden in eine so heillose Furcht versetzt, daß sie den Ort nie mehr betraten. Die Sage berichtet, daß dies der Geist einer ehemaligen Schloßherrin sei. Sie soll im Dreißigjährigen Krieg auf grausame Weise ermordet worden sein und seither keine Ruhe in ihrem Grabe finden.

## Das Kreuz in der Allacher Kirche

Westlich der Straße von Langwied nach Dachau, etwa zwischen dem Schuhbauerhof und dem Gut Müllerstadel, befand sich früher die Wallfahrtskapelle »Hl. Kreuz auf dem Moos«. Ihre Entstehung verdankte sie folgender Begebenheit:

Kurfürst Max Emanuel von Bayern befand sich im Jahre 1677 als Fünfzehnjähriger einst mit seinen Freunden in dieser Gegend auf Falkenjagd. Plötzlich befahl der junge Fürst, daß Pickel, Schaufeln und Schubkarren hergeholt werden sollten. Dann begann er eigenhändig, unterstützt von seinem Gefolge, einen kleinen Hügel aufzuschütten, auf dem er anschließend ein Kruzifix aufrichten ließ. Der kleine Hügel hieß seitdem bei den Leuten »Adelsberg«.

Schon vier Wochen später soll sich eine erste wunderbare Heilung dort zugetragen haben. Eine Bäuerin aus der näheren Umgebung hatte sich zum »Heiland auf dem Moos« um Hilfe für ihr krankes Kind, das seit Geburt einen krummen Arm hatte, gewandt und war erhört worden. Von da an kamen so viele Wallfahrer, daß der Kurfürst über dem Kreuz eine Kapelle errichten ließ. Als aber Mitte das 18. Jahrhunderts die Anzahl der Wallfahrer wieder zurückging, konnte die Pfarrei Aubing die Unterhaltskosten für die Hl. Kreuzkapelle nicht mehr aufbringen. Diese verfiel immer mehr und sollte 1794 abgebrochen und das Kruzifix nach München gebracht werden. Dem widersetzten sich aber die Bürger der umliegenden Orte. Kurz darauf war eines Nachts das wundertätige Kreuz aus der Mooskapelle verschwunden. Man fand es in Allach in der Kirche St. Peter und Paul wieder. Bei einer gerichtlichen Untersuchung, die deswegen im Dezember 1794 stattfand, erklärten die befragten Allacher übereinstimmend, nicht zu wissen, wie es in ihre Pfarrkirche gekommen sei. Wohl verdächtigten die Behörden den Lehrer des Ortes der Tat, aber es konnte nicht bewiesen werden. So blieb das Kreuz in Allach, wo es sich noch heute befindet. Die Kapelle im Moos aber wurde 1795 abgerissen.

## Die Röthlinde bei Gut Nederling

Die Röthlinde, eine mächtige Winterlinde, ist 400-600 Jahre alt und ihr Stamm hat einen Umfang von 6,25 m. Sie steht an der Nederlinger Straße, beim Westfriedhof und ist möglicherweise beim Bau von Gut Nederling gepflanzt worden. Mit einer Gedenktafel ist die Röthlinde nach dem Landschaftsmaler Philipp Röth benannt, der 1841 in Darmstadt geboren wurde, nach seiner Studienzeit in Darmstadt und Karlsruhe als Maler in Düsseldorf, Paris und ab 1870 in München tätig war und dort auch 1921 verstorben ist. Er soll oft unter der Linde gesessen sein und gemalt haben. Einige seiner Werke, auf denen er häufig Motive aus der Umgebung von Gut Nederling, Gern, Neuhausen oder Moosach und auch die alte Linde selbst darstellte, hängen in bedeutenden Gemäldesammlungen und Museen, etwa in der Neuen Pinakothek in München oder in der Staatlichen Kunsthalle in Karlsruhe.

Linden waren den Germanen früher als Bäume der Göttin Freya heilig. Darunter wurden damals Thingversammlungen und Gerichtsverhandlungen abgehalten. Man glaubte nämlich, daß die Linde als Freyas Baum bewirken könne, daß die reine Wahrheit ans Licht komme, weil sie, wie Freya selbst, Wahrsagungs- und Heilkraft besitze. Auch nach der Christianisierung behielt die Linde den Nimbus eines Gerichtsbaumes. Es gibt viele Sagen und Märchen, in denen von gerechten Urteilen unter Linden berichtet wird. In alten

Schriften ist das »iudicium sub tilia« (Gericht unter der Linde) erwähnt. Für Gerichtslinden suchte man besondere Plätze, etwa auf dem Kirchplatz im Dorf, frei oder auf einer Anhöhe stehend vor dem Ort oder bei einer Burg oder Kirche, denn sie sollten weithin sichtbar sein. Der Überlieferung nach galten Gerichtslinden auch als Asylbäume, das heißt, wenn es einem Delinquenten gelang, ihr schützendes Dach zu erreichen, dann durfte er nicht mehr gefangen und gerichtet werden. Diese Art eines Freiheitsbaumes ist noch bis in unsere Tage in vielen Kinderspielen überliefert, wo ein verfolgter Spieler, der einen bestimmten, vorher festgelegten Baum erreicht, in Sicherheit ist und nicht mehr gefangen werden kann.

## Die Marien-Ikone von St. Anna im Lehel

Die Klosterkirche St. Anna im Lehel besitzt eine Ikone, auf der die Muttergottes dargestellt ist. Mit diesem Bildnis hat es eine besondere Bewandtnis: Im Jahre 1688 fanden bayerische Soldaten auf ihrem Türkenfeldzug in Serbien in der Stadt Semendria (heute Smederevo) eine wohl von verängstigten Bewohnern vergrabene Ikone. Sie brachten sie Kurfürst Max Emanuel, der sie seiner Gemahlin Maria Antonia gab. Diese schenkte sie der Kirche St. Anna im Lehel. Sie wurde dort unter dem Hochaltarbild von Cosmas Damian Asam (1944 im 2. Weltkrieg zerstört und durch eine Kopie ersetzt) als Gnadenbild verehrt. Dieser Ikone der Muttergottes und den Fürbitten Mariens, die sie um Hilfe angefleht hatten, schrieben es die Bewohner des Lehel zu, daß ihre Vorstadt im Krieg von 1742 nicht völlig zerstört wurde.

# Quellenverzeichnis


Altbayerische Sagen. Verlag der Jugendblätter München

Amtsblatt der Landeshauptstadt München, Jahrg. 1997 Nr. 1

Barz, Paul: Heinrich der Löwe, Keil Verlag Bonn 1977

Bavaria Sancta: Bayerische Heiligenlegende. Bearb. v. Ludwig Rosenberger Verlag J. Pfeiffer München 1948

Bayerische Heimat, Beilage zur Münchner Stadtzeitung

Böck, Robert: Wallfahrt im Dachauer Land Museumsverein Dachau e.V.1991

Bunsen/Kapfhammer: Altmünchner Stadtsagen. Hugendubel München

Bruckmanns Lexikon der Münchner Kunst: Münchner Maler im 19. Jahrh. Bd.3, S.387

Brustgi, Franz Georg: Aus der weißblauen Sagentruhe, Süddeutscher Verlag München

Das Würmtal. Amtlicher Führer in Wort und Bild. Verlag Hugendubel München

Fischer: Blätter von Bäumen. Legenden, Mythen, Heilanwendungen. Hugendubel München, 3. Aufl. 1980

Grabe/Weinzierl: Lindenzeit, Bäume und Landschaften. Buch u. Kunstverlag Oberpfalz 1991

Hartig, Michael: Patrona Bavariae. München 1948

Historisches Schatzkästlein für Bayern. München 1832

Hofmiller, Josef: Altbayerische Sagen. Verlag »Bücher der Heimat« Altötting

Hünermann, Wilhelm: Der endlose Chor. Herder Freiburg 1960

Kapfhammer, Günther: Bayerische Sagen. Eugen Diederichs Verlag München

Kirchner, Josef: Münchner Rundschau Jg. 1905-1910

Kriegelsteiner, Franz Xaver: Der Forstenrieder Park. Universitätsbuchdruckerei; Dr. Wolf & Sohn München

Kübler, August: Dachau in verflossenen Jahrhunderten. Bayerlanddruckerei Dachau 1928

Mayer, Joseph Maria: Münchner Stadtbuch. München 1868

Melchers: Das große Buch der Heiligen. München 1978

Panzer, Friedrich: Bayer. Sagen und Bräuche. Bd. I u. II

Pöttinger, Josef: Alpensagen Verlag Kremayr u. Schreiber Wien 1968

Raff, Helene: So lang der alte Peter. München 1950

Reclams Kunstführer. Baudenkmäler Bd. I Bayern. Stuttgart 1966

Richardi, Hans-Günther: Unheimliche Plätze in Bayern. Verlag W. Ludwig

Rett, Willi: Münchner Vorstadtsagen. München 1913

Roth Susi: Menzinger G'schichten. Hornung Verlag München 1974

Schaehle, Franz: Pasing in Geschichte und Gegenwart. Verlag Max Limbacher 1921

Schaehle, Franz: Die Geschichte der Gemeinde Obermenzing. München 1927

Schöppner, Alexander: Sagenbuch der bayerischen Lande Bd. I-III. München 1852

Sepp, J.: Altbayerischer Sagenschatz. München 1876

Spengler, Karl: Münchner Stadtbummel. München 1960

Steinbacher, Josef: Aubing, Pfarrdorf bei München. Druck der Graph. Kunstanstalt; Jos. Huber Dießen

Steiner, Peter: Altmünchner Gnadenstätten. Verlag Schnell u. Steiner München 1977

Trautmann, Franz: Münchner Stadtbüchlein. München 1857

Trautmann, Franz: Das Plauderstüblein. München 1855

Trautmann, Franz: Alt-Münchener Wahr- u. Denkzeichen. München 1864

Trautmann, Karl: Kulturbilder aus Alt-München. Lindauersche Universitätsbuchh. 1923

Westenrieder, Lorenz von: Beschreibung der Haupt- u. Residenzstadt München. 1782

Zierer, Otto: Die Abenteuer der vielgeliebten Stadt München. Südd. Verlag München

1200 Jahre Pasing: Offizielle Festschrift. Hrsg. Landeshauptstadt München

Münchner Merkur vom 18. 1. 1978. Artikel Schmidt-Zesewitz

Baureferat d. Landeshauptstadt München, Abt. Gartenbau; Hans-Gregor Feltes

Zeitungsarchiv des Würmtalboten ab 1880

Schriftliche Aufzeichnungen von Oberlehrerin Paula Bierschneider

Mündliche Überlieferung: Georgine Immelauer, Benedetta Skarba, Hans-Gregor Feltes

# Namenregister

# Sachregister